飘窗外的风景

邱华栋 著

中国出版集团
東方出版中心

图书在版编目(CIP)数据

飘窗外的风景 / 邱华栋著. —上海: 东方出版中心,2018.2
ISBN 978-7-5473-1246-9

Ⅰ.①飘… Ⅱ.①邱… Ⅲ.①书评—中国—现代—选集②随笔—作品集—中国—当代 Ⅳ.①G236②I267.1

中国版本图书馆 CIP 数据核字(2018)第 002829 号

飘窗外的风景

出版发行: 东方出版中心
地 址: 上海市仙霞路 345 号
电 话: (021)62417400
邮政编码: 200336
经 销: 全国新华书店
印 刷: 昆山市亭林印刷有限责任公司
开 本: 890×1240 毫米 1/32
字 数: 213 千字
印 张: 9.5
版 次: 2018 年 4 月第 1 版第 1 次印刷
ISBN 978-7-5473-1246-9
定 价: 45.00 元

东方出版中心邮购部 电话: (021)52069798

目　录

Contents

《飘窗》内的风景

——读刘心武长篇小说新作《飘窗》

我很佩服刘心武的创造力，他从事写作40多年以来，创作从未停歇、衰减，无论是小说、非虚构、散文创作，还是《红楼梦》研究，他总是能爆出冷门和热闹，掀起话题和争议。他72岁的时候又拿出来一部长篇小说《飘窗》，写得很时尚、潮流和当下，让我惊艳，让我目瞪口呆、钦佩不已。

“飘窗”是一个建筑名词，指的是室内有一个类似阳台但是又全封闭的空间，从那里可以看见外面的风景而又带有隐蔽性。由此可见这本书意在飘窗外的社会风景。

此前，刘心武出版的长篇作品有：长篇小说“三楼系列”之《钟鼓楼》、《四牌楼》、《栖凤楼》，长篇小说《风过耳》、《无尽的长廊》，长篇非虚构《树与林同在》，以及长篇续书《刘心武续红楼梦》。可以看出来他的长篇作品在题材、文体和关注点上，跨度都很大。“三楼系列”是刘心武的北京民俗现实主义和地域文化小说，其中的《钟鼓楼》获得了茅盾文学奖，如今，每年都还能印几万册，而《树与林同在》则以非虚构的手法，聚焦于一个非常普通的北京市民的人生命运，写出了树的命运是如何在林的环境中被制约和改变的。而刘心武对《红楼梦》的热爱和解读，我们从央视的“百家讲坛”和他的著作中已经领略了，这并不能够妨碍他写出了一部《红楼梦》续书，再度引发了人们对《红楼梦》的高度关注和阅读热潮。可见，刘心武的几部长篇作品跨度很大，而贯穿其创作的主线，是社会世相描摹、知识分子自我批判和对当下社会的人道关怀三大着眼点。

这部《飘窗》，算起来，是他的第八部长篇作品了。小说的篇幅不大，只有17万字，但容量不小，是他从“飘窗”往外面看到的中国当代世相纷呈的精心之作。这一次，他把目光从北京的胡同、社区，转移到了街面、酒店、会所和室内。而且，从人物塑造上说，他塑造出活生生、很当下、接地气的人物，有名有姓的就有几十个，这些人物在刘心武以往的作品中很少出现，都是这些年甚至就是21世纪以来，中国社会才出现的人物，那么的逼真和具体。这些人以出场时间为序，主要有：庞奇，一个黑白两道通吃的商人麻爷的高级保镖，也是《飘窗》中最主要的贯穿式的人物。糖姐（唐淑仪），是一个歌厅妈咪，她的歌厅是这部小说主要人物的活动场景。薇阿，歌厅小姐、准妈咪，与庞奇等多人有纠葛。叶先生，台湾商人，是歌厅的常客。雷二锋，麻爷的保镖。麻爷这个角色，则是难以弄清楚的社会强人，让我看，有点像是四川的黑社会头子刘汉和某个地产商的混合体，而小说中有一个知识分子角色，薛去疾，他是退休高级工程师，也是本书最重要的人物，他和庞奇、麻爷等人的纠葛与交集，构成了这部小说最主要的情节。

小说中，薛去疾的老伴在美国，儿子薛恳先在美国学习，后回国创业，他的妻子梅菲在美国，不愿意回来。由此引发了薛恳在国内创业，结果资不抵债，不得不抵押了薛去疾的房子，薛去疾又去求麻爷帮忙解决抵押贷款问题，涉及了金钱，知识分子的尊严和斯文顿时扫地。薛去疾平时给麻爷的保镖庞奇谈起文化知识、名著名篇、仁义道德的时候，是道貌岸然的，口若悬河的，也是崇高伟岸的。但是，因为那么一点金钱，却给庞奇内心里看不起的老大麻爷磕头，导致庞奇的信念瞬间崩溃，最后，庞奇愤怒地砍了薛去疾一刀。小说中的薛去疾不知死活。不知道怎么，这个薛去疾的形象，让我琢磨着，简直就是刘心武对自我的知识分子形象的一种自省、批判和嘲讽，也就是说，薛去疾就是刘心武，就是他内心里的另外一个自我，这一次，刘心武是冲自己下刀子了，这可够狠的！

而且，这部小说大有看头的地方在于，它塑造出很多高低错落、各不一样的芸芸众生的个体形象，他们是：卖水果的顺顺、原来扫大街的顺顺媳妇、从台湾去美国定居的商人林倍谦、报告文学作家夏家骏、麻爷的保镖“东北虎”、两个原少林和尚、三个退伍特种兵、四个“蒙古野狼”，还有收购倒卖旧电器、制作假证件的犯罪嫌疑人，以及文嫂——她姓赵，是个大嗓门的四川妇女，干家政小时工，她的丈夫是个油漆工。此外，小说中还出现了当年的造反派、现在的落魄者何海山，他是“文革”中的何司令，眼下以新左派面目借尸还魂。而电工小潘是一个同性恋，差点把薛去疾诱奸了。主要人物庞奇的很多家人，构成了一条副线。他的弟弟是农民，叔叔在县城开武馆，教授岳家拳，庞奇过去的未婚妻姿霞是个农村妇女，也来到了城市里，一度在歌厅当清洁工，其他还有歌厅小姐瑞瑞、楼盘门口的保安、某区的城管头儿等人物，构成了环状的、十分紧密的人物关系。

小说中还出现了归国的前流亡诗人尼罗、学者覃乘行等角色，形成了几个层面，互相紧密地咬合在一起。这些人物如同走马灯一样，在一个叫“红泥街”的地方来来往往，构成了红尘万丈的世相和你中有我、我来你往的关系，也就是当下的全景象，是刘心武从

“飘窗”里看到的一切。

由此可以看出，刘心武对时代变迁的敏感。他不像某些写作资源枯竭的作家那样，只能以新闻作为写作素材，或者迎合国际出版商，以“国际橱窗”式的方法，符号化地展示当下复杂的中国社会现实，那样的写作是没有深入中国人的内里和内心去的写作，呈现的就是表面，在消费复杂现实的同时，也消解了自身的文学价值，必然是失败的。而刘心武显然能够跨越这个陷阱，将“飘窗”这样一个窥探世界的窗口限定在一定的视域之内，并且将活跃的、无比复杂的中国现实，做了具有时代意义的展示。他将作家的同情、悲悯、批判及和解的愿望，都埋藏在人物形象的背后，有着一份博大、深厚的关怀之情。

这部小说的地理环境“红泥街”，是一个相对封闭的环境，看似北京某个胡同里巷，却与刘心武过去的那些地名明确的小说，比如“钟鼓楼”、“四牌楼”、“栖凤楼”等不一样，红泥街，完全可以是中国任何一座大中城市的街道，而这条街道上的风景都是相似的，就是当代的中国风景而已。等于刘心武为了写这部小说，特地搭建了“红泥街”这样一个布景地，然后，尽情演绎他笔下的人物和他们的故事。

另外，这部小说在写法上，有着中国传统小说和现代西方小说技巧结合的特点。小说从头到尾都在不断地出现着新的人物，添加、纠葛到旧有的人物关系当中。这样的写法，在《金瓶梅》、《红楼梦》和《儒林外史》中，都有绝佳的表现。

刘心武显然对中国传统小说的技法了然于心，与此同时，这部小说的场景转换的蒙太奇，心理描写的意识流，时空转换的后现代，符号化处理的新结构，都是向 20 世纪现代主义小说家致敬的手法。此外，最重要的，由于刘心武是《红楼梦》的超级粉丝和拥趸，这部小说的语调，我觉得是红楼梦式的，叙述的语调是那么生动、鲜活、具体，让我们看到了一代文学大家叙事的能力和魅力。

假如非要我做一个比喻，我觉得，这部小说无论是从描绘的人物的繁多、世相的纷杂，还是从人心的复杂来讲，都是一部小规模的"清明上河图"。即使是清明上河图这样的比喻，和刘心武的这部鲜活的接地气的作品相比，也是不如小说本身鲜活和生动的。

姜戎的《狼图腾》：天道与人道

五一节放假，约好了到姜戎位于北京北五环外的郊区住宅里小聚。大半天的时间，都待在他家里喝茶聊天，几个人被他和夫人张抗抗带着，上下楼慢慢地欣赏他的居所。我看到，他那套上下好几层的大房子里，精心设计了不少与狼有关的符号。即使在地下室的视听室内，也有很多狼的符号在闪耀。

比如，在别墅的天井般的大客厅里，我向三楼望去，看到楼上墙壁上挂有一幅苍狼的头像，黑色的，正在威严而严峻地盯视着你。整套房屋装修用的都是松木板，上面的疤结和木纹形成图案，远远地看去，几乎每块木板上都有狼的眼睛和嘴巴构成的三个点。可以说，屋子里上上下下，贴的木板装饰，全部都是狼的脸。一屋子的狼，却是可爱的，抽象的，符号化的狼群。姜戎告诉我，寻找这样的木板，作废率很高，只有百分之二十符合他的要求。看来，找到这样的木板的确是十分不容易，疤结和木纹组合起来形成了狼脸的三角，多么有趣啊。

其中，有那么一两个，被姜戎指给我们看，说，那像不像小狼？我一看，还真的非常像小狼，可爱，生动。姜戎告诉我，法国导演阿诺来到他家的时候，就特别喜欢那个像小狼的木纹。这一天，在姜戎家里，我感受最深的就是，一部影响巨大的作品的出笼，绝不是偶然的，是需要各种条件，尤其是艰苦的写作和生活的大量积累。

2015 年 1 月，在中影集团的放映室里，姜戎请包括我在内的一些专家和影评人看电影《狼图腾》，说春节就要放映，还来得及将意见反馈给导演。我看了之后，在恳谈会上说，起码票房我能够预测：7 亿左右。后来，一个月之后春节档上映的电影《狼图腾》最终票房是 7 亿左右，我的预测非常准。

我认识姜戎、张抗抗夫妇有 20 多年了，虽然不常见，但却时常牵挂。这一天，姜戎给我讲了很多写作《狼图腾》的细节，是我今后要专门写一篇文章来记述的。比如，最开始，他写了一稿，夫人张抗抗看了后，对他粗粝的语言做了一些改动，结果，姜戎又改过来，保留了原来的风格。他还给我拿出来他当年去内蒙古插队的时候带的两套书，一套是《约翰·克里斯多夫》，四卷本，还有一册是《普希金文集》，两种书的红褐色皮封面都卷曲和褪色了，不知道被他翻了多少遍。当年，他就是阅读这类书，保持着一种对文学和人生理想的坚定。看到这两种书，我十分感慨。

小说《狼图腾》是一部荡气回肠、立意高远的作品，十年前出版，至今畅销不衰，正版销量达到 500 万册以上，堪称奇迹。虽然是一部以知青生活为背景的作品，但其涉及的主题严肃、宏大和当下性，具有绝佳的可读性，因此而畅销至今。但要将之拍摄成电影，我曾经一直是有些怀疑的，因为，只要是好小说，就具有抗拍性，也就是说，无论你怎么拍，都拍不出原著的丰富和复杂，更别说拍出来的片子还能超过原作了。

可是，偏偏有一个法国著名导演阿诺愿意蹚这个雷子。历时八年的准备和艰难拍摄，电影《狼图腾》终于拍摄完成，在 2015 年的 2 月，来到了大批中国观众的面前。

我对法国导演阿诺执导这部电影,一直很有期待。阿诺执导的《兵临城下》、《情人》、《熊的故事》等影片,都是让人惊艳的作品。据说,他是世界上少有的几个能够以真实动物为拍摄主角的电影导演。调动动物和调动孩子,对大多数导演来说,都是一个难题。我听说,为了拍摄这部影片,光是养狼,阿诺就等待了好几年,等到一群狼从生下来到最后成熟了,才进入拍摄。果不其然,看了《狼图腾》之后,我非常感动,大呼过瘾。这部电影因为制作的精良、用心和耐得住性子,以及影片所涉及的环保、历史、人性、动物保护等诸多主题,注定将成为春节档强势大卖的影片。

在1月份的这次看片会上,我当面听到了原作者姜戎对影片本身的肯定,这是十分难得的。我很少听到小说作者对电影改编感到满意的,这部《狼图腾》是一个例外。

电影《狼图腾》体现出一种天道伦理和人道情怀。这是这部电影的立身之本,也是这部电影耐看、好看、有回味的地方。看了《狼图腾》,我觉得这部电影似乎很难归类,因为它像大片,又非商业片,极具观赏性,却又有深厚的人文情怀,有真实动物出场,但是不是一部大自然主题的片子,内涵很丰富。它讲述的是人和狼的故事,同时,讲的也是大自然的天道和人类社会的人道的故事。由于使用真实的动物——狼来拍摄,其难度可想而知。我在看这部电影之前还有些嘀咕,不知道这部以狼为主角的电影,狼的表演怎么样啊?等到“小狼”真的出现的时候,我惊呆了。是真的狼!是我在新疆的北塔山隐约见过的狼,是月光下长嗥的狼,是团结、聪明、凶狠而又智慧的狼,是大自然的精灵,是人类社会的对照物。

影片中的故事,只选取了小说《狼图腾》的主要情节,比小说更集中地展现了内蒙古插队知青、主人公陈阵和杨克与狼的故事。

在一个有些荒谬的年代，两个北京知青陈阵和杨克，坐着汽车，背着行囊，来到了边缘的内蒙古草原的深处，在一家蒙古人家里住下，开始了自己的下乡生活。他们两个要在草原上学会骑马，放羊，牧马，放牛，以及与大草原的精灵——一群狼相处。人和狼的关系，由此在大草原那壮丽严酷的背景下展开。电影画面是美轮美奂的，是壮阔和美好的，但生活却是艰难的。草原上的人们既要和大自然做斗争，也要和大自然和谐相处。大草原本身不会说话，但是会以水草丰美来馈赠善待草原的人们，又以暴风雪来考验和敲打人类。

狼在这个时候出现了，一个是陈阵私自藏起来的一头狼崽“小狼”，由他逐渐养大，另外则有一群野狼，在围绕着陈阵和杨克寄居的牧民毕利格家盘旋周转。狼的智慧在这部电影中得到了完美的展示——它们以群体的聪明和能量，将一群黄羊赶到了大雪原上，不仅猎杀这些黄羊，还掩埋黄羊以利于来年春天缺乏食物的时候用来喂养自己的狼崽。可是，可恨的人类却争抢这些被狼藏在雪堆下的黄羊，使狼群没有了春天的粮食。然后，狼群就对人展开了疯狂的报复，它们将这个知青点所放牧的大群马匹，在一场暴风雪中，赶到了一面冰湖中，使马群全部冻死，来实施对人的惩罚。那些在冰湖中死去的马群如同雕塑一般，这是这部电影最令人震撼的画面之一。

与此同时，由陈阵所饲养的那头小狼也在长大，它在人性和狼性之间不断地挣扎，它在人的生活中扮演着一个媒介，使人类、天、狼群、大草原之间，形成了一种奇妙的关系，一种显现了天道与人道共存的广阔深远的关系。

电影就在天道和人道之间，以画面语言的方式来呈现它所要追求的效果。电影中,老牧民毕利格简直是草原天道的化身,或者说,他就是草原的精灵和智慧老者,是腾格里——天的替身,在人间社会引导着两个成长中的汉族知识青年陈阵和杨克,去面对各种挑战,来自严酷的大自然的,来自狼群的,以及来自险恶的人类社会的,和独特的历史时期的困厄。最终,毕利格以牺牲自己的生命,来表现出特定历史时期人类和草原对抗的路行不通。

电影在这一点上,达到了一种深度,将人类作为大地上的短暂存在者,与地球母亲的关系,在当下人类加剧破坏地球环境的状态下,做了一个非常具有现实性的回应,同时,也对人类破坏大自然,不遵从大自然的法则的历史行为进行了批判。

现在,当我们身处于这空气、水和食物的严重恶化的时空中,这部电影倒是没有显示绝望,而是充满了希望:在电影的结尾,那头陈阵养大的小狼,最终离开了人的生活,独自深入到它的真正寄居地——大草原的深处,成为又一轮生命轮回和启示的象征。到了这里,电影中展示的那些激动人心、感人至深的情节算是有了一个结局,昭示一种新的人与大自然和谐关系建立的开始。

没去看过这部电影的人,可以通过网络和影碟看看吧。因为,这部电影中有人的成长,有狼的人性和狼性,有大自然的美丽壮阔和严酷的生活,有草原有河流,有爱情有历史,有丰富的心灵世界外化的各种人的关系,可以说,阿诺为我们带来了人人都能够进入和感同身受的一部好电影。

命运改道的悲剧力量

——评东西的长篇小说《篡改的命》

20世纪90年代中期，东西和我都是当时崛起于文坛的“新生代”作家群中的代表。被称为“新生代”作家的，还有李洱、徐坤、何顿、毕飞宇、朱文、韩东、述平、李冯等二十几位。当时，评论家李师东和陈晓明策划组织了两套作家作品集，分别以“新生代”和“晚生代”文学丛书来命名，把我们都囊括其中。20年后，我们中间的一部分人依旧在坚持写作，并且逐渐写出了最好的作品。而“新生代”的概念也不断延伸和扩大，更多的年轻作家被归入了这一群体，以至于有“永远的新生代”这一说法。

且不去管他什么“新生代”还是“晚生代”了。但我和东西的友谊，在那个时候就建立了。我还记得，1997年，东西拉着我，一起去看余华。余华住在北京的西边，他正在家里等我们，我们到了那里，看到他的儿子余海果也在。具体的情景我已经记不清了，据东西回忆，我们喝了很多茶，说了很多话，表达了对余华的钦佩，也聊到了当代作家们的情况。余华问我还喜欢哪个当代作家，结果我夸了半天刘震云。当时，见到比我们更早成名的、红得发紫的余华，令我们俩都很兴奋。出了余华家的门，东西和我握手告别的时候，说：“咱们得以余华为楷模，好好写。”

我们就坚持着继续写作，一直到今天，有的人退场了，消隐了，有的人失语了，我们还在用文学构筑着一个世界，开始步入有可能写出杰作的年龄和状态了。因此，当我看到东西的长篇小说新作《篡改的命》时，我吃了一惊，我确信东西写出了这个时期最重要的小说，他也接近了写出他心目中完美杰作的状态。

东西是一个小说创作经历非常丰富的杰出作家，20 年来，他持续地不断超越自我，总是能够敏感地体察当下现实的内在，以作品作为应答。此前，他的长篇小说《后悔录》和中篇小说《没有语言的生活》是其影响力深远的代表作。在长篇小说《后悔录》中，一个人的成长被打上了鲜明的黑色幽默的烙印，主角的言说充满了“后悔”的口吻，但其实是更大的命运之手在随意摆布着他。在《没有语言的生活》中，主人公一家人都是哑巴，他们却顽强得如同杂草一样，生活在现实本身质地坚硬的岩石缝隙里。这样的无法说话的人物，他们之间演绎出的情感逻辑和命运纠缠，是非常有力量的，正如沉默本身也会成为一种巨大的力量一样，默片和黑白片有时候会带给我们别样的震撼。

《篡改的命》发表于《花城》杂志 2015 年第四期，可能也是这一年最值得关注的长篇小说。东西在这部小说中，依旧着眼于人的命运及其改变。小说的主人公是两对父子：汪槐和汪长尺是农民父子，林家柏和林方生是城里人。汪长尺在当年的高考中，被一个叫牙大山的人冒名顶替上了大学，汪长尺自己从此与大学无缘，难以改变命运，就走出了家乡，进入城市打工为生，结果踏上了不归之路，遭遇到人生更为严峻的挑战，直到死亡。林家柏和林方生与汪家人的命运紧密地纠缠在一起，被不可知的命运所左右，最终，碰撞在一起，秘密被揭开，但这一辈篡改的命的秘密，却从此又因为当事人的死亡而再度被掩盖和遮蔽……如此吊诡的人生，戏弄着我们这些软弱的个体生命。我们也曾经在一些新闻报道上，看到过高考过程中，出现的冒名顶替被录取的事例，有些人截留了录取信息，冒名顶替上了大学，从此改变了自己的命运。这是人人痛恨和大加挞伐的事情，不公正，但是却真实发生过。

所以，有时候，新闻结束了，文学才刚刚出发。我不知道东西写这部作品的灵感来自何处，是不是与这样的新闻的启发有关，但他这部《篡改的命》作为一部长篇小说，及时地出现，毫无疑问，紧贴当下，直逼人心，拷问命运，展现了人生广阔的未知性和人性幽暗的悲剧感。

在《篡改的命》这部长篇小说中，穷人和富人，冒名顶替者和弄假成真者以戏剧性的对位关系构造起来，东西这个好手，他给我们搭建了一个只有莎士比亚和雨果这两个古典和19世纪的文学大师才关心和能够搭建的人物关系。那就是，人不过是符号，是上天在人群中选择让他们出演悲剧的演员，他们分别扮演了彼此给对方以巨大挫折、帮助、影响和伤害的角色，几个人物都因为命运的被突袭、被篡改，然后演绎出了带有《悲惨世界》中那种雄浑的悲剧力量。这是我读这部小说最兴奋的地方。命运，这一人生无常的替代性词汇，在这部小说中，被东西阐释得别具特点，具有了令人哭笑不得却带有歌哭的悲喜剧同体的力量。

我常常在想，为什么狄更斯的说故事和塑造人物的传统，仍旧能够在当代印度作家维克拉姆·赛斯的长篇巨著《如意郎君》中得到了创造性的再生和复活，莎士比亚和雨果的悲剧故事结构，就不能在我们这一纷繁缭乱、难以名状的现实面前被杰出的中国作家再度提炼和获得再生呈现吗？难道这一时代真的就是碎片，就是每个人都能成功15分钟的即时性的消费时代吗？就没有震撼人心的叙述了吗？就没有黄钟大吕和直逼人心和魂魄的针扎和锥心之作了？这里有一个作家的个人才能的问题，也有到底这是一个滑稽、黑色幽默的世界，还是依旧能够让作家写出正剧的、悲剧的世界的判断问题。

东西在写《篡改的命》这部小说的时候，一定是在拷问他自己，因此才最终有了这部超越之作。看到了东西的《篡改的命》，我觉得，这就是一部锥心之作，一部能够紧扣当下复杂现实的关怀之作，一部带有雨果才有的那种描画时代人物基本关系的悲剧性结构的作品。东西以他的《篡改的命》，带给我一个鲜明的印象，就是在雨果的《悲惨世界》、《九三年》中那种结构时代雄浑之美和悲剧力量的文学出现了，东西因此写出了他的新代表作，超越了他自己，也超越了"新生代"这个狭窄的词汇和群体。在这部作品中，东西表现出了他的鲜明特点：他非常善于从并不多的几个人物的关系入手，将他们之间紧密的纠结和复杂的内心变化，结合其命运转换，营造出一个密不透风的世界，暗喻了时代的风貌和人心的深渊，具有震撼人心的效果。东西叙事的凶狠、准确和直逼人心的力度，都是其他作家难以企及的。

《篡改的命》，在命运的大手里，翻云覆雨的是个体生命的悲喜歌哭，这一过程，被东西的繁花妙笔，呈现得淋漓尽致。

北京的入城记：康赫的巨著《人类学》

对于很多人来说，康赫是一个陌生的名字，对于喜欢汉语实验小说的人来说，康赫则是一个值得敬佩的、响当当的小说家。他过去曾经出版过一本向詹姆斯·乔伊斯致敬的长篇小说《斯巴达》，我也更喜欢这本书原先的名字——《南方生活样本》。在那本书中，康赫已经显示了他卓越的才华，就是将结构、语言、想象力和艺术家的个人边缘生活完美结合的能力。此外，他还写过几出戏剧作品，在一些小剧场也有演出，在不大的范围里流传，康赫给我们的就是一个边缘和孤绝的印象。

然后，就是这个月，这个迟来的春天里，我拿到了作家出版社出版的，他写作多年的，我也非常期待的长篇小说《人类学》。没错，是的，是一部长篇小说叫做《人类学》，而不是一本真正的人类学学术著作。但是，难道一部长篇小说不可以叫做《人类学》吗？当然可以。根据我的记忆，过去还从来没有一本小说叫做《人类学》。我见过一本小说叫做《元素周期表》，还有《罗马字母》，或者《植物学》、《宇宙奇趣》，以及《耶路撒冷》和《莫斯科》，可长篇小说《人类学》，则是康赫对自己呕心沥血的新长篇的最佳命名。

我知道，这本书最开始还叫做《入城记》。小说写的就是一个人的入城。入哪个城？当然是北京了。《人类学》这本长篇小说，康赫写了很多年，全文共分九章，一共 133 万字——这个篇幅是相当宏大了，任何人拿在手里，都会觉得这本书比一块砖头还要重。假如当年陈忠实说过“要写一本给自己当枕头的书”，那么，康赫显然是完成了这个梦想——这本书不仅能当枕头，还能当砖头，去砸那些对现代汉语小说轻视和怠慢的人——现在还是有向着伟大梦想前进的小说家存在的，起码，康赫就是一个。

这本书写的是什么呢？怎么形容这本书以及康赫这个人呢？在这篇篇幅短小的书评里，我只能给大家提供一个小小的入口。康赫，浙江人，常年在北京生活，也时不时回到浙江的一座小城市，他的故乡，但他在写作上，像一些一生都在与一座城市死磕的大作家那样，非常具有雄心，他选择了北京作为对象，他以不断入城的方式，以复原记忆、零距离生活、实在记录和想象空间的方式，不断地出城、入城，入城、出城，和北京死磕，写下了一个人和一个时代、一群人和这整个时代，写下了他对北京这座伟大城市的出出入入的所有的感觉，和一个个的人，他们面目或者清晰或者模糊地聚集在叙事者的周围。而这些人物、故事、感觉是被组织起来的。小说有着严密的结构：九个章节，每一章都在 15 万字左右，都是一本小书了。每一章，都有一个主题，如同詹姆斯·乔伊斯的《尤利西斯》的每一章都对应着神话中的情节一样，康赫的《人类学》每一章，也有一个主题。每一章，写作形式上也有巨大的变化，比如，有的章节十多万字没有标点符号，但是你读着非常有语调；比如，第四章是阴郁的，写的是“恶”的主题；再比如，有的章节完全是方言写作，而且，康赫厉害之处在于他能写浙江方言，也能写北京方言；他能写陕西方言，也能写四川方言。多种方言的书写交织在他那消化一切的汉语书面语中，使这部小说在语言上就成为一个奇观。小说的每一章又分为很多带有小标题的小节，我觉得它有很多入口，从任何一处读起来，你都能找到阅读的乐趣。

我真的不知道现在谁还在这么干。作为一个职业编辑，一个在当代文学的生产现场的人，我很少看到康赫这样的作家。他是决绝的，因为，在他的心里有着伟大小说的标准，这标准由难度、长度和语言的复杂度构成，像恢宏或者怪异的大厦。康赫的《人类学》的确是不能忽视的，假如你装作对他视而不见，那只能是你的损失。

有才也不任性

——张晓琴侧记

第一次认识张晓琴，是和雷达，以及她全家——丈夫徐兆寿，他们的女儿，我们几个人一起游走阿拉善的时候。

那是好几年前的事情了，在阿拉善作家张继炼的带领下，我们在几十万平方千米的“苍天般的阿拉善”画了一个圈：从银川出发，到巴彦浩特，再向西北方前行，直接前往额济纳，最后抵达中蒙边境，然后，看了居延海，黑水城，黑将军沙漠，向南再走到航天城，下到河西走廊里，继续沿着河西走廊向东南走，经过了河西走廊的东段，又向北拐入巴丹吉林沙漠，在沙漠深处走了一段，坐了惊险的沙漠车，几乎抵达巴丹吉林沙漠的核心地带，看到了很多小海子，那些海子在沙漠中央熠熠发光，蓝色的光，映照的是蓝天的颜色。这里绝对是天下最独特的景色，在巴丹吉林沙漠的中心地带还有一个小庙，我们没有抵达那里，可是，我想象了那个地方。在星空下，四周全是沙漠，头顶是璀璨的星星，没有一丝灯光，你盘腿坐在沙漠中央，海子边上，你是什么感觉？万籁俱静，只有你一个人，在沙漠的中心默想，此刻，世界是那么的干净、安静和甜美。

那次旅途十分美好，几天下来，几千里跑下来，我对她全家都熟悉了。张晓琴的丈夫徐兆寿是一个多面手，学术研究、文化研究、西域历史地理和旅游研究、传媒研究，以及小说创作，样样在行。我和徐兆寿常常有交流，也是他的小说《荒原问道》的早期读者，对他的那部小说情有独钟，也大力推荐。因为他这部小说，描绘了西部知识分子的精神追求，是比较少见的精神性的小说写作，在以讲故事为主流的当代小说写作中很罕见，我是没有想到徐兆寿作为一个以理性思维见长的学者，写小说写得也这么好。

就是在路途中，我看到，张晓琴有着我们西北女子特有的妩媚、勤奋和聪慧、幽默，以及让人信赖的踏实感。她身上有一种灵性，这种灵性是好的学者应该具备的。我发现，从那年的阿拉善之行之后，张晓琴在学术研究和专业学习上，也是迅速地发展变化着。由于已经跟着雷达老师读下来了文学博士学位，她接下来，又到了北京大学，师从陈晓明教授，继续进博士后流动站学习了一阵子，在 2013 年就破格晋升为教授，这非常不容易，可见张晓琴对自己在学术道路上的设计和追求，是非常认真努力的。

我这两年常常在北京见到晓琴，因为她作为“70 后”青年批评家，声誉日隆，常来北京学习和开会。她在 2014 年被聘为中国现代文学馆的第三届客座研究员，这是很不容易的。要知道，这些青年批评家受聘于中国现代文学馆，要经过中国作协副主席、著名批评家李敬泽和中国现代文学馆的馆长吴义勤的法眼，他们两位既爱才，又很苛刻，要是不出色，没有发展前途，肯定不会被聘请。晓琴因此成为当代青年批评家中的代表人物，她也是西北地区最为突出的青年文学批评家之一。

晓琴主要从事中国当代文学思潮与重要作家作品研究，她出版过《直抵存在之困》、《中国当代生态文学研究》等著作，近年来，她还主持了一些研究项目，比如国家社会科学基金项目、甘肃省高等学校研究生导师科研项目、西北师大青年教师科研能力提升计划骨干项目等。她还获得甘肃省第13届哲学社会科学奖、甘肃省高校社科成果奖、甘肃省黄河文学奖等奖项，这些我就写在这里，为了让大家更加了解带有社会学符号的晓琴。

晓琴这一代批评家大都接受过系统的学术规训，且大都在高校工作，有较强的理论素养和文学史意识。就晓琴而言，她既不乏学院派那种深厚的底蕴和宏观驾驭能力，同时，也拥有难得的初心和真诚。晓琴关注的焦点有两个方面：一是有关当前文学的宏观问题和基本走向研究；二是对于当代重要作家文本细读式的分析研究。这使得晓琴的文学批评具备了一种宽阔的精神关照与深入的文本透析兼备的品质。她说，好的文学批评首先不能囿限在文学内部，而应该从整体性景观上进入文学与世界。哲学、历史、政治、经济、社会、生活、人性等，它们与文学一起构建了这个时代的文化形态和文化想象，批评只有跨出自身，才有可能走得更远。同时，好的批评要在共性的基础上突破个性，这是文学批评的生命所在。她在默默地践行着自己的批评理想。

对于当前文学思潮的宏观把握与判断，构成了晓琴的批评格局。她认为当前文学需要一张新的向西的地图，文学的新的疆土同样重要，或许我们可以放大视野，在当下的文学批评中进行一次山河判断。新媒体时代到来之际，她思考我们在新媒体时代的怕与爱：文学将何去何从？文学是否会走向没落的道路？文学在新媒体时代遭遇的命运是死亡吗？她表达了自己对于时代脉络和文学命数的独特认识。在她看来，文学是人类的一种命运。人类无法选择。即使在新媒体时代，文学依然以它自己的方式存在。与此相关，文学的真实与虚构、文学与文化、“70后”批评家的困境与声音等都是晓琴关注的问题。

中国经验与世界文学也是晓琴关注的重点。她从文化本体意义和精神层面对中国经验进行解读，呈现出中国经验在当代文学创作中的清晰脉络。她的文章中对百年的创世经验和创伤经验的梳理，使那些和精神血肉相互交融的悲痛记忆也成为“中国经验”不可或缺的一部分。莫言获得诺贝尔文学奖后，有关莫言、中国文学和世界文学的研讨会在各地进行，晓琴撰文《文化自信与中国经验》，认为“不可置疑，莫言已经成为一个文化符号而生成。从莫言开始，中国文学的各种命题好似爬了一座山终于到了另一座山，而这座山不再是西方那座山。在这座山上，同行们可以缓口气、抽支烟，来总结一下自己的历程。过去，谈的多的是问题，这一次，谈的多的是肯定。于是，从一定意义上来说，莫言成为中国文化自信与中国经验的新的诠释点和里程碑”。由此论述中国当代文学学习世界经验的先锋精神，从文化觉醒到中国经验，以及从文化自信到世界文坛的道路，显现出其体会之独特、思考之深广。

知识分子是晓琴批评的一个重要部分。新时期以来作家的知识分子立场问题、文学中知识分子形象演变的问题等都是晓琴着力研究的内容。研究当代文学中的知识分子问题很大程度上就是对自身的观照，这一部分的研究中包含着晓琴对知识分子立场的深入体察与把握，也体现出晓琴作为知识分子的精神关怀。时代的痛苦、人性的挣扎、个体的追问、精神的反抗与和解，一切都跃然纸上。

晓琴很善于进行文本细读。这种批评方式对作家很有帮助，尤其是她对小说文本的细读，我就听到不少作家的赞许。

她关注的作家比较杂，从现代文学史上的张爱玲、林太乙、冯至到当下的青年作家诗人，似乎只要她感兴趣的，都可以成为研究对象。就当代文学而言，晓琴既关注贾平凹、路遥、刘震云、刘心武、格非、余华、周涛、于坚、马丽华、张炜等知名作家作品，也对艾伟、刘建东、蒋一谈、张万康、李成恩等新锐作家作品极为关注。同时，她还热衷于研究文坛从事批评的师友，并与其对话，视角比较独特。

在我看来，她以文本细读的方式对那些资深作家作品的透析是最引人注目的。在这些作品中，她发现的是小说中国的方式，也就是作家们对中国经验的发掘与呈现，对中国传统文化的深入挖掘，对中国故事的讲述。她认为贾平凹的《老生》是一部向《红楼梦》致敬的作品，其更深寓意在中国传统文化深处。她进入作品内里经纬，在艺术结构、叙事探索、人物塑造、意向设置等方面还原其立于中国传统文化深处的寓意和时代大梦。《带灯》在她看来则是一个"裹挟着尖锐之声，在暗夜里发出微明，在困境中寻找方向"的复杂矛盾又浑然一体的文本。对刘震云《一句顶一万句》的研究则侧重于对中国人命运存在的体察、对中国经验和存在本质的体悟。将这种"没有精神交流对象而导致的必然的孤独"上升至"存在的本质"，从而道出"千年来中国人的孤独"。"话语就是存在"的观点新颖而开阔。晓琴从《出延津记》与《出埃及记》结构的互文关系中找到了更为深远的精神比照意义，她指出《一句顶一万句》是一种冒险，刘震云通过小说与《圣经》的结构的互文，想要呈现的是百年中国民间人民的精神特征，并与西方宗教精神关怀下的人的精神进行比照，从而呈现出作家深切的关怀与精神向度。这样的文本细读式研究在当前文学批评中是必要的，也是必需的。她将刘心武的《飘窗》看作是一部失败者之书，一部残忍之书。她从人物之间微妙的关系切入，深入分析了小说中一场失败的精神启蒙，也从中看到了人道主义思想、知识分子自省意识，以及对世俗生活中普通人的生存和生命的关注。

和晓琴一家人交往，我总是被浓浓的情感所包裹。我和徐兆寿在2014年前往新疆伊犁的昭苏县，在莲花山的雪山脚下的宾馆里住在一个房间，彻夜长谈，其乐融融。在北京，见到晓琴也很高兴，因为在2015年她就读于中国作协的鲁迅文学院第26届中青年作家高级研讨班，这个研讨班全部都是批评家和学者，而巧的是这年4月底我也来到了鲁迅文学院，担任主管教学培训研究的副院长，等于说，成了一名文学教育的管理者。也算是做了晓琴他们这一届高研班的老师。半个月之后，他们就毕业了，而我，也很快就熟悉了鲁院的工作。

晓琴给我的印象也是多才多艺的。听说，在本科学习期间，她就是学校艺术团舞蹈队的主力队员，后来一直喜欢书法，字体娟秀。别看晓琴比较娇小，她喜欢开车漫游西部大地，开车很猛，我们在阿拉善有一阵子是她开车，夜车开得也是嗖嗖的，在大地上穿行，我很担心，因为速度太快，可看见旁边的兆寿和他们的女儿都在打盹，就知道他们很信赖她的车技。

除了文学批评，晓琴还写了很多诗歌和散文，在文学创作上也一试身手。我是一个诗人，平时喜欢读诗，我很喜欢晓琴的诗。她的诗歌很多面，有知识分子立场的，《冬夜》、《开天》是其中的代表；也有呈现生命存在的，《听萨蒂〈玄秘曲〉》、《时光》、《绿袖子》等；还有书写亲情与爱情的，《河流》、《用我的骨头磨一支笛子》、《预感》等，以及描绘西北大地风光的《甘南》、《阿拉善》等。期待她出版诗集，给我一本。

晓琴说:“文学对于人类来讲,是一种命运。文学在人类的心上不可思议地写下第一行诗,描绘出第一个形象,而且讲出第一个寓言或神话,这就是文明的肇始。上帝撒下的第一缕阳光。人类无法选择。如果选择不要文学,那么,人类就永远地陷入了黑暗的时刻。”这样的话让我想起西部故乡的阳光,心生暖意。她有才,但不任性,在遥远广袤的西部行走,并且坚持发出自己的声音。

对未来的想象是敞开的

——评《未来人传奇》

2015 年,中国科幻作家刘慈欣的《三体》英文版第一部获得了美国“世界科幻作家协会”颁发的本年度雨果奖,这是华人作家第一次获得该奖。此前,我曾就职的《人民文学》杂志社发表过他的多篇短篇科幻作品,给他推出过小辑,他的短篇小说因此获得了《人民文学》杂志颁发的一个小说奖。

这里说一个刘慈欣的八卦。那一年,小说奖在宁波颁发,我到机场接他,左等右等,等不来,一打电话,原来他被太原机场扣留了,一问,真是哭笑不得,原来,第一道安检的时候他的行李中就放有打火机,过第二道安检的时候,他随身的包里还有打火机。等到他人过安检机器的时候,安检员拿那个扫描器上下在扫,结果发现他右手还攥着个东西,对他说:“把手松开。”他一松手,一盒火柴掉下来了。于是,他就被扣留了。

其实,他不过是一个烟瘾很大的烟民。经过解释,他最终被宽宥,被放行,但却没有来领我们的这个小说奖,因为颁奖时间已经过了,他只好回到了山西北部的娘子关发电厂,他的家里。这简直是刘慈欣给我们开的一个不大不小的、带有科幻性质的玩笑。

美国的科幻小说最繁荣,近年来,中国的科幻小说也开始受到文艺与科学界重视，涌现了一批年轻科幻作家和优秀科幻作品。比如，除了刘慈欣，还有韩松、刘宇昆、王晋康、星河、吴岩、夏笳、飞氘等等，成为21世纪初的中国文学一大亮点。

王佃亮的长篇科幻小说《未来人传奇》，是我看到的一部很有特点的小说。它精心塑造了一些未来人物形象，具有鲜明的性格特点。高尔基曾说，文学就是人学。纵观国内外科幻文学作品，我尚未发现像《未来人传奇》这样以宇宙人类进化发展为主线的系列长篇科幻小说。这部可以称为鸿篇巨制的小说，以未来星际环境为背景，塑造了栩栩如生的来自不同星球的外星人，描写了他们的性格、饮食、起居、建筑、交通、通讯、军事、风俗文化、思想道德等方面以及生活细节。

小说中，绿星人的代表是希特里，马里奥，比尔，毛毛。希特里是探险队长，后升为小阳系第一先遣支队副总司令，谎话连篇，阴险、狡诈。绿星人虽然霸道，却不像蓝星人那样官僚主义严重，喜欢使奴唤婢，许多具体事都是当官的亲自去做。蓝星人的代表是阿依尔姑丽，欧阳修文，亚历山大一世，饭岛千惠子，瓦西里诺夫，小野寺隐太郎，娜塔莎等。蓝星人是和地球人最接近的外星人。相貌举止和地球人类似，一般能活到400多岁，100至150岁谈恋爱。阿依尔姑丽，昵称阿依尔，星际混血儿，父亲是紫星人，母亲是蓝星人，狡黠、聪颖，说话尖刻又不拘小节，会飞檐走壁。欧阳修文，蓝星生命科学家，研究人类长生不老，兼研究利用基因技术对付外星人入侵。孪生弟弟为欧阳修武，被绿星人植入了邪恶基因，失去记忆后变成了大毒枭亚历山大一世。小说同时塑造了其他外星人形象，譬如紫星人。撒贝里是紫星人代表，爱好和平，星际使者。

《未来人传奇》是硬科幻小说。小说以现代天文学、生命科学、物理学、未来学等为知识背景，譬如小说中描写的“镜像宇宙”、“镜像星”与近年来天文学研究中发现的现象不谋而合。根据爱因斯坦狭义相对论，在真空环境中宇宙中没有任何物质的运动速度可以超过光速，但近年来，天文学研究发现了许多超光速证据：2002年3月27日国际权威的《自然》杂志报道，哈勃空间望远镜观测到超巨星以超光速膨胀；类星体速度超过了光速；超光速运动的基本粒子早已是客观存在。顶级智慧的爱因斯坦大脑遇到了挑战，超光速不仅存在，还会出现时空倒流，我们看到了“过去”。小说中的银河系宇宙、金河系宇宙，体现了近代天文学“姊妹宇宙”、“平行宇宙”的理念。金河系宇宙是时空倒流的宇宙，银河系宇宙的生命是渐渐衰老的，金河系宇宙的人则是越活越年轻。爷爷比孙子年龄小是社会普遍现象。

自古以来，文以载道是文学的一大功能，《未来人传奇》蕴含了许多哲学道理，昭示了人类对未知领域的敬畏。《星战前夜》这样描写：“由于生存环境不同，在蓝星人看来，外星人长得怪模怪样，十分丑陋。可倒过来，外星人要是看蓝星人，还远远不如蓝星人看外星人顺眼哪。在他们眼里，蓝星人只是一堆在草丛里蠕动的可怜的小虫儿，比蚂蚁强不了多少，既没有力量，又缺乏智慧，理会他们都有失身份。”暗指美是相对的，不同的人对美甚至有相反的标准。

《天外来客》这样描写“蓝星人的眼睛里缺少零件，所以宇宙中绝大多数东西，你们看不到。比如说，风你们能看到吗？引力你们能看到吗？热量你们能看到吗？还有，电线里流动的电流你们能看到吗？无线电波的发射和接收你们能看到吗？灵魂你们能看到吗？……”这是因为人类基因组含有约30亿个碱基对，可编码大约 300 万个基因，而实际上人类基因数为 2.638 3 万—3.911 4 万，不超过 4 万，只是线虫或果蝇基因数量的 2 倍，人有而鼠没有的基因只有 300 个。所以，地球人目前的进化程度很低，还有极大的进化空间。当基因数量成倍增长后，地球人的外貌和智慧会出现质的飞越。

再比如，“这就像蓝星上不同的动物，你不能指望蚂蚁的眼睛能看见天上的星星，也不能指望鱼的眼睛会说话，也不能指望虫的眼睛能分辨出哪是星光、哪是月光。蓝星人的世界是黑白和彩色混合成的，这就像一张奇妙的拼图，在图里，黑、白以及介于它们之间的色是黑白色，当然了，蓝星人有时会误认为是无色，赤、橙、黄、绿、青、蓝、紫以及介于它们之间的色是彩色，这正如视频有黑白和彩色之分一样，而在赤、橙、黄、绿、青、蓝、紫这七种基本色中，红、绿、蓝是三原色，其他四种基本色可由三原色混合而成，这样世界的基本色就剩了黑、白、红、绿、蓝。能看到所有这些颜色的蓝星人，眼睛就不是色盲，而看不到红色就是红色盲，看不到绿色就是绿色盲。然而紫星人就不同了，即使能看到蓝星人眼里的所有色，他仍然是严重的色盲。因为宇宙里基本色有五百种，蓝星人能看到的仅仅五种，而没有缺陷的紫星人应该能看到三百种。”眼睛的功能决定你是不是色盲，而不是能看到多少种颜色。这部系列长篇科幻小说的特色和优点，还有很多，很多，不再一一介绍。

最后想说的是，王佃亮的《未来人传奇》系列长篇科幻小说，是当代科幻小说的新收获，相信读者朋友们会从中汲取无尽的营养，慰藉我们飘忽的灵魂，因为我们对未来的想象，永远是敞开的。

抗战文学的新突破

——读黄国荣的长篇小说《极地天使》

2015年初，《人民文学》决定在八九月份，拟出一期纪念“中国抗日战争暨世界反法西斯战争胜利70周年”的作品专号。说实话，这些年抗战题材的作品并不少，甚至可以说有点滥，但寻觅一部赏心悦目的佳作确如大海捞针，出好这期专号，真还有点难度。我们几个编辑构想，要从题材的广度和深度上，寻找新的作品，也给过去在这方面的创作有成就的作家，如朱秀海、徐贵祥、徐剑等部队作家发出了邀请，希望他们写出突破自我、延伸这个题材的作品。

4月，我工作有变动要调走，但这期内容，主编还是要我负责到底。我正为组织稿件劳心费神之时，黄国荣的《极地天使》不期而至。阅读这部30多万字的长篇小说，我不禁眼前一亮，不由自主地被作者带进了那个鲜为人知的侨民集中营阴森恐怖的氛围之中，随着小说中人物命运波折跌宕，我走进了惊心动魄的故事之中。读完作品，同仁们认为，这是一部视角独特，视野开阔，人物个性鲜明，形象丰满多彩，又不乏冷静、客观、幽默等文学意味的佳作，对当前的“抗战文学”是个新突破。

这部作品首先在于它视角独特，把中国人民抗战与世界反法西斯战争有机结合一体。世界反法西斯战争与同盟国阵营，在今天相当多的年轻人意识中，不过是一个模糊空洞的概念。这要归咎于中国人民抗日战争的研究与宣传在一段时间内两方面的忽略：一是忽略主战场的作用，造成国人只知敌后游击战，而不知正面会战与决战；二是忽略中国军队与老百姓参与同盟国联合作战，造成国人只知道外国人帮助中国抗战，而中国远征军出国作战解救英军和中国老百姓帮助同盟国军队的壮举不为人知。

《极地天使》无疑是后一种忽略的弥补，它以其题材的独特与开阔的视野，透过潍县乐道院侨民集中营这块天地，给读者展现了太平洋战争的整个战场，把世界反法西斯战争这一空泛的概念变为具体真实可感的战事。

1941 年 12 月 7 日，日本军队偷袭珍珠港，美英加澳等国纷纷对日宣战，和中苏建立同盟国阵营，与德日意法西斯轴心国阵营进行殊死搏斗，第二次世界大战全面展开。在珍珠港事件中，由于在美日侨充当间谍向日本军政当局提供情报，导致美国将 6 万多日侨集中到洛杉矶统一集中居住。侵华日军也将西方同盟国所有在中国的外侨全部抓捕，分别关到潍县（今山东潍坊）乐道院、上海龙华和香港。其中，在潍县乐道院关押着整个华北地区（包括北京、天津、徐州、济南、青岛、烟台、滕州等地）西方侨民 2 000 余人，长达三年半之久。这些不同国家、不同民族、不同语言、不同信仰、不同肤色的 21 个同盟国侨民与当地中国老百姓面对日军侵略者结成盟友，他们素不相识，不计恩怨，不图回报，相互信任，相互支持，携手并肩与日本军国主义进行了殊死的斗争。

全书围绕集中营侨民组织建立自救会，取得与集中营外中国朋友和游击队的联系，里应外合地在恢复教堂、恢复学校、保护儿童妇女、反饥饿、抗迫害、反对陈家庄拆迁、破坏机场建设和抗疾病、反清剿等事件中，与日军针锋相对地展开了一系列斗争。

斗争不仅使关押在集中营里的侨民认清日本军国主义反人道、反人性的侵略本质，从被迫自卫、勉强参与、抵触反抗走向自觉斗争，而且使营内斗争与营外抗日活动紧密地结合到一起，得到了当地老百姓和国共游击队的配合支持，甚至得到共产国际和美英政府、军队的远程关注与支持，最后连中立国家和国际红十字会都介入了斗争，汇成了一曲波澜壮阔的《同盟国进行曲》。

此外，从写作技巧上看，这部作品做到了虚实结合，使文学真实深植于历史真实之中。

《极地天使》的写作有其独到的特色，真实的历史事件、真实的历史人物与文学虚构的巧妙结合是其成功的要诀。创作前期作者对潍县集中营（日军对外称“敌国人民生活所”，英文字母缩写CAC）这一历史事件的史实资料的研究与搜集下了苦功夫，让历史事件、事件中的相关人物以及围绕这一事件所发生的一切故事烂熟于心，然后凭借作家的文学思维与艺术想象超越史实与生活的局限与束缚，创造出一件新颖而精致的文学作品。

日军在1942年初强占潍县乐道院建侨民集中营是历史事实，关押的2 000多名在华侨民中有许多世界著名人士，如英国400米奥运冠军埃里克·利迪尔、华北神学院创始人赫士博士、曾任蒋介石顾问的基格（雷振远）神甫、齐鲁大学教务长德位思博士、中美重新建交后任美国驻华大使的恒安石（1981至1986年任驻华大使）、美国花旗银行董事长夫人沙德拉·司马雷、青岛大英烟草公司经理韦伯、燕京大学理学院院长韦尔选及夫人等33位知名教授，还有英国天主教神甫艾文德、后任加拿大海外基督教使团总监的米歇尔·大卫博士、基督教内地会以及烟台芝罘英文学校创始人英国牧师戴德生的儿子戴存仁博士和芝罘学校的300多名欧美籍师生等等。

小说中主要人物都有其真实的原型：主人公白衣天使苗雨欣就是乐道院教会医院18岁的美丽护士魏希芳的化身。魏希芳在日军强占乐道院的当天，被宪兵队长汤本宣典强奸并长期霸占。小说中的许子衡、儿子许瑞民、女儿许瑞娟，就是潍县广文中学的校长黄乐德与儿子黄安慰、女儿黄瑞云，就是他们父子四处乞求为侨民募集到相当于10万美金的善款救了侨民们的命。美国领事格拉斯特就是当年被关押的恒安石，中美建交后任美国驻华大使；其女儿黛丽丝的原型是当时八岁的戴爱美。戴维斯是历史事件中北美基督教长老会神学院院长赫士与齐鲁大学教务长德卫思的融合。托米吸收了利迪尔的性格，掏粪工赵兴泰就是张兴泰，宪兵队长山本正浩就是汤本宣典的形象。连攀高墙从带电铁丝网上往集中营里运送粮食而触电身亡、被日军曝尸的小男孩，被日军耍小狗小猫一样反复扔河里直到筋疲力尽淹死的许子衡女儿许瑞娟，都有其真人真事。历史事件中被电死的男孩叫韩祥，被反复扔河里淹死的女孩是13岁的韩贞昌。

小说并没有局限于历史的真实，历史事件及事件中的各色人物都成为黄国荣的小说素材。他是个讲故事的高手，他把这些历史事件中的各方代表人物搬进小说，为他们组织起五个家庭。一个是苗雨欣家，她父亲苗志远是潍县商会会长，左右逢源的墙头草；哥哥苗世雄是伪军中队长，日本人踏实的汉奸走狗；家中还有风流后妈白丁香；一家一人一把小算盘，过着同屋异梦的日子。另一个是许子衡家，包括他的儿子许瑞民、女儿许瑞娟和老伴，一个有家教的知识分子家庭，他们传承着中华民族的优秀品质。苗、许两家有世代冤仇，苗雨欣却把许子衡拜为人生教父，而且深爱上做记者的许瑞民，两家的关系便错综复杂。再一个是美国驻中国领事格拉斯特家，包括他的女儿黛丽丝、妻子艾伦及内弟罗格，他是侨民自救会的会长，苗雨欣拜他为师，学拳击，跟艾伦成为好友，黛丽丝把她当亲姨。再是赵兴泰家，他在乐道院当掏粪工，许子衡在乐道院广文中学当校长时帮助过他，他家与苗家又是亲戚；他女儿嫁在陈家庄，为抵抗日军强行拆迁村子建机场，他女儿全家六口被日军灭门，赵兴泰这才对日军恨之入骨。最后是山本正浩家，妻子在东北被抗联炸死，他把儿子山本太郎带在身边，想把他培养成日本军人，他强奸霸占苗雨欣，破坏了苗雨欣与许瑞民的美满婚姻，与许家成为不共戴天的仇人。

家庭是组成社会的细胞，是社会关系、利益关系、人际关系、情感关系的基本单元，以家庭关系组织小说故事，真实而富有生活气息与质感，有助于让历史真实自然上升到文学真实的艺术境界，产生良好的艺术效果。小说从珍珠港战争开始，战争产生了集中营，集中营把这五个原本毫无瓜葛或关系简单的家庭突然拉扯到一起，一切生活秩序被打乱，制造了家仇国恨，结成了敌友恩怨，每个家庭都经受着战争带来的不可意料的灾难，无奈地忍受着不以个人意志为转移的飞来横祸的打击与折磨，在再现历史的同时，艺术地演绎出一幕幕人间悲悯惨剧，结果是敌、我、友三方都为此付出了惨重的代价，给后人留下对战争灾难无尽的思考。

小说擅长心理透析，让读者感受人物灵魂的震颤与命运的心路历程。以细腻逼真的心理刻画写活人物是黄国荣的小说的一大特色。无论他的长篇《兵谣》中的古义宝、《乡谣》中的汪二祥，还是《碑》中的邱梦山，他们都成为当代文学长廊里的独具特色的小说人物形象。《极地天使》亦是如此。

这部小说中的主人公苗雨欣，并非叱咤风云的抗日英雄，她不过一个普通的从事医务工作的文弱女子，而且是个受凌辱被侮损的女孩，她一步一步成长为一名反抗日本军国主义的自觉战士，经历了一个相当复杂的过程。遭山本正浩强暴后，她跟一般女孩一样，第一个意念就是想死，奇耻大辱，没脸见人，一死了之，一了百了。但自小失去母爱的她有一颗倔强的心，她想到了好友马凤琴含辱自杀的可悲，这样死等于白死，如同死猪死狗，让造孽的禽兽逍遥自在她心有不甘。她要为自己报仇，与其自杀不如与禽兽拼个鱼死网破。但她的复仇计划被她哥破坏了。她哥和爹不光不给她报仇，反而讨好山本正浩要她嫁给他，绝望之时她求助许子衡校长，在他的教导与影响下，她才明白“国之悲，莫过于丧权辱国；人之悲，莫过于认敌做友”；“女子只有视心灵贞节为宝贵，才能真正保护自己的贞节”；“一滴水只有汇入江河湖海，才能形成力量”这些道理。于是她忍辱负重，将计就计重返乐道院，为抗日大业，她强迫自己让个人肉体死去。一个震撼人心的细节是，当苗雨欣发现她在忍受山本正浩蹂躏时竟会产生高潮快感，她痛恨地抽自己的耳光厌恶自己，她以非凡的意志用仇恨让自己的肉体快速死去。在集中营，她冒着生命危险千方百计帮助侨民，竟不被侨民理解，甚至怀疑她是日本奸细，连流氓史密斯都把她当作不正经女人想占她便宜，她只能躲起来痛哭。她就是这样一位被侮辱被损害的天使，最后成长为一位抗日英雄，同时，也得到了真诚纯洁的爱情。

日本宪兵队长山本正浩也是一个以往作品中没见过的形象。他是日本帝国大学的高材生，酷爱中国历史，又崇尚武士道精神，侵略战争初期，日本军国主义的不可一世与武士道精神的契合，让他的心灵变异，成为战争狂人。妻子被抗联炸死，他更以疯狂报复中国。他的外表始终保持着文人的冷静与优雅，内心却由嫉妒中国，嫉妒中华文化演变到仇恨中国，他不光要掠夺中国的资源，他还要掠夺中国的文化；不只自己这么做，而且把这一意识灌输给儿子，培养他主宰、霸占、统治中国的意识，以致利令智昏，落得可悲下场。

不说其他重要人物，就汉奸伪军中队长苗世雄、苗雨欣的后妈白丁香，《潍县日报》的麻秆社长，掏粪工赵兴泰这样一些并不重要的人物，也都不是符号化的人物一带而过，都有其独特个性的表现，都会给读者留下活灵活现新鲜生动的深刻印象，这是小说不可多得的一大特点。总之，“抗战文学”还有空间，还能继续发展，这是我阅读黄国荣的《极地天使》的感受。

记忆的语言刻度盘

——评朱强的散文写作

江西青年散文家群体现象最近几年突出，因此，举办一个江西散文家群体的研讨会是恰逢其时。作为同道，我祝贺江西散文作家研讨会的召开。我还记得，两年前，《光明日报》在赣州召开了一个讨论会，总编辑何东平、副总编辑李春林都去了，请了一些评论家、作家进行研讨。因为那段时间，《光明日报》做了全国各地的一些作家群现象的专题报道，其中，关于江西，报道的就是江西散文作家群的出现。今天在场的，如江子、范晓波等，都在其列。有这么大动静，也是和诸位这么多年来，致力于散文写作并收获甚丰是有关系的。

我在想，江西为什么虚构的文体，比如小说的创作这些年势头有所衰减，相反，非虚构的散文写作，却异军突起呢？这肯定与江西从古代一脉流传下来的文脉有关系，江西作家远接唐宋明清，近看山川风物，写出来一手的好散文。为什么我这么说？因为刚才，从古耜老师、敬泽主席到韩小蕙老师的发言，都可以听出来，江西的散文写作肯定是有自己的一个渊源，古、今、中、外的一个渊源。另外，我觉得我是惯于形象思维的，今天要研讨的九位江西散文作家，从体形上看，你们这边六个，江子、范晓波到陈蔚文、朱强，加上王晓莉，体形一看，就感觉怎么那么像江西的毛竹，个个都很挺拔俊秀，瘦瘦的，有内在的精神，表面却很雅致。然后，从夏磊到傅菲和安然，你们仨就比较敦实和平实，长得像竹笋一样清新耐看，拔节生长。这就是你们几位在视觉效果上，给我带来的审美愉悦。所以，说起来，我感觉江西的新散文家群体，给我的印象与竹子有关，有礼有节，有硬度有柔美，有柔韧和刚强的力量在，也有巨大的实用价值——文章写得都好看，耐读。

给我分配的，是朱强的散文点评。朱强出生于1989年，年龄在你们几位里面最小，才26岁。所以，他有着广阔的可能性。我是上个月才从《人民文学》调到鲁迅文学院，负责作家的培训和教学工作，我此前当编辑，当了20来年，发现了不少新人，也积累了经验，其中，与朱强的散文相遇，就是这样的。大概在前年，我是第一次在《花城》杂志上读到他的散文，就感觉非常新锐。我们当编辑的就喜欢闻味儿。一个作家有才气没才气，看看文章闻闻味儿，就知道了。北京话叫做“有嘛”。没才气，就叫做“没嘛”。这个“嘛”就是有没有料，有没有希望、才气和感觉。《花城》杂志发表的作品，它比较强调一个作家对语言的敏感，以及文体的实验性。这就是《花城》的一个先锋、实验和创新性的趣味。所以，在《花城》上发表作品，我一向很注意。

我读朱强的散文，一闻就觉得朱强的散文有一种独特的气质，语言高古、现代、拧巴、较劲，又有穿越的氤氲感。后来，我们的散文编辑拿来了他的稿子，看文章我还以为朱强是一个老汉。看简历才知他是1989年生的，比我小了20岁，就与朱强联系上了，看了他几篇文章，挺有意思。当时，他告诉我，他要写一组关于江西赣州的文章。这组文字，《人民文学》去年发了一篇《墟土》，今年发了一篇《行砖小史》。古耜刚才对朱强散文谈得也很精到。这两篇散文,我也算责任编辑,除了编辑曹雪萍看过,我也是一个字一个字地看的。但是,我要说的是,很不好意思,最终文章发表的时候,我给他切掉了三分之一到四分之一的篇幅。朱强的文章,我从一万五千字里拿出八九千字,如此编辑,我也是殚精竭虑,因为对于刊物来讲,有时要发一个一万五千字的散文,一下子十多页,读者会读得疲倦。读十几页全是散文,读者就很崩溃。所以,散文的感觉是五六个页码,八九千字,刚刚好,读者心情非常愉快。我们揣摩读者的心态,所以,必须把朱强的文章由十几页搞成五六页。

说到朱强散文的特点,我感觉,一个是大气磅礴,再有就是举重若重。他能够在一万多字的篇幅里,囊括进一部长篇小说的容量。比如我们发的那两篇散文,他把家族记忆、个人情感、赣州历史以及对河流、街道、小巷历史的挖掘,还有对文字、语调本身的打磨、营造和追求,都弄进去了。以至于我感觉有时有些举重若重,好处是信息量大,内容丰富,情绪充沛,但读起来有时候觉得硬而干涩。小缺点与大优点纠结在一起,给人一种特别强烈的冲击力。所以,在删改中,我有意去掉了一些坚硬的东西,留下了另外一些使之呈现出一种特别氤氲和丰沛感的段落。正如毛竹生长一样,有时候竹林长得好,它还需要下点雨。哗哗的一片云,哗哗的一片雨。竹林里弥漫着云雨,氤氲感弥散在散文里,气氛就特别好。我就留下了他散文里的那种氤氲感。

两篇散文的题目都是我改的。最早的时候,他的《墟土》叫《虚土》,但刘亮程写过一本书,就叫《虚土》,所以必须回避。后来,我就在"虚"的旁边加了一个土字,"废墟"的"墟"。一查词典,现代汉语没有这个词。我们资深编辑也说,词典没有的,最好不用。但我想，作家要创造啊，创造一些新词，然后丰富词典的内容，后来用了废墟的“墟”。《墟土》给我的感觉，就是朱强将一座城市，赣州的千年岁月，打造成了时间的长廊，时间的城市；墟土，是时间废墟的一种残渣，然后，被朱强发现，被他包装了出来。这篇文章写得峰回路转，荡气回肠，如同大江滔滔，又如黄河九曲回肠，很好看。

第二篇散文当初的篇名叫做《行砖》。这个“行砖”，一般都不知道是啥意思，文章名容易产生误解。其实，他想写一块赣州城砖的历史，这块砖头在历史里行走，穿越，走来走去，走出了他的家族史，赣州城史，以及个人的成长史。后来，我才加了个后缀叫“小史”，因为不能叫“大史”，大史是司马迁写的，不能太大。因为朱强这篇文章，所涉及的是家族记忆，城市历史，成长痕迹，想象时间什么的。这篇《行砖小史》，写得也是纵横开阖，张弛有度，南北西东，上下千年，读来意趣非常。

我建议朱强以后出集子，尽量收原作，就是不要收录我删改的这个文本。因为我们主要还是从刊物读者的阅读心理来处理的。所以，我觉得朱强的写作是举重若重，大气，丰沛。但是，我想，朱强以后在处理这些题材的时候，能不能举重若轻一点，文字再轻巧一些。最近，我的案头，在读几个国外散文家的文字。一个是布罗茨基的两本散文集《小于一》与《悲伤与理智》。这个布罗茨基的散文特点，就是把他对诗歌的理解、文化的理解、历史和政治的理解都融在一起，它背后的东西都特别丰富。但是他是以特别小的点切入进去的，举重若轻。还有一种，是比较抒情一点的，像《纽约客》的一个老编辑叫 E.B.怀特，他的几本散文集都翻译成中文了，但我觉得他的东西有点偏软。他也给我们提供了一点经验。还有一个作家，奈保尔，他把游记写成皇皇巨著，动不动二十多万字。

我想,他们的散文写作与朱强的写作,总体设计追求有相似处,即都是一种文化写作,精神性写作,这是朱强给自己设定的大方向,我觉得他未来的写作空间还很大,可以对那些文学大师多加借鉴与呼应。在时间记忆里拥有你自己的刻度盘。

冥想之玉，思想之火

——评钱利娜的散文

钱利娜是最近几年在浙江宁波涌现出来的优秀青年作家，她多才多艺，在诗歌、非虚构纪实文学和散文的写作上，都取得了不俗的进展，让人刮目相看。她的诗歌写作，题材十分广泛，有着开阔的视野和胸襟，这一点在浙江诗人那里非常难得，因为江南作家诗人，很容易显得格局狭小，可钱利娜似乎能够不断地开拓自己的写作题材和形式空间。在她的非虚构纪实文学写作中，她给我们贡献了一部关心特殊教育人群的著作，引发了我们对这一境遇中的人的关心。因此，当我看到她在散文方面也取得了进展，我也是非常高兴的。因为一个作家只有不断地打开自己的写作，不娇气、不歇气，才能获得超越自我的成就。

钱利娜曾在诗歌《思华年》中写道："山峦之上，落日举行盛宴/在受宠的嘴唇与天鹅的哀鸣之间/她对一切的渴望逐渐逝去//那往昔，夜鸟啄着他未知的情欲/那多变的戏法像旧螺旋桨/旋转着她受惊的日子//他是一尾鱼/扑腾于她胸中的池塘/打碎万千星光/他以此搜索着疗伤的地图//他是孤独的锦瑟/弹奏她灵魂里拧小了的火/让隐藏的事物一一显现//那往昔，他指上的一根根弦/像折断的麦秸/她躺在田野上，爱得一望无际。"

这首诗歌曾被多位评论家评论，被多个版本的诗歌年选引用，写于2010年，与散文《孤独，是一座花园》出自同一个年份。一个作家站在同一个时间点的两种文体中，用两面镜子照自己的精神世界，折射出的应该是同一个倒影。这首诗几乎融合了她最鲜明的写作特质：暧昧与曲折，缠绕与释放，智性写作的思想与充满伤感暗示的冥想，古典文学修养与现代意识的杂糅，复杂性以及建立在复杂性上的丰富性，这些关键词成就了一个具有鲜明个人烙印的优秀青年作家，而这样的特质也同样存在于她的散文创作中。

著名评论家张清华曾有这样的评论："在国内当代青年诗人中，相比于钱利娜并不太大的名气，她的诗歌要好得多。其意境深沉且能气定神闲，给人以多思、静谧而辽远之感，语言也显得精到和老练。"我想，这个论断也同样适用于她的散文、小说创作，作为一个在文学世界里的多面手，钱利娜对于自己的挑战似乎从未停止，她穷尽自己的无垠，也持续不断在刷新我们的视线。她一部接着一部的诗集，她的长篇非虚构，她的散文作品……在我为她分散的写作精力担忧时，她也用自己勤奋的写作提供这样的一个事实：一个不断成熟和处于上升期的青年作家，在寻找剖析灵魂和生命现实的道路上，是可以用她独特的修辞学和写作的诚实在她建造的私家花园里自在漫步的。

在《人民文学》任职时，我们曾编发过她的散文作品，她在散文写作中娴熟的语言巫术和冷静叙述，她多年蓄积的文化后援和自然生发的情感力，着实让我们眼前一亮。而几年后，她的两篇散文《不如相濡以沫》和《孤独，是一座花园》又丰富着我们对于钱利娜写作的认识，她精细敏锐的写作专业精神，无疑将为她拓展出更大的写作空间。

评说钱利娜的作品，绕不过去的仍是她的语言。十余年的诗歌写作，让她的语言巫术训练有素，呈现出诗性的繁复修辞和石上流泉般的清澈。这两个语言品质奇妙地糅合在一起，呈现出诗意的简明与意象的缤纷。在《不如相濡以沫》中，她以出世视角写入世价值，以放下和忘却写不死的凡心。在句子中，几乎可以看到她嘲弄的嘴角。她写道：

> 似乎天下的书院身后都要有一座荷塘来相配，古今的名士都要和德艺双馨的花花草草拉拉关系，攀上亲戚。在荷的面前，扪虱而谈的魏晋名士锻炼了想象力，更加落拓不羁，"存天理、灭人欲"的理学家如朱熹、周敦颐找到了统治人民的理论依据，貌似更加严谨有度。而躬耕书院的商人受了古人的"蛊惑"，建造中国江南的瓦尔登湖时，似乎也需要荷来搭台唱戏。

《不如相濡以沫》通篇为"妖"正名，妖在文章中有着丰富的外延——与妻性对立的少女心、只服从自己内心的爱情、旁若无人的美、鸳鸯相与、家中的祈祷物象、村舍中的人情交往……一切世俗生活的总和。或者说，妖是最强大最青年最符合灵魂本质的生命力，这个与"不如相忘于江湖"背道而驰的阅读经验，在文章的精神性上是一种反叛，这种反叛是成功的，并通过她的语言获得了成熟。

> 荷花的妖是自若的，在水中长成的花，至少不用记挂浇水灌溉，任凭她自生自灭地开着，说她妖也罢，说她可远观不可亵玩也罢。自会有懂得她的鸳鸯相与、迷恋她的蝴蝶蹁跹、与她朝夕相处的鱼戏蛙鸣。为了这些，她满目摇碧，蔚然生香，

她好好地开自己的花，结自己的藕。

她对个人修辞的迷恋已经变成了她的习惯，她语词中的最大魅力在于让一些日常事物在诗化、古典化的过程中，又赋予现代性，重新获得令人惊讶的能力。

而这种能力来自她日积月累的文化后援和冷静清醒的现代意识。如果她是一棵植物，一定是受古典文化、乡俗文化和现代思维共同滋养的。她随手一击，各种诗词情境却如大珠小珠落玉盘，在《不如相濡以沫》中，她看到：

在这初冬乌溪江畔的山顶，十二个从遂昌城里挑选的耳聪目明的少女，没有经历过真正的凋零，如何能与一池历经日月流转、生死荣枯的残荷互诉空山忆故人的种种往事呢？眼角的风韵才刚刚开始萌出嫩芽，宛若独自一个人住在月亮上，等落入锅碗瓢盆的人间，这人间的路还长着呢。

她笔下的鱼戏莲叶，商者隐居，童年上梁抢包子的追忆与祈雨、天问境象的重叠，香草美人的借喻，来自她传统文学教养的库存和现代视角的过滤。她执迷于书写着历史与现实的破损，在她笔下，饱受磨难的生命以及由生命爆发的光明无处不在，但她对大团圆与大完满的仙境保持着深度的怀疑。她保持了传统的语言与意境，又拨开这些事物和人物形象表层的迷雾，用个人的触角去重新感知并激活它们。反讽的腔调来自她对个人反思的经验和对探讨人性幽深的趣味，她把她亲身体验的少女经验（如：月下看少年洗澡）和女性经验（如：张爱玲的一生）重新反刍，把她最关注的女性命运以及她们痛苦与不安的结晶变成散文中的精神脊柱，她百折千回的思虑构成了她完全个人化的写作技法，又重新折射到她的语词中，让它们呈现悲凉、繁复、华美却简明的多重景象。

在她的另一篇散文《我的孤独，是一座花园》中，全文被阵雨般的事实所围绕，一个完全小说化的散文，让我们想起了萧红般的跨文体写作。《人民文学》主编施战军曾说，钱利娜是个写作十分全面并有才华的女作家。她对各种文体的把控十分娴熟，对细节的处理十分有效。为了保持她智性写作的高度和难度，同时，又不失她从写作伊始就保持的女妖般不羁的气质，她习惯于运用冷抒情的写作方式，来扩大叙述的空间。在这篇描写中国第一个女留学生戏剧人生的作品中，通篇都是宁静的叙述，绝少抒情，但钱利娜抓住了金韵梅一生中最关键的两个时间点——1904 年和 1934 年——入手，一个是离异年份，一个是死亡年份，从公众视野与她的个人哀愁两个视角并进叙述。克制的写作手法，把一个人格独立却遭受情殇，一生孤苦却追求崇高的女性人物表现出来。很显然，她并不是为了给金韵梅作传，而是为了表现女性命运的一种可能，把鲁迅探讨过的一个女性话题再次抛向读者——女性独立的药方在何方？对金韵梅来说，她的独立之路似乎在泛爱上，在用医药和信仰去医国医人上。但钱利娜在结尾是这样描写她的泛爱与庸俗现实的对峙的：

> 直到昏迷前，她仍一次次对守候她的房客们说："你们要趁着年轻，去玩，去做事情。把朋友们叫到家里来。"这已然有了"莫使金樽空对月"的意思了。
>
> 一定是往事的情节又在记忆中转过来。她爱听戏，戏里

总是才子佳人，我轻依粉黛，浅画眉弯，你横戟赋诗、青梅煮酒。但幸福总如惊鸿掠影，结局总是悲欣交集。“他满口都是奉承话，却让我忍饥挨饿。”红颜易老，刹那芳华。她爱的人，除了带给她对饥饿刻骨的回忆，什么都没有。

……来看她的人很多，来自北平社会各界。她戴着氧气罩，已然失去知觉。看她的人，挤满了房间，他们关心她死后的归宿，也关心她巨额财产的归宿。

著名学者钱理群教授说，“悲凉”是东方文化的结晶，国人爱悲凉，正如西方文化爱崇高。钱利娜正是带着这样的胎记，进入到她的文学世界中。“悲凉之雾，遍染华林”，在古典美与现代性的冲突中，钱利娜的散文写作穿越多重文化内涵和时空，在冷抒情和丰沛细节获得的无垠宁静中，于无声处听惊雷，让文本显得“丰满而精深”，而悲凉的气度只通过语言和人物命运本身达到，每一句都是情感所滋养，又是经看透和冷凝的方式写出，而不是简单而生硬地接受作家的摆弄。钱利娜深谙用事实本身说话，将会获得圆满丰收的道理。

阅读她的散文，如海中行舟。我想，读者的迷离和眩晕一定来自她文中无处不在的冥想。这是她的诗歌写作习惯，还是时时要爆发的天赋？在她的笔下，那个死去的印度少女眼睛里一只埋着理想，另一只埋着贫穷，是金韵梅的另一种可能；18 岁的少年月光下的身体，是一条鱼浮出水面，他不会写爱莲说，但跳动的月光都沦为了他身体的花边；细小密集的稻花，生来只为了填饱人类的胃，在秋天奉上满目金黄，脱了壳，晶莹粉白，浓浓的妻性，低眉顺眼，有无数种好处；民房前的地香，密密麻麻，是从人间往生的精灵，在黑夜里，一点一点灭了，一根恨不能陪着另一根去投生，谁也不能陪着谁去死。凡此种种，不过是物有了个人意识，作者把自己化为万千事物中的一个，让笔下的一草一木，都有了属于他们的人格，这种包含着伤感和暗示的写作方式，与她诗歌中弥漫的气质来自同一个精神本源。钱利娜对于人性幽微的讨论，不仅仅是放在人间，而是道法自然，放在天地万物之间，这或许也是她的散文在繁复修辞中却显寥落苍茫的缘由。这些腾挪跌宕的冥想，是钱利娜生命的内在需要，化成了她散文里令人眼花缭乱的舞步。

在这步伐中，她用满地凌乱的阳光和细小的温暖，用肩上向死而生的秋风，也用荷花、金韵梅和张爱玲的命运告诉读者："若曾有如荷般妖过的少女心，也不枉来这世上走了一遭。""当我死后，我的骨灰会与土壤混合，当那覆盖我的那堆泥土也瓦解，我将成为大地本身。"

钱利娜像把玩着收拢翅膀的蝴蝶一样把玩着语词，在思想之火中锤炼，挖掘深藏美丽土壤中的冥想之玉，她能将中国传统美学与现代复杂情境下的状况结合，以智性写作的方式，将她那充满了深渊般的自省力，写出动人心魄的文字。因此，我觉得她能够在散文写作上，取得更多的收获。

重构命运与瑰丽想象

——评郭严隶长篇小说《野沙》

郭严隶的长篇小说《野沙》，发表在《中国作家》杂志上的时候，我曾经读过，其博大厚重的气象给我留下深刻的印象。郭严隶在非虚构与虚构叙事天地间大胆构织与戏说，这戏说在史志化和寓言式的丰富故事性上，有一种历史的纵深感和人性的凛然正气，神圣不可侵犯。这一般说是男性作家才具备的生命创作态势和力量。故此，《野沙》不大像出自一个女作家之手的作品。走进文本发现，这样的态势是内敛和控制的，其历史景象、生态观念和文化内涵都被浸染上抒情的温和色彩，使庞然绚烂的叙事不冷漠和疏远，时时刻刻与读者的情感共鸣，这是作家的能力与责任。

每部小说的题目，就是作者给我们提供的一把钥匙。《野沙》是这方面的典范。我想从小说的题目开始，来做一个题解。写家族百年史的长篇小说更需要波澜壮阔的、历史写意的题目将整部作品的核心灵魂形象化展现，让题目成为情感化的不朽记忆，比如《百年孤独》、《古船》、《白鹿原》等作品。然而，郭严隶这个小说首先引起我注意的，就是它为什么叫《野沙》，这个略带哲理性抽象意味的题目想要传达什么呢，因为《野沙》在生态文学审美视域外，更是一部成功的家族千年史和人文生态王国的变迁史、建造史。我想，这个题目体现了一种雄心，一种面对历史去大胆想象的能力和雄心。同理，《野沙》大命题剥离情感点题的常态，给读者一种阅读的先期构想和广博的审美期待。因为这个“野”字，能构成很多词汇，比如野蛮、野地、野史，还有野性、狂野等，“野”字就是不被约束的一种状态。那么，“野”与“沙”结合起来，会是一种什么状态呢？我们知道沙子，它是一种很细小的、善于流动的、变动不居的岩石颗粒物。实际上，沙，它在文学作品中，早就是一种象征物了，沙子在不断地流淌，它现在象征着时间的流逝，象征着一种不可把握、变动不居的开放情态。比如，博尔赫斯就最喜欢用沙子来作为时间的比喻和象征物，在他的小说中，总是有沙子、沙漏，沙子在不断地流淌，不断繁殖的沙子，等等。可是，《野沙》自由境界的归属分明又是天人合一的，是道法自然的。无拘无束的《野沙》情趣只是情感表象，在人心根植绿色的希冀让《野沙》转为净土，达到生命形态最为高贵的层次。

所以，我觉得“野”字和“沙”字放在一起，可以构成一部关于时间、历史的野史与史话之同盟的大构架。故此，玫瑰色的瑰丽想象在《野沙》世界绽放开来。郭严隶的这部作品是有狂想的，敢于以“野沙”来对历史进行一种重新的构造，并向时间本身致敬。比如《野沙》仅用一章容量精巧地延展千年历史，并穿插与回溯当下七个星村民众的生存际遇。净土绿洲是作家静止历史与时空的设置，西域一隅变为故事演绎的情感沃土，断裂的历史浓缩为时间给人类的某种整体经验。正是“野沙”这个名字，赋予了这部小说的内在容量和想象力的取向。就是这么一个大的框架的呈现，每一部小说的题目，一定是进入这部小说的一把钥匙，我觉得这部小说的名字起得非常好。

《野沙》的内部叙述的张力和密度都很大，我觉得，这部小说的叙事语调特别地绵密宽广，非常丰富和紧张，让人读着喘不过气来。而且，郭严隶的小说语言上有自己的风格，那种风格是一种北方语调造就的丰盈感。小说内在时间的跨度很大，小说内部的地理背景，从川西北到西域，历史时段是从建国前一直到2010年前后。小说的这个背景，是宏大历史的侧面，在这一侧面中，几个大家族、诸多人物在其中演绎了歌与哭的巨大的悲喜剧。

小说的结构很独特，一共分了十个章节，再加一个尾声。前五章是一个部分，讲述的是在川西北天龙谷中七个星村发生的故事，后面则写到了新疆的塔克拉玛干沙漠周边地区和沙漠里的绿洲。人物跟着地理位置的转换，命运也发生了巨大的转变。这是人在宇宙大地中自我不断修为与觉悟的结果。这些人在七个星村与社会体制、政治运动及对立的阶级产生巨大的摩擦力和反抗性，一些人以牙还牙这样地对立，最后背上几条人命潜逃。西域阳光流彩大地，作家以内镜式思想生成描摹出了这批人的合理变化过程，从小我情感的抚慰者逐渐成为广植福田的圣人、神人。作品的格局由此辽阔厚实了起来。这部小说听说本来是两卷的结构，修改时合并成为一体的。我感觉还是恢复两卷好些，比如上卷叫《野沙之天龙谷卷》，下卷可以叫做《野沙之天边绿洲卷》，以后想办法再出一个修订版，重新变成两卷。这部小说内部结构确实是宏大深沉的，小说涉及的主题也很多样，在今天这个讲究重述历史和生态文明的时代，这部小说给我们带来了新的视野，新的一种想象历史的能力。

我认为郭严隶的人物塑造法和作品结构相映成趣。玉文化是《野沙》的核心文脉之一，恰恰郭严隶笔下的人物如大汉玉雕中的游丝毛雕技法，使其人物毫发毕现且遒劲有力，人物思想转化的痕迹和契机，在郭严隶灵光妙笔捕捉后传神写照出来。作品结构则是典型的玉雕之双钩碾法，川西北和西域两地是作品平行不悖的两条叙述纹路，郭严隶精心打磨锻造，使两方天地都能婉转流动出摄人心魄的神性魅力。我有个建议，这部小说最好有个人物表，因为，小说的人物众多，有个人物表可以便于阅读，再就是，每一章是不是应该有个小标题？提示一下读者。比如，第一章叫什么，第二章叫什么。这样一个宏大的叙事和精巧结构的作品，有了标题的引导性会便于读者阅读。另外，作品中人物名字很有内涵，比如女主人公吉娜，是借用羌族女神的名谓。齐云格，来自“云朵上的圣洁”般民族的名字。这些名字本身也表达了作者对形成中华民族意识的多元文化和历史人文的追慕。小说开篇，天龙谷第一代开拓者东方龙，妻子欧阳凤，体现了万物负阴而抱阳的道家观念。这个“东方”家族：东方皓、东方怀瑾、东方白玉等是家族谱系与种族的延续。七个星村七家族当下一代人的名字以北斗七星的名称命名：穆天权、苏玉衡、韩天枢、倪玑、穆摇光、杜璇、骆开阳，具有浓郁的中国文化的象征意味，是汉族神仙崇拜的集中反映。

总之，这是一部品质相当独特的作品，在当下的长篇小说作品中，让人十分惊喜。

暗香袭来花自发

——张健武摄影集《暗香叠影》序

我记得，第一次见到摄影家张健武，是在我的大学同学、诗人吴晓的茶室会所里。吴晓从武汉大学毕业之后就来到了惠州创业，他的产业中有一家专门代理普洱茶名牌“大益茶”的茶室会所，叫做“风雅颂”。

就是在“风雅颂”那雅致的茶室里，我见到了儒雅又雄健的张健武。然后，张健武就送给了我一册他的摄影集《暗香疏影》，展阅之下，我大为惊异，我觉得，这张健武真的是有一双善于观察梅花的慧眼啊，他将不输于国色天香牡丹花的梅花精神气质拍了出来，那梅花在他的镜头里，真的是缤纷璀璨，清白美丽。

张健武是诗人吴晓的好朋友，他能够出版这部摄影集，也得益于吴晓的帮助。吴晓是武汉人，有着武汉那个大码头城市人的豪爽、侠义和诗情，每次校友们来来往往，经过惠州深圳广州一带，他都要尽量延请到他的茶室里坐一坐，不为别的，只是喝喝茶，吃吃饭，叙叙旧，写写字，读读诗。因此，在惠州，以吴晓为中心点，团结了一些作家、诗人、记者、摄影家、书法家和大学老师，其中有些是武大校友，有些就是社会贤达和当地士绅了。这些人个个都很有趣，每次我去惠州，总是能碰到几个惠州的文化人在吴晓那里谈天说地，写字画画，品茗吃饭，气氛特别好。

可以说，吴晓在惠州营造了一个不大但很有意思的文化圈子和艺术氛围，形成了一个雅聚、雅集的气氛，这一点非常重要。因为，每个地方都有自己的文化脉络，都得有自己的士绅和民间知识分子，那种最熟悉当地文化的知识分子，是一个地方的精气神。虽然作为一个外地人，但是吴晓以他的方式融入惠州，在惠州营造出了这样一个难得的、雅致的，与文学、艺术、茶文化有关的艺术氛围，很不容易，在他那里来往的雅人雅士很多，真的是谈笑有鸿儒，往来无白丁，非常让人想念。

与吴晓过从甚密的，就有张健武。作为摄影家，张健武有时候会游走于大地山川，用他那摄影家所具有的独特的慧眼去发现世界的魅力。去年，张健武专门去了一趟新疆，我成长的地方，在新疆的日日夜夜，他兴奋异常，每天都拍了很多好照片，对新疆的大美的发现，张健武有着独特的眼光，起码我从他的摄影作品中就看出来了。新疆的大气、多彩、辽阔和荒芜，都在他的镜头下一一闪现。

摄影作为诞生时间相对较短的艺术门类，其依赖技术的成分很高，但与摄影家本人观察世界的方法也有很大关系。有什么样的眼光，就有什么样的摄影，有什么样的心灵，就能拍摄出什么样的照片。在美国评论家苏珊·桑塔格看来，摄影作为一种观看他者的艺术，其艺术品质的诞生，与心灵的内在丰富性有着密切的关系。她专门撰写了《论摄影》，将摄影艺术的种种可能性做了阐发。摄影最要义，就在一双眼睛，或者是放大的、拉长的眼睛，那是眼光和视力放大或者缩小之后的产物，是对世界的再造，是对世界丰富性的逼真体察。又因为摄影根本上有着纪实性，就像雕塑本质上带有着纪念性，摄影艺术的观看和打量，都与心灵的广大和细腻有关。

拍摄花卉，很容易媚俗、流俗。但张健武不一样，他能拍出梅花的精神，那种具有人格力量的魅力。花是植物的生殖器官，是花朵留给这个物象世界的亦真亦幻的实在，对花朵的观察和揣摩，是艺术家对这个世界如何与之相遇的一种方法，不同的艺术家，一定有着不同的表现。所以，我看到张健武观察花卉，就发现他能够与花卉谈心，能够与花朵分享秘密。这是一种独特的本能和智慧。

回过头来，看张健武的上一册专门拍梅花的《暗香疏影》，我就特别惊讶。我惊讶于他看梅花的视线，拍梅花的角度。在他的镜头里，梅花不光是香自苦寒来，梅花不光是孤傲的，梅花还是繁盛的、茂密的、丰富的。张健武将梅花拍出了欢乐和热情的感觉，拍出了梅花的亲切与柔嫩、喧闹与调皮、幽默与大度，拍出了梅花的那种海洋一般的广阔和喧嚣。

梅花还有这一面气质，这是我在别的艺术家那里没有看到的，经过了他的心灵处理之后的梅花世界。因此，我曾经向好几个朋友推荐他的那册《暗香疏影》，觉得他拍摄梅花的视角绝对是一个独特的艺术贡献。

现在，我翻阅眼前这本《暗香叠影》，再去看张健武的上一册《暗香疏影》，做一个对比的话，我觉得，他在拍摄梅花方面，又进了一步。

在这一册《暗香叠影》中，梅花被他逐渐放大了，梅花变成了一朵朵的了，他用镜头近景拍摄出了梅花的内部那无比娇嫩的世界，犹如一个个少女的秘密袒露在我们的眼前，他仿佛是在和一朵朵的梅花对话，探寻，交流，梅花以打开自己的方法，呈现了自己的全部的美丽世界。

梅花是我最喜欢的花，因为从古至今，梅花在中国文人、艺术家的文笔下和画笔下，早就具有了人格化的倾向，具有了纯洁、高洁、雅洁的品质，傲雪凌霜不弯腰，花在枝头很傲娇。这就是梅花，我觉得，张健武喜欢梅花，也一定是因为喜欢梅花被人格化之后的这种品质与象征。要不然，他怎么能够连续出版两部关于梅花的摄影集呢。

翻阅过这册《暗香叠影》，梅花的身影一定会进入我们的美梦。张健武的梅花，真的是暗香袭来花自发，叠影重重杀百花。

“红岸”边的成长记忆

——程黧眉长篇小说《红岸止》读后

拿到程黧眉的长篇小说《红岸止》(作家出版社 2014 年 8 月版),我首先为这本书的装帧设计和用纸所吸引,并大为惊艳。我还从来没有见到国内有印刷得这么匠心和考究的小说呢:书型是小开本,长 32 开,护封的封面是塑光的,淡蓝色的背景设计;玉米大豆高粱的近景中透视出来远景的红岸,那是对对岸的一种想象,也是小说本身内容的暗示,有楼、有纪念碑和红色的坡地。

书是硬皮封面,翻开来,小说目录的字体竟然是红色的,这也是很少见的一种颜色选择。关键在于,小说内芯的用纸不多见,在西方国家,这种纸就叫做小说纸,是再生的、轻型的、淡雅的、浅灰色的纸,拿在手里很轻,翻阅起来非常舒服。所以,一般人拿到这本书,都会首先为书本身的形态所吸引,继而,像我一样,为小说的内容所诱惑,展读之下,为小说本身的叙事魅力所折服。

书出成这样,与程黧眉是一家出版社的资深编辑有关,她对书太有感觉了。而且,她一家人,父母亲,姐姐妹妹,都是作家、编辑和大报记者,对文学、人文、文化本身浸淫很深,曾经有一本《程门立雪》,收录的就是父女几个人的作品和写照,非常有趣生动。因此,多年做文学和社科类图书编辑,程黧眉对书的形态非常有体会。

我估计程黧眉因为当编辑，耽误了不少写作时间，所以，她几乎是漫不经心地推出了这本长篇小说，让不少熟悉她的人是又高兴又惊异的。因为，书出得这么考究，朴素而淡雅，不奢华却独具一格，小说所呈现的世界，也是非常丰厚和真切。

我想，读者可能都会为这本书的雅致的书名《红岸止》所吸引，并且产生一个疑问：红岸是哪里？为什么要止于红岸？作者在题记里说了：

> 我出生的地方，是北中国的一条江的西岸。以前它是一片草原，居住着剽悍的达斡尔族人。这个地方达斡尔族语的意思是“红色宝石之岸”，简称“红色之岸”，而我们，从小就叫它“红岸”。
>
> 我们是汉族人，但是在红岸生，在红岸长，长完我们的少年时代，然后，我们离开。
>
> 十七岁那年，我离开了红色之岸。

在这个题记中，作者给了我们进入到这本小说的情景当中的钥匙，什么是红岸，以及为什么小说中人物的故事会止于红岸，全部都交代了。

显然，这是一部有关记忆、成长、情感、家庭和地域情怀的小说，是指向过去的，也是描摹记忆的。主人公是一个女孩子，她有一个独特的名字：苏联。苏联后来被改为了苏红。她在一个独特的环境中成长，而成长，尤其是一个少女的成长，是隐秘的，默默的，忽然突变的，就如同起于青萍之末。最终，苏联（苏红）长大了，她告别了那个以红岸为参照的世界，远走高飞，进入到一个更为广大的世界中，在一个更开阔和充满了人生冲突风景的世界里生活。但是，在主人公的内心里，过去的红岸，永远都是鲜艳的，带有永恒性的个体生命记忆的标尺，它就在那里，就在对岸，成为一个象征和隐喻，不断地召唤主人公进行精神的回乡。

我在读这本小说的时候，也常常想起萧红的《呼兰河传》来。倒不是程黧眉的这部小说与《呼兰河传》有什么文本上的参照和联系，这完全是两部不一样的小说。我想说的是，这两部小说的地理背景都是黑龙江边地，有河流有雪景有寒冬，而小说的基本笔调，也都是指向了过去，指向了一个缤纷的世界。不同的，萧红落笔在地域乡情，家庭亲情，笔调透明，简洁，活泼。

程黧眉的这部小说，则更具有着个人记忆的深度，对自我的体察要更为隐秘、深刻和隽永。难得在时光的流逝中，作者还有如此栩栩如生的记忆，作者仿佛是一个时光捕手，她将记忆的纹理、时间的罅隙、人物的影子、环境的素描，给我们一一呈现。这是一部具有温度的书，是一部能够探察幽微的精神世界的书，也是对人类文学母体——成长的再度阐释。可能每个人都有自己的成长记忆，在不同的环境，不同的年代，经历的生命的拔节也不一样，但奇特的地方在于，成长小说唤起的，总是所有人对自我生命的重新体认。这也是这一题材的小说常写常新的原因。

程黧眉这部小说的时代背景，是在一个特别的年代，从 20 世纪 60 年代开始，到 1976 年毛主席去世这一段时间。小说中，苏联的家人，她的爸爸苏若谷，妈妈朱淡宁，以及她自小就认识的男孩子马修、克飞，女孩子越美、胜美、利美、国美，还有一些次要人物如车大爷、大背头文子敬，这些人物构成了一个孩子的记忆里能够容纳的人物关系，他们在亲情、友情和爱情的关系里呼应着，并且，与一座代号为“316”工厂的兴衰，以及大厂里人物的沉浮和时代空气对每个人的影响所映衬着。

小说带有自传性，却不是自传，我注意到小说的主人公都是拼贴和虚构的，也是独立的。有时候，当你以为你在写你自己的时候，那个你所塑造的人物，会独自地、顽强地脱离作者而生长，最终离开作者而去。那么，苏联是程黧眉吗？显然不是，可苏联不是程黧眉吗？显然，也不是。作者和她笔下的人物关系之间是很复杂的，也是这部小说达成的有趣的间隔效果。小说中的人物那么立体，鲜活，具有可知可感的亮度，仿佛是光影中向我们走来的人，在靠近我们时一刹那闪亮，然后在强光中又再度隐没。

小说的叙事语调是舒缓的，带有着一种诗意，人物形象非常鲜活，深入到记忆深处，并没有捉襟见肘，而是刻画了人物在特定年代里的动作，对话，心理活动，外部的纷繁缭乱和主人公苏联（苏红）本人的少女时代的秘密成长，体内的拔节与外部北国风景、风情和世相命运纠葛在一起，最终，主人公获得了成长的馈赠，也离开了红岸远走他乡。

在小说的结尾，作者再度出场，说了下面的话：

> 一切恍如昨天，不曾来得及忘却。
>
> 我还看到白桦树的影子在飞快地旋转，春天的桃花，像我们手里曾经举起的一片红海洋。

能够将记忆中的世界描摹得这么鲜艳和生动，如同是昨天，正是《红岸止》的成功之处。这部小说的写作，因此是作者本人的一次精神性的回乡，一次情感世界中最深情的、对那个“红岸”世界的眺望。在这样的回望中，我们体验到了人性是那么丰富和温情，成长也是那么惊心动魄，而又波澜不惊。

《老镇》中的人、事与乡愁

——牛余和长篇小说《老镇》印象

人名与地名

牛余和的小说创作持续了很多年,在山东的中年作家当中,持续发力,成绩斐然。这集中体现在他的小说集《玻璃底片》和《远山》当中。在那两部中短篇小说集当中,牛余和厚积薄发,将他对地域文化、历史记忆、民俗风情和人生歌哭结合起来,创作出一种新的、将现实和历史交织起来的小说。

在《老镇》中,他将自己在中短篇小说中的创作积累下来的诸多成功的因素汇集起来,可以说,《老镇》是牛余和的小说的一部集大成之作,将他过去的那些中短篇小说的优点都更加集中地呈现了。

在这部小说中,我首先看到的就是人名与地名。小说中的人物,以岳家的两代人作为人物画谱和线索,小说中有岳翁若这样古雅拗口的名字,这是因为他那标志性的大胡子,和他与老和尚的关系有关。也和狗子、大家伙等小说中的人物形成了雅俗对应,是我们走近人物和他们命运的提示。小说所呈现的,也是从岳翁若开始,一直到岳凡为止的父子两代的故事。此外,围绕着岳家,还有尚家、梁家等一些次要人物,构成了这部小说的人物关系。

小说故事发生的地点——滚石镇,这么一个极具中国北方特色的地名,是这部小说发生的地点。在滚石镇,滚滚的石头是一种意象,将我们对一个老镇的联想,纳入到这样的历史情景当中去。

人名与地名,往往是进入和走出小说最关键的地方。这部小说也不例外。

时间与空间

小说所叙述的时间,是 1949 年之后的三十年,间或以岳凡手记的方式,还做了进一步的延伸。在这一个历史阶段里,小说的人物都如同时间容器里无法出来的存在物,在时间的具体时段里,我们都知道,中国历史发生了什么事情。1949 年到 20 世纪 70 年代,中国的社会、历史、政治、文化与人心,都发生了很大的变化。这一时间点的确立,是牛余和的匠心所在,是他重新打量历史本身的艰苦的努力,也是他内心里有着浓重乡愁的表现。老镇其实是一直存在于他的心中的。

小说的空间,这里有两层含义,一个是小说本身所描述的空间范围,比如,这部小说的空间,就是滚石镇,以及延伸出去的人在外地和外部世界的努力。还有一层意思,就是小说内部的结构。这部小说分为 33 章,其中,还包含了类似旁白和解说的岳凡手记四章。这样的结构,使小说有了两层视角和两个声音,互相反差和对应,将旁白和主角的叙述以双声部的方式来结构,使小说本身具有了时空的立体感。

故事与语言

牛余和不属于新潮实验作家，他是一个很扎实的老派作家。这样的作家，对故事首先是笃信的。在他看来，没有故事，小说就不成立。这部小说是由故事连缀起来的，是老镇上那些鲜活的生命创造出来的故事。这些人物故事，都带有地域的特点，也有着时代的特色——历史的风暴将个体生命像落叶一样扫到了地上，摧枯拉朽，一览无余。

故事支撑着老镇这个地点的变迁。没有那些故事，老镇本身就是一个空壳。所以，牛余和在他的内心和笔下建立了滚石镇这个老镇，复原了那些带有原型色彩的北方大地上的中国人生命中歌与哭的故事。

牛余和在这部小说中使用了一种舒缓的书面语言，语言带来的语调也是沉着有力的，使小说本身带有了历史叙事过程中那种稳定和成熟感。牛余和并不躁动，在语言上，精巧而大气，平凡而带有张力，描述具体但又有诗性，这是我非常喜欢这部小说的原因之一。因为，写小说，语言就是小说的装饰，是一块块的砖头。正是这本小说使用的语言本身的那种舒缓和沉着，使这部小说也变成了一曲关于《老镇》的挽歌。

时间深处的漂木

——刘仲长诗《在河之洲》片谈

一、规模

这部长诗是我看到的最具规模的长诗，尤其是已经出版的长诗。在今天这个时代，以长诗的方式来结构时间、历史和个人记忆，进而扩展到一个地域的文化与历史的记忆，以及民族国家的记忆。这部长诗做了由小到大的尝试和由小及大的扩展，不仅是规模，也是长诗内部的那种逐渐增大的空间，带给了我们力量。

规模非常重要。这使我想起来海子想写《太阳·七部书》的雄心壮志。更大规模的长诗，自然是各个民族的史诗，这在过去是一个传统。只不过现代社会，史诗的叙事功能让给了小说，抒情让给了歌唱和短诗，因此刘仲显然是逆流而上地反着来，以这么大的规模，结构了他内心对历史的激情和个人对史诗的重构。

二、叙事

长诗应该依据什么来支撑一个结构？我觉得，这部长诗是以叙事性来作为总的风格特征的，没有叙事性，这部长诗就很难在情绪饱满的状态里持续下去,持久下去。这部长诗的叙事,基本上是对作者个体生命所经历的那些风云变幻的时代的打量,从记忆的河流里去打捞漂木。所以,就今天诞生的长诗来看,我个人倾心于美国诗人威廉·卡洛斯·威廉斯所写下的四卷本的长诗《佩特森》,那是对美国一个小镇的刻画,从人,到树,到他们共同的记忆所构成的风景。

叙事使这部长诗在内部的人物构成上,有一个连续的画廊,在这一画廊中,从历史云烟里隐现的人物,一个个地出现,在各类历史风暴中遍体鳞伤而又巍然屹立。作者有着巨大的、饱满的历史批判的激情,将史诗中的叙事性重新捡回来,带给我们那么多场景,人物,画面,故事,这是尤其难能可贵的。

三、时间

时间是这部长诗最重要的维度,是时间将作者带向倾诉的河流。作者刘仲今年60岁了,知天命之年,这部书,还有一个潜在的名字就是“天命”。个人的天命,时间的天命,历史的天命,每个人的天命,以及无可名状,难以预测的天命,弥漫在作品中,但这不是虚无的,是可感的,不是隐形的,而是积淀在人的内心中的。

人是时间的动物,人是向死而生的时间的感受者。这一点,在这部长诗中,可以非常具体地感觉到。作者以巨大的激情,来呈现时间的扇面,在这一扇面上,那么多命运多舛的人物和历史的怪兽在搏斗和纠缠,最终带给了我们一幅时间的肖像:这肖像,是由时间的河流在永恒地流动,以及在河之洲的恒定的稳定所构成的动与静的画面。

四、高蹈

高蹈是一种理想主义者的姿态。我觉得刘仲在这部长诗的背后，让我们看到了他高蹈的灵魂，这一孤寂的灵魂，是那么阔大、深邃，饱含了对大地苍生和芸芸众生的悲悯情怀，对人生在世的一种关怀。这一关怀，既是理想主义的，也是带有某种宗教情怀的。这一情怀使这部长诗带有着黄金一样耀眼的光芒，理想本身的质地，以及生命体的温度和对高蹈精神的永恒的渴望。

而这一高蹈的姿态，是以具体的语言所构成。这一长诗结实，紧密，内部张力大，形象、意象、语调、方言等各个侧面都将一种惊人的耐力呈现给我们，作者是以夸父逐日的姿态来写这部长诗的，这是作者的精神高地和他的精神碑文，也是带给我们的一本非常浩大的个人史，一幅历史的精神肖像，一册温暖着时间本身的经文。这部长诗注定如时间河流中的漂木那样浮现出来，在我们的视野中成为巨大的存在。

人生的沧海桑田

——《沧海之后》读后感

传记的写法有很多种，但大多数传记的目的就是为传主树碑立传。既然是树碑立传，那歌颂和为传主掩饰与夸饰，则是很多传记的特征。所以，我一直觉得传记没有什么可看的。给活人写传记，更是难上加难。

新近，由人民文学出版社推出的《沧海之后》则是很值得看的奇特之书。前几年，我读到了有关刘海粟的传记《沧海》三卷本，觉得那部传记竟然能够将传主的好坏美丑都写到，做到秉笔直书，酣畅淋漓，真是令人惊奇。作者简繁，当代画家，是刘海粟生前招收的唯一一个研究生，后来多年旅居美国。《沧海》基本属于口述实录文体，是根据录音整理出来的。最开始出过一套三卷本，分别是《背叛》、《见证》和《彼岸》，因为涉及很多当下还活着的美术界人士，引发了激烈的反应，人民文学出版社初版印刷了五千套，很快就卖完了。后来，因为一些人的抗议，作者简繁经过删节，删去了几十万字，由三卷变成了两卷，再次出版。

这部《沧海之后》，则是简繁刚刚出版的又一部传记作品。这也是一部奇特的书，作者简繁把自己也放进去，以一种真实到可怕的方法，活剥自己与他人，写出了人生的沧海桑田和人的蝇营狗苟。《沧海之后》可以看做是《沧海》的续集，是简繁时隔十年再度拿出来的一部关于美术界人士在海外，具体说是在美国生活的情况，而且，《沧海之后》的主角是著名画家丁绍光，还涉及很多当代艺术家比如陈丹青、范曾、袁运生等人的评价，因为太真实、太生动，《沧海之后》拿起来，你就放不下。

因此，《沧海之后》最好能够与关于刘海粟的那本《沧海》一起套读。《沧海》三卷本显然是不好找了，有心的读者上孔夫子网找找看。三卷本肯定比两卷本有料。那也是拿起来就很难放下。其中对于一些事件的叙述，由于多个人不同的回忆，竟然产生了类似《罗生门》的效果，读起来真是惊心动魄。作者声称对所有的内容负责，声称拥有所有的录音资料，所以，惹了一些笔墨官司，到底也没有打起来。

在《沧海》中，作者简繁从自己考上了刘海粟的研究生写起，通过对刘海粟和他妻子夏伊乔一生各个阶段的探访，和刘海粟与中国现当代很多历史人物的交往与评价——那些人物全部都是中国近现代史上的风云人物：康有为、蔡元培、蒋介石、汪精卫、周佛海，以及后来包括现在还在台上的一些政界、文化界的历史人物，都和刘海粟有来往，所以，信息量十分巨大。刘海粟早年在上海创办上海美术专科学校，很多著名艺术家都是在他的美术专科学校起步的。有趣的是，一些人后来不承认是从他的这个学校里面出来的，比如徐悲鸿。确实，这个公案到现在也没有完全了断，成为刘海粟备受争议的原因，也在美术界形成了派系。我后来看了黄苗子的《画坛师友录》，发现黄苗子并没有记述刘海粟，而写徐悲鸿的文章，也没有提上海美专的事情，觉得很有趣。

《沧海》中，简繁从刘海粟 84 岁高龄重新在画坛复出开始叙述，通过对刘海粟和他周围人的讲述，勾勒了一个大师全部的生平轨迹，以及他对美术的探索与思考，包括对很多美术界大师的毫不留情的评判，像李可染、傅抱石、潘天寿等，以及和徐悲鸿几十年的恩恩怨怨，描绘出一个艺术大家人格极其丰富和复杂的一面，人生经历极其丰富和复杂的一面，以及人性极其复杂甚至是黑暗的一面。这是一个美术大师被时代、历史和政治扭曲的历史，也是一代人创业艰难的写照。因为刘海粟是百年来中国美术发展的见证人，是一个对中国美术史和中国美术教育史都产生了影响的人物。我记得《南方周末》曾经发表过一篇文章，排列影响了20世纪中国美术的十个大师，他们是黄宾虹、齐白石、徐悲鸿、刘海粟、林风眠、李可染、董希文、吴冠中、陈丹青、徐冰，这些人物基本上勾勒了100年来中国美术发展的粗线条。从这个排名上可以看出来，即使刘海粟和徐悲鸿有着很多年的恩怨，他们仍旧成为影响中国美术的巨匠。

而《沧海之后》则对新世纪以来这十多年，中国画家如丁绍光、范曾、陈丹青等人在海内外的生存状态和艺术成绩，进行了一番评价。这是关于中国当代美术界的一本很好的非虚构作品，简繁能够面对自己，也能苛求自己，同时，他也对其他人毫不客气，在他笔下，所有的人都现出了原形，同时，简繁也有悲悯之心，描绘了人的无奈和人生在沧海桑田中的复杂性，也使读者对人的蝇营狗苟，能够会心一笑，宽容和宽怀了。

简繁想以对历史负责的态度，来做到对真实人物的真实描绘，他应该说是做到了。和很多粉饰和矫揉造作的传记相比，《沧海之后》由于它的真实生动和毫无掩饰，让我们惊喜异常和大呼过瘾。

一种新“四川小说”

——成都凸凹的长篇小说《甑子场》评述

四川人生活在盆地里，这里土地肥沃，良田众多，自古就是好地方。四川人个子大都不高，但却是一方面“粑耳朵”——怕老婆爱老婆，另一方面，有豪侠之气。我认识的四川朋友，个个都比较仗义，比其他地方的人好打交道。这就让我很奇怪了。我也曾经很奇怪浙江那么一个精于算计、出商人最多的地方，怎么也出了鲁迅和秋瑾这样的豪侠之人？问了浙江的朋友，他们说，浙江别的地方不行，只有绍兴是专门出鲁迅、秋瑾这种人的。可是，“绍兴师爷”这品种属于管家，是运筹帷幄型的，难说有豪侠气吧？总之，还是不很明白。因此，四川人的豪气到底来自哪里，于我是一个疑问。

我拿过来地图仔细地看，看看四川盆地是个什么环境。青藏高原和云贵高原两边夹持，四川盆地自然形成。在周围都是高山的环境里，河流都往盆地中心流。那么，四川盆地就是一个聚宝盆，什么东西都在这聚宝盆里。自然，也会有才子聚首，也会产生“盆地意识”，就是一种狭窄的自大和自闭的自卑的情绪。但是，这不要紧，一方面，天府之国自古就富庶，“少不入川”是一句表扬四川的老话，另外一个方面，“走出盆地”成为四川人不断向外拓展和行走的追求。多年以来，尤其是20世纪80年代以来，四川出的好诗人特别多，而且，是一群一群地出。但是，好的小说家比诗人的阵容来说，人数就少多了，不知道为什么。

一个地方自然应该有一个地方的文学，那么，“四川小说”应该是一种什么样的小说呢？这是我自己问自己的问题。我的脑子里立即涌现出沙汀、艾芜、巴金、李劼人、马识途、阿来的小说来。这几个人的小说，真的应该是一种“四川小说”吧？看看他们都写了什么：写了战乱年代的四下奔跑；写了南行北漂的艰难行走；写了少爷离开富贵之家反叛家族远走他乡；写了历史的大波是如何在市镇中兴风作浪的；写了“让子弹飞”那样的摆龙门阵摆出来的传奇；写了阿坝藏区的千百年时间里的秘密。啊，这“四川小说”原来都是很豪壮的，作家和他们的笔下呈现的世界，都是狠角色、硬情节，都是跟自己较劲、跟家人别扭、跟世界过不去的人物。想到了这里，我一拍腿，明白什么叫做“四川小说”了。

作家“成都凸凹”的真名叫做魏平，是成都市龙泉驿区的文联主席，属于当地士绅知识分子一类作家。成都凸凹和我认识多年，主要是通过电子邮件，看过他不少作品，以中短篇为主。后来我来四川，我们喝过几次茶。他那些中短篇小说写得不错，但有时候因为题材的原因，发不出来，我就退给他了。因为办杂志就是拼盘子，要端给读者一盘题材、色泽、故事、人物、风景差别很大的菜肴，必须要精心搭配，耐心组织。在这种情况下，有些小说写得很好但是往往因为与其他小说题材撞车、内容相近等，发不出来。

从台岛返京待了两天就到了洛带古镇。说是一路乘飞机、坐汽车几千里到的，我却认为是踏着小说的康庄大道一路走进古镇的。

这本小说叫《甑子场》。沿着一本小说的文字走到一个去处的经历我是有过的：沿着《喧哗与骚动》到过美国密西西比州北部“邮票般大小的故土”，沿着《巴黎圣母院》到过法国西堤岛，沿着《日瓦戈医生》到过莫斯科红场，沿着《老人与海》到过古巴海明威故址，沿着《红高粱》到过胶东高密东北方向的几处镇街……

说是到这些地方，实际上到的却是虚构与真实的模糊地带、可疑地带。模糊与可疑，正是策动我脚步的理由。

据诗人凸凹讲，他的长篇小说《甑子场》是以洛带镇的历史地标场景、传奇故事和过去人物为原型创作的。因为这个“原型”的原因吧，洛带镇的街场甑子场就成了《甑子场》学术研讨会的落地会址。作为与会嘉宾，我们住进了场镇上的艺库酒店，住了两晚上。待在甑子场的两三天时光里，我除了主持《甑子场》学术研讨会这桩正事，大部分时间干的都是闲事：逛了清代遗物广东会馆、江西会馆，空气都带水的湿地公园，各派建筑交集一处的博客小镇，客家博物馆，川剧博物馆，人众挤人众店铺连店铺的老街，文轩连锁书店；看了恍若天外之物的硕大无朋的客家土围子，女子龙舞，客家民俗歌舞，幽默搞笑的川戏；吃了供销社饭店、艺库伙食团、哲学故事酒馆等处的烟熏鸭、油烫鹅、鸡纵菌、乌鱼片、九斗碗、伤心凉粉等。

不想再敲键盘把这些杂七杂八林林总总的吃喝玩乐一一录叙了，否则，成流水账了。别说，洛带的多元文化还真有点流水账的味道。听凸凹讲，洛带有三国文化、古道文化、宗教文化、移民文化、码头文化、文人文化、山地文化、客家文化、建筑文化，以及囊括各种外来文化的“大客家文化”。除了诗人、小说家、编剧，凸凹的身份辨识系统里还有本土文化专家一说。不管这文化那文化，在甑子场，最能抓我身体官能和精神的，总是客家文化那部分——连街铺上那些很民间的豆豉、豆瓣、豆腐乳、咸菜等客家吃食都让我随时生出买一大堆带回北京的冲动。

成都凸凹的长篇小说《甑子场》的出版，让我感到了吃惊。仔细地阅读这本书，我就明白了这是魏平的力作问世了。一个作家能写多少，能写到什么高度，大致是有定数的。因为每个作家的写作资源是有限的，不是无限的。魏平这次是将自己的写作资源用到了极致，写出了他的代表作——《甑子场》。

我就是在看《甑子场》的时候，在脑子里浮现出"四川小说"的概念来的。刚好，我在读阿来发给我的一个中篇新作《三只虫草》，我们看了觉得很好，就立即发表在明年初的杂志上了。这也让我产生了什么是"四川小说"的问题来。阿来的小说，自然是一种"四川小说"。而《甑子场》，我看，也是典型的一种"四川小说"，也就是说，小说里天然地有摆龙门阵的味道，有豪侠气、传奇性，有历史感，有一股子野气，人物的命运在历史的深处起伏，这是一个江湖世界，人来人往，在演出一种活剧。这活剧中人物的命运是最重要的。

《甑子场》的历史时间切入点，是1950年四川成都附近的一个小镇。在这一个历史时刻，旧的世界崩溃，新的世界涌现。于是，出现了一群人，发生了一场叛乱，他们的命运纠葛在一起。我读到这本小说，首先最感兴趣的，是人物的取名。小说的最重要的主人公是扣儿、安、禾、鱼儿、蛋、菜、乌、雪儿、珍，以及其他次要人物如俊、象、马、祥、尚、酉、香、蓝等，然后还有一个"我"。这些主人公只有一个字的名字，让我觉得新鲜，一开始觉得这样是不是过于符号化，面目不清。等到看完了全书，这些只有一个字的名字的人物，却个个鲜活生动，从时间的深处浮现出来，一个个地站在了我的面前，生动得就像我本来就认识他们一样。这就是成都凸凹的成功之处了。

《甑子场》的小说在结构上也颇具匠心。小说有一个严格的内部对称结构，分为开篇、上半部、下半部、结篇四个部分。不过，上半部分为四个章节，下半部分为三个章节，稍微有些不同。开篇的主人公是扣儿婆婆，结篇的主人公也是扣儿婆婆，一直将历史延伸到了当下的时空中，由主人公、叙述人“我”来作为见证人和揭秘者。而小说的上半部和下半部中，分别写了几个带枪的男人：鱼儿、禾、安和蛋。到了下半部分，蛋的故事没有了，小说的激烈冲突到了结篇，有了一个完美的答案。扣儿这个女人在历史中与几个带枪男人的纠葛——也就是和带枪的历史的纠葛，最终呈现出了面对苍茫历史的和解。

《甑子场》可以说是一种带有某种非虚构色彩的新历史小说。在对历史的拨云见日的探寻中，在对个体生命价值的追寻中，我看到了历史的温度和心跳。这样的小说是不多见的，属于“四川小说”那宏大文脉的系统，并拓展了这一文脉的空间，成为最新的一个收获。为此，我向魏平表示祝贺。

流连在甑子场，眼睛东瞅西望，没人知道我在看啥，其实我在满街的游客缝里尤其老屋檐下寻找那些身着本地衣饰、吐纳异族般口音的客家人，具体来说，就是寻找扣儿、安、鱼儿、禾、蛋、象、乌、珍、雪儿、指导员、瞎眼算命人、师爷……对了，还有叶开喜欢的菜，还有至今失联的马。他们都是《甑子场》里的人物，都是在《甑子场》那个客家小镇上出得气、扒得饭、喝得酒，活得有生气有故事的主儿。他们都去了，但他们的足印还应留在场子上的，他们的声音还应走在空气中的，他们的气血还应团在光阴里的。

在甑子场，我只与他们是熟人。踏上洛带的土地，当然要见他们。

遗憾的是，没能见到。那天，我专门去叩访他们。我冷得发抖，便返回酒店房间裹了厚衣，再行前往。但很快，红日乍现，阳光抖擞起来，灿灿烂烂。这是蜀犬吠日的地方少见的好天气。但正因为这个无遮无拦一目千里的好天气，那些行走在时间深处的氤氲隔面的人物，哪里还有他们的影儿呢？见这样的角色，据说要等到雨天，有轻风、有薄雾的傍晚的雨天。

在甑子场，也没见到女子茶社、六月茶社、凤梧书院，也没刨到要了安的命、蛋的命的那两粒“花生米”。谁把它们收了去藏了起来？

看来，还得来。

甑子场活动结束，就该返京城的，但却改签了机票，飞去了西安。临时接到的西安一个带国际字眼的活动邀约，改变了既定行程。这样，甑子场之行，就变成了我打马在两个著名帝都之间的一次转场、一回喂马、一夜下榻。

去了甑子场，再去，就不可能迷路了。甑子场就半卧在成都平原与龙泉山脉的交割线上。从山脉的这头驰马山脉的那头，或从山脉的那头纵马山脉的这头，都能一头闯进洛带的场子里，让安铺设的青石板路，响起得得马蹄声。

之所以有马的联想，乃因为三国时期的甑子场外，是蜀权政权放牧马匹的草地和生产皮革制品的基地。“男儿要当死于边野，以马革裹尸还葬耳，何能卧床上在儿女子手中邪？”（《后汉书·马援传》）行走在“文出洛带”这个地方，却有一股子武烈的英雄气浮升于周遭的气场中，恐怕出处在这里了。

在旅游古镇一夜间突然冒出，遍布神州大地的今天，今天写下的这两三千字，依然不是写给旅游古镇的，而是写给乡野上的一处集镇、一爿街场，写给《甑子场》与甑子场严丝合缝扣叠的那一部分。

行动的风景，心动的人

——杨学光的油画作品赏析

和学光是多年的同事，他是我们杂志的资深美术编辑，因此，我对他很熟悉，也非常喜欢他的油画作品。在前几年他打算去援藏的时候，我是很支持的。因为这对于一个艺术家来说，是非常好的机会，可以由此进入到一个陌生的领域，使自己的作品获得新的提升。我叮嘱他，一定要多画呀！后来，他走了，在雪域高原，我很难想象的地方开始了他的新的工作和生活，并且画了很多的作品。有时候，在傍晚北京热闹的饭局上，或者夜晚我正在书房里奋笔疾书的时候，会偶尔忽然地接到他的电话，仿佛是从云彩里打过来的，声音爽朗而清寂，和我聊上那么几句，我能体会到他的孤寂和平静，兴奋和淡然。最后，我还是不忘叮嘱他："要多画啊！"

现在，他又回到了我们的身边，继续一起工作，我也看到了他在西藏画下的很多作品。这些作品让我很是激动和羡慕。显然，学光超越了他自己以往的作品。首先是在题材上，他画下了西藏的行动的风景，比如那些行走的群山，旋转的大地，耸立的雪山，铺展的草原，歌唱的人群，流动的牛羊，绚烂的服装，飘扬的经幡，招展的林木，说话的岩石，飞逝的白云，歌唱的乐器等，都以新的方式呈现给了我们，带给我们一种别样的韵味和气度。一个画家将风景画成了活的风景，行动的风景，这是多么不容易，这一点，学光做到了。在行动的风景中，我们看到了美丽西藏、祖国的高原雪域的阳光之下那显现的一切真容，行动的风景成为他的一大主题。而他画笔下的风景，和我过去看过的很多西藏的油画，开始有了显著的区别，就是那些风景就在那里，不张扬，不铺张，含蓄，安宁，就像开天辟地之后就存在于那里一样古老。

其次，他画的人物都是那么亲切生动，都是让我心动的人。这些人物有藏族家庭妇女、孩子、老人、康巴汉子、乐手、牧人、新嫁娘、喇嘛、朝圣者，都是具体实在的人物，学光让他们一个个在向画面外观看，和观者进行交流。你可以感受到学光在选取视角的时候的讲究，就是他以来访者的眼光进入到他们的生活中，然后，我们从他们的眼光中可以看出来，这些人都是热爱生活的、令人心动的人，每个人都很普通，都在具体地实在地生活着，但是他们对生活的态度，和大都市中的人是那么不同。这些人不管是什么信仰、年龄、职业、性别，都是心灵纯净的人，丰富的人。善良的本性在和观者的交流中，向画外面看的时候，你都可以感觉到。

可以说，学光的画风是那种简朴的、带有后期印象派风格的原始写实主义绘画。他的画不强调绚丽的高原元素，这让我想起了高更的很多作品。我不能说杨学光是中国的高更，但是他的画风里，显然有着和高更一样的元素，就是让自己画中的风景和人物来表达自己的世界观，让画中的人敞开心灵的窗户，来诉说他们的心灵世界。那个世界是被阳光普照的世界，单纯、明净、简朴、执着，并且，简单、生动、祥和、安宁。

我们曾经从陈丹青的《西藏组画》中，看到了西藏在陈丹青的心灵中的映象。我们还熟悉艾轩的那些关于西藏的油画作品，他们画笔下的西藏是那么的浓烈和强烈，人与风景都和汉地是那么的不同。他们在有意强调着一些什么，强调的都是差异性。但是，到了杨学光这里，我看到了共同的东西，人之为人的那些东西，在他画笔之下的人物的脸上和眼睛里闪烁着。这些东西，不再是他人对雪域的猎奇，不再是对大自然的残酷恶劣环境的强调，不再是对民族差异和生存方式的注重，而是平淡、朴实到了照相写实的程度，这是杨学光返璞归真的地方，也是我觉得他最高明的地方。如今，再来画西藏题材的时候，恰恰应该要达到的，就是波澜不惊地、自然而然地去画那行动的风景和令人心动的人。

学光的这些西藏题材的油画作品做到了这一点，他不仅因此而远距离地和高更形成了对话关系，也成为继陈丹青、艾轩等一批画西藏题材的高手之后的又一个高手：以平易、简约的方式，完成了创造一个简朴和回归原始的艺术世界的梦想。

通灵者黎增辉

黎增辉是当代油画家中的奇人。

我第一次看到他的作品，是在中央电视台一个编导朋友的工作室内。那是一系列关于根的缠绕的作品。画面上，各种绵长复杂的根系纠结在一起，非常繁复而又有着内在的秩序，根的缠绕组成了一个个封闭的空间，而那些让人窒息的空间，画面深绿、暗红、金黄、淡灰、天蓝，最后都有洞开的一个出口，圆形的，通达上帝之门，或者如一扇窗户，以及一条隐秘的通道，在窒息的空间里无论如何纠结，最终都通向了希望。

那些根系的缠绕之复杂之绚丽之辉煌，都是很难形容的。根的纠结，让我感受到了黎增辉这个人的精神的力度、强度，和他表达与探索痛苦的深度和难度。根可以说是黎增辉油画作品中最重要的一个符号，他以根的缠绕和纠结来表达时代的纠结和复杂，从一个人的内心出发，先靠近时代的复杂和纠结，希望和再生，最后，通向了上帝的澄明。

因此，画家黎增辉和今天的我们贴得那么近，而表达得又是那么彻底、深妙和具有震撼人心的力量。

接下来，在他的位于密云的画室里，我又看到了他的其他系列的作品，比如他最近实验成功的 3D 油画。这两年，3D 电影大行其道，它是利用人的两个眼睛之间的距离产生的视觉差，所造就的奇特效果。那么，3D 油画又是怎么练成的呢？需要人戴眼镜吗？带着这样的疑问，我看到了他的那些 3D 油画。果然，在距离他的 90 厘米乘 110 厘米的标准画作前面，我惊诧地看到了 3D 的效果！而且不用眼镜！这是怎么练成的呢？我距离他的那些 3D 油画作品 3 米，4 米，5 米，6 米，我缓慢地退后，然后我看到他的作品仿佛在伸展出来，画框里的东西成为三维立体的了，其主体的意象和符号，物体和象征，从画框里站了起来，在我的眼前生长。有时候，我左右横着走动，他的作品里的人物和物象，也都随着我的走动而向着我的方向在动。

是的，黎增辉练成了！他巧妙地利用了人的视觉差，将 3D 油画创造成功。以往，我们观看欧洲油画大师作品的时候，可以感觉到无论你走到哪个方向，画框里的人物都在看着你，在对视着你。这也是油画家利用人的视觉差所做到的。但是如今，黎增辉走得更远，他巧妙地将视觉效应，变换成 3D 效果，这样的油画作品我没有看到过。在这些作品中，无论是他那些经典的根的缠绕，还是向毕加索致敬的一些仿制毕加索原画的作品（有的是摹写毕加索原作，有的是突出了毕加索的头像），无论是山川、河流还是从亚当和夏娃那里就绵延下来的男女欢情，都以 3D 的效果，让我看到了油画在平面的世界里，在我的眼前，奇迹般地站立了起来，浮现了出来，成为一个独立的世界。

黎增辉因此干成了美术史上值得大书的一件事情，就是对 3D 油画的艰苦琢磨和绘制成功，推进了当代油画技术性效果的进步。

再来看黎增辉的作品的内容和主题，手法和他的创作意识。他喜欢的一句话，是“知法犯法”。知法，就是知道绘画艺术的历史和规律，那些美术史上的经典和大师，在他那里就是一座座被他膜拜和攀登的大山。他喜欢的画家有七八个人，毕加索、吴冠中、朱德群、列宾、齐白石、米罗、赵无极等，这些画家都属于他的“知法”范畴里的人，但是接下来，他做的就是“犯法”，怎么个犯法呢？就是你几乎看不到他的出处，除非他在作品里给你明确的提示，他仿佛进入到无人之境地，任天地之开阔，一个个体生命自由来去，将那些艺术的规则、符号、技法全部都烂熟于心，烂熟于笔，任自己的想象和意象，气息与呼吸，眼神与颜色，全部在鸿蒙中从手下自然地流露出来，成为非常自然的一些气韵，一些符号，那些东西呈现在画布上，常常不知道是什么，也许是生殖崇拜符号，是细胞世界的形状，是细菌的菌群，是太阳系、银河系和河外星系加起来的星云，是从小到微生物，中间到人，大到地球乃至全宇宙的取象。这就是黎增辉绘画作品知法犯法的成就之道。

黎增辉作品给人的第一印象，就是他的作品的阔大性和抽象性。他的画似乎不大好懂，但是你仔细地看，在他的每幅作品中，都有着故事，有着他讲述的情节。布满了眼前的巨石滩，其实有男女的头像和画家自己的形象在石头分裂之处诞生。裂开的石头里，迸射出来的，则是蓝色、红色、绿色的宝石。在每幅画后面，我都看到了一篇小说，一首诗，一个寓言和象征。这需要你耐心，需要你仔细地欣赏，贴近他的作品，你就看到了他全部的世界正在向你敞开。

因此，杰出的画家，渴望杰出的观者和知音。

无论是早期的根的缠绕，还是近期的 3D 油画，我发现，他的画虽然有的尺幅并不大，但是包含的元素都十分丰富和广大，微观世界、人类世界、地球风貌、山川河流，一直到宇宙洪荒意识、时间的蔓延和停滞,让我感受到他在魂游八极,自由地翱翔在他创造的世界里。

那些根的无限缠绕,是我最喜欢的作品系列。他所呈现的,都是生命的悲剧感和戏剧性,都是生命意识的强烈冲突和限制。这些元素被他以混合搭配和暗示、隐喻和暗喻的方式表现了出来,画面语言是紧张的,渴望击垮你,渴望和你对话,让你在他强烈的视觉效果中感受到一种强度,使你深受震撼。

在最近的展览上,他展出的是四个系列的作品,以 3D 油画的形式,呈现他的根的缠绕系列、向毕加索致敬系列、亚当夏娃的欢情系列以及相对写实的静物景观系列。面对他的这些画作,我感叹,艺术的发展总是无止境的,机会总是留给那些天才的、有着通灵气息的人的。

可以说,黎增辉似乎是一个通灵者。他找到了通达上帝和第一推动者的通道,仰望上苍,他画出了一个属于他自己的异度艺术空间。在他的作品中,我感觉到他能够超越我们的具象的世界,而通过它所使用的绘画语言,和他所选择的比如那些复杂纠缠的根系,微生物,圆圈和光圈,山川和河流,石头和生殖器,宇宙的星云,来表达他对上天和存在的发问,对意义的追寻。他的画似乎不涉及日常生活,没有闲情逸致,最后导向的都是今天我们非常缺乏的追问,这追问最终都导向了意义的追寻。

毫不夸张地说,黎增辉以他广阔的题材和独特的油画语言,改变了当代油画的格局,成就了一种带有他十分独特的绘画语言的艺术世界。他的每幅画作,都有着强烈的情绪和张力,结合了具象和抽象,融汇了现实和超现实,跨越了政治波普和玩世现实主义,给我们贡献了一种新的境界和新的艺术世界,让我们看到了油画的新的可能性。

在当代油画家中，有行动油画家，有伤痕和历史记忆派，有玩世虚无主义者，有中产阶级趣味画家，有形式主义者，有超级写实主义，有后现代波普，也有中国极多主义画家，还有本土的大地主义和地域性油画家。在这些人中间，我似乎很难形容黎增辉是一个什么样的画家。从根的缠绕到3D油画的练成，从知法犯法到悟空——这个佛学和禅的概念里，有着多么丰富的信息啊。黎增辉就是这么找到了他自己的坚定的艺术之路。

其实，黎增辉就是他自己。他从他的那些缠绕的根系中走了出来，他经过了眼前的红尘世界，他从他所创造的洪荒宇宙中走了出来，他从他创造的时间记忆之门里走了出来，他从他所沉溺的生命意识里走了出来。通灵者黎增辉，在天地之间，作为一个中介，练就了新的3D油画的语言，给我们创造出了新的油画艺术的历史和可能性。

语言和故事都很性感

——读于一爽的小说集《一切坚固的都烟消云散》

于一爽是个北京姑娘，就有着北京姑娘的混不吝和爽快。她一度酒量很大，曾经跟白酒以及啤酒主义者如张弛、狗子等几个作家有些来往，就是想向他们学习写作技巧。我告诉她，其实她最应该学习的，还是王朔，因为王朔是所有这帮子北京地界的作家的祖师爷。

于一爽在饭局上喜欢把自己喝高喝大，有着北京姑娘的大气和傻，再就是痛快，好玩。看着她把自己喝得出溜到桌子下面，男人们顿时有些无语和心疼，不知道怎么办了。但她喝大了，就使劲给我当年的鲁迅文学院高研班一个同学打电话——那个同学是好小说家和好编剧老全，老全跟一条大狗生活在一起——叫他开车来送她回她父母处。电话通了，他开车来了，大家顿时就松了口气。你想，要是谁背着醉了的于一爽一路吭哧吭哧上她家楼，那场面很不好看，肯定会被她父母亲骂死。

其实，在那些饭局上出现，她内心主要想跟他们以及我们学写小说，后来倒是学了一些招数，开始写，一写就不一般，有自己的特点，逐渐地找到了自己的写法。然后，她的男友就固定了，也是个写东西的，然后她就不怎么出来了，就又结婚嫁人了，还给丈夫做饭，听说她丈夫也是一个诗人、作家，但我们不熟悉。不过，于一爽的生活规规矩矩了。有一年多看不到她了。

生活规律点很好。但是，写作却不能太规矩老实。我第一次读她的小说是2012年，当时和我一个办公室的周晓枫拿着于一爽的几个短篇让我看，我说："真好。赶紧给主编看看。"就发在我们《人民文学》杂志上了。

她的第一本书《云像没有犄角和尾巴瘸了腿的长颈鹿》，这书名就很不规矩，活脱脱让我给念结巴了，每次我都念不出全名，让人笑话，以至于有一次饭局上大家展开了竞赛，看看谁能把这个书名念对了念全乎了否则罚酒。不过，那是一本随笔集，主要是有趣和生动，词语的顺滑和快感推动你很快就读完了。还比较单薄。

我觉得，这本《一切坚固的都烟消云散》是她比较正式的亮相。读于一爽的小说，首先会觉得她所用的词语是那么的性感，甚至读起来还能带来快感——这快感，和一般的快感不一样，容易加上意淫和胡思乱想的成分。有一阵子，看她的新浪微博，发现她有很多拥趸，都是男的，每天就等着她发微博，然后跟帖胡言乱语。其实，在她的嬉皮小说语言的背后，有的都是情真意切，这有点像读王朔的小说的感觉。得王朔真传的，看来不是狗子石康丁天，是她于一爽。就像她的一篇小说的题目《每个混蛋都很悲伤》，既然都是混蛋了，还有悲伤吗？那，她写了很多混蛋和混蛋的生活，可是这些混蛋最后都是好蛋。就是北京蛋，红旗下的蛋，和《红旗下的果儿》（石一枫的一部小说名）。

她这本小说集《一切坚固的都烟消云散》，坦率讲，书名我一点都不喜欢。因为有个哲学家出了一本书叫做《一切坚固的东西都烟消云散了》，为了不重名，于一爽的这本书删掉了"东西"和"了"

字。但我明白,那书名带给了于一爽观察生活的一种态度。在她的眼里,一切坚固的东西都在摇晃,都在烟消云散,变动不居。这就是这本小说集里的基本世界观。几篇小说描述的内容,那些人,那些事,我这个成年人看着,觉得很好玩。她的这部小说集里一共收了三篇小说:《他》、《俩人》、《头等舱》。但三篇小说里又套了很多更短的故事和小说,给我们带来了很多人物故事,交织在一起,像苍蝇的复眼,看到的是生活的多个侧面。这样的写法是她自己创作的。

我对她的小说讲的故事,其实没有什么兴趣,因为天底下没有什么新鲜事。虽然她的故事也很性感和喜感。但我被她所用的语言给打动和搞笑了。的确,读于一爽的小说,不知道为什么,我总是笑,因为,她写这小说的那些性感的词语,一点破事,肯定能让宅男意淫,让暖男脸红,让理工男焕发爱情,让结巴男说话顺溜起来。

好在于一爽不喝大酒了,好好写作了,祝贺她出版了这本有趣的书,也希望对她有兴趣的最好都去读这本书。因为,一个写小说的人一旦很好玩,那么她写什么都很有意思,都值得期待。

新疆的词条：审美解读

——读沈苇的《新疆词典》

沈苇是个好诗人，当代杰出的诗人。他 20 多年前从浙江来到新疆，写作发生了很大的变化。这种文化视角的转换，使单纯的江南才子沈苇，变成了一个多元文化和跨文化的更加浑厚的学者型作家和诗人。而且，他还在一步步地深化着这种文化身份，因为，新疆的丰富历史和复杂的现实境况，使他在不断地用文学的手段加以展现、思考和挖掘，诗歌、散文、评论都有杰作问世，并且达到了令人惊羡的深度。

上海文艺出版社这一版的《新疆词典》是新的增订版，就让我们看到了一个浑厚、诗性和生动的沈苇，以及他所描绘的历史和当代如此丰富的新疆。的确，如何描写新疆，已经变成了与新疆有关的作家、艺术家很迫切的事情了。新疆，这个字眼现在带给我们的是一种很复杂的感受。我是出生在新疆的，然后上大学来到了内地，最终在北京定居生活，面对的写作对象是北京，走的与沈苇刚好是相反的路线。我如何写北京，和他如何写新疆，都是我们各自的艰难任务和命运。

拿到了《新疆词典》的增订本，我爱不释手地看了好多天，因为，一本好书有时候读着很怕很快读完了。词典体的写作实际上在写作史上源远流长。《史记》虽然被命名为“纪传体”，难道不是词典体吗？当然，近代的法国百科全书派的诞生，才具体推动了词典体这一文学、文化文体的巨大发展。不去说那些史学和哲学著作了，我印象里，比较有名的词典体小说，就有《哈扎尔词典》、《马桥词典》以及最近女作家郭小橹出版的《中英恋人词典》等。这几本小说虽然是词典，但是书的主题却是宗教历史、人物地域、爱情人性。此外，我印象深刻的，还有墨西哥作家富恩特斯的一本回忆录《我相信》，富恩特斯将他的人生经历化作了一些词汇，来按照字母顺序逐一书写。这些都是不错的词典体作品。

我觉得，词典体这种文体优势明显，能够集中，也能够发散，也就是说，能放得很开，也能收得回来，是一面渔网，也是一个筛子，这样的文体有很多妙处。词典体的文学写作，使我看到了在一种无穷中捕捉有限，和在一种有限中展现无穷的那种特殊的文学魅力。

沈苇的这部《新疆词典》，一共就收录了 111 个词条。这 111 个词条的排列顺序，是按照英文的 26 个字母来排序的。这就很有意思，体现出一种英语对汉语、突厥语地区文化的调整眼光。这可能是沈苇都未曾意识到的。因为，排列这 111 个词条的方法，还可以按照汉语的笔画来排列，或者，是用维语的字母来排列。但是，现在是英文的 26 个字母的排序。这显示了文化选择的无意识和英语文化本身的强势力量。因为，文化就是水，是从高的地方往低的地方自然流动的。谁的文化强大，谁就自然向别的地方流动，不是谁想保护就能保护得了的。

沈苇笔下的《新疆词典》这 111 个词条，是一种结合了人文历史、地理、文学和诗歌，以及个人生命体验的综合书写。一般的实用词典，是没有人性的温度和个人体验的，是刚性的和标准的。但是，沈苇的这本《新疆词典》，则是生动的、能动的和运动的，是一种个人词典，但又是一种真正具有历史眼界、时间意识和万物格局的词典。

在《新疆词典》中，中亚文化和历史，山川和风物，动物，植物，食物，人物，是那么的生动，信息量准确，带有沈苇这个诗人处理过的一种温度，和他对语言本身的敏感。新疆的人文历史、地理风物，我很熟悉，但阅读沈苇的这本《新疆词典》，竟然常常给我带来一种陌生化的阅读美感。这是将我熟悉的东西以诗人的语言和视线，再度重新处理过的一种感觉，实在是有一种美不胜收之感。

于是，大美新疆的丰富性在这本《新疆词典》中得到了更为具体和有温度的展现。阅读一般的新疆旅行指南，和阅读沈苇这个杰出诗人的《新疆词典》，那是大不一样的。沈苇能够将新疆以词典的方式，重新书写一遍，给我们指出了很多入口，和无数的出口。而出入之间，千万年的时空瞬间展现，一粒沙里面有一个宇宙，真主的箴言显示在一朵花中，世俗的欢乐、壮阔的山河和无尽的诗情，都在词典中一一显现。

《新疆词典》肯定是当下这一时期，进入新疆历史和现实心灵的最好的通道。你要想了解新疆，你就该看这本书。

鄂西的地域文学

——读谭功才的《鲍坪》

改革开放以来的中国当代文学，收获最为巨大的一种，是地域文化小说。一些杰出的作家从寻找文化的根开始，一个个地建立了属于自己的文学地域。比如，贾平凹的“商州”，莫言的“高密东北乡”，刘心武的“钟鼓楼”，韩少功的“马桥”，陈忠实的“白鹿原”，阿来的“阿坝”，迟子建的“额尔古纳河右岸”，王安忆的“上海”，苏童的“枫杨树乡”等等。之所以我将那些地域地名加上了引号，是因为这些地方并不是与其名称所对应的地方完全吻合的，作家笔下的那些地方，都是经过了自身的文化选择和记忆处理之后的一种心象，是想象中的家园故土。这些“想象的地域与家园故土”，构成了新时期重要作家们的写作对象、来源和塑造的场域，最终成为与作家共生共荣的地域文学。

进入21世纪以来，像这样以地域文化作为依托的写作，将随着全球化、城市化、信息化的发展，逐渐地成为被更年轻作家所摒弃的写作方法，或者说，要想独辟蹊径，地域文化写作不再是一个容易获得写作成就的通道了。而且，地域文化方向的写作是否还有生命力和重要性，我是持怀疑态度的。因此，拿到了谭功才的《鲍坪》，我是带着挑剔的眼光来看的。

建始籍作家谭功才，我们多年以来，见过几次，这个人一看就知道他是一个厚道人。厚道人写东西，容易把作品写得很笨。可是，聪明人则容易把作品写得太油滑和太小气。当我看完了《鲍坪》，我是惊喜的。可以说，这是一部非常好的作品，对我在前面提到的地域文化类的文学作品，是一种重要的突破，也让我对谭功才刮目相看。

如果说早期的文化寻根小说和后来的地域文化小说更多的是追怀乡土文明的消逝的话，那么谭功才这部作品，则直接切入到了当下，对当下农村乡土地域文化进行了一种人类学视野的打量和整理，书写和定格。的确，在眼下如此复杂庞大的中国现实面前，要了解中国的部分真实，仍需从乡村入手。快速的城市现代化，仍然改变不了中国作为一个落后农业大国的现实。随着城市化、信息技术的迅猛发展，中国的乡村逐渐被城市所掩盖，越来越多的人住进城里，变成了新的城市人。那么，城乡的关系，城乡的界限在哪里？而中国发展的未来，更在农村，或者说乡村文明的新发展，标志着我们的文明最终的走向。如此来看，谭功才的这部非虚构散文集《鲍坪》，我感受到了一种地域文学的新进展。作为一个已经离开故乡，却每年都回乡并且对故乡进行仔细打量和书写的新一代城市人，谭功才以人类学家和文化学家的精微的方法，写就了一曲中国新时期乡土文明在崩溃中获得新可能的组曲。

谭功才的文字，带有视觉效果和音乐性。他的语调舒缓，很是接地气。现代城市人诸多病，很大程度上是因为不接地气。谭功才的文字，铿锵有力，朴实无华，字里行间，处处真情流淌，好多地方用方言写就。这使这部小说在语言学、人类文化学上，都有了一些观察和切入的角度。我常常觉得，我们现在一些作家的写作，信息量太小，视野狭窄，所使用的写作手法也很老套。其实，其他人文研究的方法，都可以拿来作为文学写作的技巧、视野和背景。

谭功才一直都在致力于寻找城市的根。所以，在他的很多文学作品中，都有这样的追寻。谭功才的《鲍坪》，忠实地记录了他的家乡，即鄂西南土家族的日常生活，通过大量触手可及的细节描写，让我们看到了中国内地乡村社会的转型变迁。

《鲍坪》有整体设计。整本书分为地理、人物、风俗、风物四篇，既相互分离，又相互交织，像是一个完全的个人方志——这样的个人方志，在眼下并不多见。对有乡村经验的人来说，读起来很亲切，对城市人来说，也很生动，如地理篇的《机匠包》，人物篇的《国章哥哥》、《乡长》、《赤脚医生》，风俗篇的《堂屋》、《陪十弟兄》、《撒叶尔嗬》，风物篇的《火塘》、《石磨》、《打杵》等。有人在思考为什么在现代化浪潮的冲击下，中国人容易丢失自己的根，大可从中国人日常生活中的细节开始寻找。随便列举其中一篇，如《烘篮》。烘篮是鄂西南山区取暖的一种用具，虽然不同地方的取暖用具各不相同，但读风物篇的《烘篮》一文，有农村经验的人，就会忆起儿时取暖的温馨，曾经的天寒地冻顷刻便在内心化解，读起来无比亲切。类似的文章，还有人物篇的《杀猪佬》、风俗篇的《请七姐》等，让人读来心生慨叹，一个个生命个体的命运和肖像，与时间和地域结合，成为被封存的影像。

这使我想起来美国文化人类学家露丝·本尼迪克最著名的作品《菊与刀》，从日本人的日常生活细节入手，深度准确剖析了日本的民族性格，直接影响了第二次世界大战后美国对日本的接管政策，同时开启了西方对日本文化的研究热潮。

对于有过乡村经验的人来说，乡村记忆就像一种文化指纹，跟随他们的一生。哪怕他们变成了城里人，那些乡村的记忆仍将一辈子挥之不去。我小时候在新疆长大，记忆中的戈壁、雪山、豺狼和狗，成为我内心空旷的源头。然而，有乡村经验的人都知道，真正的乡村生活，总是充满着挣扎和困苦。这些挣扎和困苦，成为中国人生存和发展意志的一部分。这种力量，也促使我们的现代性追寻之路显得急迫而焦虑。

谭功才的《鲍坪》，整本书都在描写某种乡土文明的溃败和新生，贫困与渴望富裕，精神的贫乏与物质的稀缺是相互交织的。其中那些自在安命或顽强不屈的气息，读起来却让人备受感动。这也正是我喜欢本书的理由之一。所谓“此心安处是吾乡”，唯有文字和心灵共同构筑的通感，才使我们得以在阅读他人作品的同时，接受灵魂的洗礼。唯有灵魂安妥了，我们才得以安歇。似挽歌，似绝唱，谭功才以文学的方式对故乡再次回望，让我们看到了地域文化生成记忆之后的新图像。

宁肯,和他的五部小说

我注意到,宁肯虽然出生于1959年,但他的第一部长篇小说《蒙面之城》却出版于2001年,这部小说处女作写于他40岁的时候。一个人40岁才推出自己的第一部小说,肯定算是大器晚成了。相比下来,我们很多写作者到了30岁都已经暮气沉沉了。从年龄上来说,宁肯和出生于20世纪50年代末期的刘震云、阎连科、余华等年龄差不多,但是在写作的指向和精神气质上,完全不一样。他的五部小说都出版于21世纪,是典型的属于21世纪的汉语小说家,也是继续面向未来的小说家。

《蒙面之城》的题记就说明了小说的题旨:"我们何时能生出父亲?"这么强悍的诘问,简直让我目瞪口呆。我一直理解是父亲生下了我,可是他却能强有力地去质询,我们如何生下父亲的秘密。这是大逆不道吗?这是疯狂的假设吗?好了,小说中,一个17岁的少年马格的寻父经历,他在秦岭、北京、广东、西藏的游走,刚好切合了20世纪80年代很多人对自身和父亲的双重寻求的旅程。从这部小说中,我们看到了他不同于书斋型先锋派实验小说、不同于写琐碎日常生活的新写实小说、不同于风靡良久的地域文化小说,他的小说向内走,走到人物的内心,走到当下的现实深处,去挖一口井。美国作家菲利普·罗斯说,"我写作时在地上挖一个洞,然后我使劲挖。”宁肯似乎也在挖一个洞，他还更加专注地挖。这是我们进入宁肯小说世界非常重要的一个入口，也是他区别于20世纪最后30年大部分汉语小说家最重要的一点。

还有一点，宁肯很善于将自身的生命经验和广大的世界结合起来，引领你进入到他那开口小，但是有容乃大的文学虚构空间里去。他的第二部长篇小说《沉默之门》的背景是北京，小说的主人公叫李慢，是一个报社的编辑。小说在你、我和他（李慢）三种人称的叙述中，展开了一个北京中年人那镜像一样互相映射的生活。小说的叙述角度的讲究，结构的浑然天成和语言的张力，以及对城市生活抽丝剥茧一样的剖析，使这部小说沉重、沉默而锋利。我从他这部小说中看到了他的狠，他的凶残，他的卖力和对北京生活深入进去的能力。最终，沉默之门会在我们的面前打开，而我们都不会再对生活表示沉默，对人这一大地上生存的过客，短暂地表示轻视。

宁肯写小说，平均下来要两三年写一部，类似某种呼吸的节奏。每个艺术家的创作，作家、诗人的写作，都有着自己的节奏。宁肯也不例外，他的第三部长篇小说《环形山》似乎是夜晚的呼吸。小说题目就提示了我们，他向我们展开的世界，是充满了阴影的世界，是死寂、诡秘如月球上那些被陨石击打造就的环形山的世界。在这样一个世界里，主人公，一个残疾人，敢于面对自己的欲望，敢于对抗自我的存在，敢于选择自己的生活，他因此成为一个精神强健的人。而那些光鲜的、四肢发达的城市人，则是灵魂得病的影子一样在城市里游走的病人。小说给我们创造的世界，就是这么一个到处是环形山的壁垒，是环形山的通道和出口，又是环形山般的陷阱的当代人灵魂的境遇之地的象征空间，让我读着读着，感到抓狂和不寒而栗。

当然,也许到目前为止,宁肯最重要的长篇小说应该算是《天·藏》。这部小说从文体和结构上有一个奇观,就是小说里那些庞杂到好几万字的注释,也是小说内容的一部分,构成了小说的旁白和插曲,线索和提示。这部小说刚好将宁肯作品的两大优点都结合了起来,一个是他很善于贴着人物写,能够进入到人物的内心里,向人心的内宇宙探险、塌陷和降落。人物的精神世界如同天坑,他敢于以雨伞做降落伞,毅然地跳进去。

而他的另外一个优点,是他还有多年在西藏游走的资源型记忆,一点都没有枯竭。在这部小说中,这两点结合得天衣无缝,成为他书写这个复杂时代的缘起,也最终成就了宁肯的小说风貌——对当下生活、远方想象、内心宇宙、精神荒原、城市景观、国土漫游的斑驳的拼接。最终,《天·藏》脱颖而出,成为第八届茅盾文学奖提名奖作品,也是最受好评的十部长篇小说之一。要知道,这部作品可是从 8 800 部长篇小说里显露出卓尔不群的身姿的啊。

2014 年新近出版的他的第五部长篇小说《三个三重奏》,让我十分惊艳。这才是一部"正面强攻这个时代"的作品。这个形容句是某报的一篇用来形容余华写出了《第七天》时余华自己的谈话。这句话很好,但余华并没有实现这个目标。真正正面强攻这个时代的小说家,恰恰变成了宁肯这样的作家。他不像余华那样躲在书房里,依靠网上的中国那些离奇的新闻来写作《第七天》,还借用了胡安·鲁尔福的鬼魂叙事,使得《第七天》成为一部并不重要的作品。而宁肯在《三个三重奏》中,用三个如此贴近当下的人物,正面强攻而不是隔靴搔痒地塑造了这个时代才会有的人物。一个是最终由秘书处心积虑地爬上高位的官员,一个是逃亡在外的贪污受贿的总裁，还有一个，是宁肯对自身下刀子了——他塑造了一个沉湎于知识的图书管理员——自然是作家的化身，走出了书斋，进入到了看守所去接触当下的罪犯，借以表达对当代社会的切肤之感。因此，这部《三个三重奏》，不仅塑造出了几个我很少在当代作家笔下看到被塑造成功的人物形象，还看到了宁肯作为作家，对自我的批判。这一点，在比他出道早的作家那里很少看到。这也是那些作家走不远的最重要原因——不管他们眼下如何受到外国出版商猎奇般的欢迎，他们最缺乏的，就是对自我的批判，丧失了与大地接地气的能力，概念化地书写当下中国。因此，宁肯，才是我们这个时代最为精彩的小说家之一。

宁肯属于那种作品不算很多，却写得一部比一部好的作家。他属于精心设计、精心施工、绝不偷懒、下苦功夫的作家，属于那种将写作和自己的生命贴在一起的作家。呕心沥血这四个字用在他身上比较合适，但他为人为文自还有一种潇洒。一旦他从他那镜像、天坑、荒野般的小说世界里出来，他这个人又是那么风趣、明亮、坦诚和自然，让你觉得，他的小说和他的人长在一起，如同“分成两半的子爵”、“隐形人”以及“化身博士”。

宁肯就是这么一个“天·藏”分裂的、有着白昼和夜晚的环形山的，蒙面的，以及沉默和爽朗大笑同时并存的，吸引你的男人，一个杰出的小说家，一个我引以为豪的朋友和同道。和宁肯认识很多年了，每次饭局，有宁肯在和没有宁肯在，感觉大不一样。有他在，话题既能严肃，也能活泼，既能紧张，也能团结和谐。所以，我很喜欢和宁肯出现在一个饭局上。席间听着我们几个人交相忽悠和激辩，十分热闹而轻松，还有教益与自在。

前段时间，我要出版一本书评集，那本书评集里收录了 100 多篇文章，评论了很多同时代的写作者的作品，可我发现我竟然没有写过宁肯小说的书评，有一次吃饭的时候说起来这事儿，觉得好像欠了他什么似的，他就说，那你一定得给我写一篇。这次写这个文章，算是补上一份欠他的情意了。

宁肯这个人有一种魅力，是北京人、北方男人的那种魅力，爽朗、大气、明快、自然。他个子虽然不高，但身体比较健康强壮，形象俊朗，双眼皮，大眼睛，非常有亲和力。他说话的声音我比较喜欢听，他的声音里有一种老北京人的那种磁音和糖音儿，儿化音不像胡同里长大的京油子那么黏稠和含混，也不像军队大院里长大的有那种说不上哪里来的优越感和土流氓劲头，而是恰到好处，刚刚好，清爽、自然、不流俗。而且，他说话的音频比较高，也比较快，常常他人没有看见，声音我已经听见了。如果有几个人在酒店大堂等我的时候喧哗着，我一听就听见有他在里面。

我还觉得宁肯是一个相对简洁、单纯的人，不是那种十分矫情和复杂的人。他很好打交道，对人坦诚、直率。他有着一种举重若轻和举轻若重并举的气度，这是很多人做不到的。大部分文人都是举轻若重的，无论是写作还是生活，都过于用力，遇到事情就紧张，就纠结、拧巴，把小事放大到自己完全都无法承受和掌控的地步，然后是一团糟。宁肯在生活上做到了举轻若重，家庭关系、夫妻关系、同事关系、同道关系，据我所知，都很好。

同时，宁肯还非常聪明大气，能够举重若轻，这样的人是可以担当大任，可以信赖的人。而在写作上，他处理一些复杂题材的时候，能够举重若轻，这是我羡慕的。这也是他的已经出版的四部小说，每一部都有独特风格和分量的原因。

我很喜欢宁肯还有一个原因，就是他曾经做过很多年报社的记者，这一点和我一样。记者出身的小说家，是20世纪以来很重要的一支文学力量。做过报社记者的小说家，关心的问题的丰富度、视野的广度、批判的力度，都是书斋教授型、草根型和愤青型作家所无法相比的。当过记者的小说家，对现实问题的关注，对一些尖锐问题的批判和把握，是尤其突出的。我不多举例子，你去读读海明威、加西亚·马尔克斯和宁肯的作品，就知道了。所以，和宁肯在一起，我们的话题必定会从现实生活、城市病症、贫富分化、文体意识、哲学思想、西藏情怀、男人风格等来回游走，形成了脑力激荡的一个场域。

我和宁肯也都是文学编辑型作家，作家型编辑。因此，我们这类人容易看到同行的长处。我记得李敬泽曾经说过，当编辑办杂志，就是开店的，就要像欢迎顾客一样欢迎作家作者的稿子，不能随便下论断，拒人于千里之外，而是要开门揖客，笑脸对人。当然，这不是说我们没有文学判断的原则了，没有尺度和准则了，该下手枪毙的稿子他和我都不含糊，要不然杂志就没法看了。可是，我们总是可以从那些虽然有问题，但是却有着生长性的作品中看到某种只有作者自己才有的种子一样的创造性的东西。我们就告诉这样的作者，你往哪个方向去努力，往哪里走。因此，我也常常听到一些基层的作家作者夸赞，宁肯当编辑当得好，很有耐心，很会对症下药，循循善诱，能给人指出明道。

我要是再表扬下去，宁肯即使是一张铁脸，兴许都会挂不住笑了。

山重水复，柳暗花明

——读刘安文的小说集《水穷云起时》

安徽作家刘安文近年来在繁忙的工作之余，创作了不少不错的小说，我看过一些，感觉他的创作很有特点。最大的特点，就是直面现实的一些社会境况，写出了当下的精神境遇。在谈到他的小说创作之前，我想回顾一下当代中国文学勃兴的背景。

纵观 20 世纪以来的 100 多年的世界文学史，可以看到一条鲜明的线索，那就是人类文学创作的高峰和活力，有着一波波浪潮，是在各个大陆之间转换的。从第一次世界大战到第二次世界大战之间，世界文学的中心和重心，是在欧洲，诞生了很多文学的大家。“二战”之后，世界文学创新的重心，或者说新的文学增长点和关注点，逐渐转移到了北美洲，特别是 20 世纪 60 年代的美国文学异彩纷呈，流派众多。很快，60 年代到 80 年代初期的 20 多年，世界文学的重心转移到了南美洲。这是“拉丁美洲文学爆炸”时期，拉丁美洲文学爆炸，成了世界文学的新亮点，并影响着世界文学的走向。

20 世纪 80 年代到如今的 30 多年的时间里，世界文学有两大现象，一个是无国界作家、离散作家和跨文化作家的出现，成为新的作家现象和创作潮流。另外一个现象，就是 1978 年以来，中国当代文学的持续发展取得了重要成就，引起了世界的瞩目。中国当代文学因此成为当代世界文学的新的增长点。而我们这些中国作家和文学工作者，都身在其中。而且，这种势头还在继续发展。特别是在21世纪的这十多年里，中国作家和作品日益成为世界当代文学中的一部分，对其他国家、语种的文学的影响，正在产生并不断扩大。当代文学还有巨大的发展空间，有望形成更为夺目的"中国文学的世界现象"，日益成为世界当代文学的重要亮点。

因此，在这个背景下，来看刘安文的小说创作，我觉得他触及了一个很重要的问题，那就是，精神价值的追寻。如今，财富越来越积聚，经济越来越繁荣，社会越来越进步，文化越来越活跃，思想观念越来越推陈出新，行为表现越来越标新立异，可是，人们在满足物欲时却感受不到精神的愉悦，内心的幸福。于是出现了居而不婚，婚后出轨，大叔控，老少恋，姐弟恋等被社会称为"怪异"的道德滑坡现象，这大都与金钱的力量有关。对此，有人为这些当代的种种情感和道德的"怪异"行为背后的心理动因做了总结，大约有如下几种：一、人们没有信仰了；二、人们不再思考了；三、人们不再诚信了；四、人们一切向"钱"看了；五、人们不看重廉耻了；六、人们都遵循"潜规则"了……

可是，这些现象的背后是什么？人们该如何面对那些"新事物"和"旧观念"？人们该如何面对当下的"亲情、爱情、友情"？对于这些"怪异"，我们是该站在道德的角度审视之，批判之，还是从人性的角度，社会历史文化变革的角度，探寻其中所蕴含的社会进步或颓废的意义？对此，刘安文的小说《水穷云起时》做了很好的回答。

《水穷云起时》可以说是一本当代社会的"大百科"，作者以其敏慧而独特的视角、犀利而深邃的观察、娴熟而生动的文学表达手法和叙述语调，以跌宕起伏柳暗花明的故事情节，让读者在喧嚣中静下心来，在水穷时抬起头来。它不仅仅给了读者很多醍醐灌顶的顿悟，更能点亮读者心中的那盏照亮黑夜的明灯，并陪伴读者踏上智慧而高远的征程。

《水穷云起时》的故事是这样的：唐中华与李亚楠是大学时的一对情感炽烈的恋人，但是只因为唐中华出身农村，李亚楠出身城市干部家庭，满脑子门第观念的李亚楠的妈妈便使出浑身解数阻挠他们继续恋爱，他们被迫分手。毕业后，唐中华回到了家乡县城工作，李亚楠在父母的安排下进了效益好的父母所在的纺织厂。李亚楠在母亲别有用心的安排下，嫁给了军队退伍的杨伟，由此进入了不幸的婚姻生活。唐中华在母亲的催促下和现实的压力下也进入了中国大多数人的婚姻状态。对于有理想有抱负讲尊严的唐中华来讲，他不满足于现状，通过多种途径实现自己的抱负。他摆过地摊，打过工，投过机，取过巧，最终立足于实业，成为企业家。唐中华和李亚楠在各自的婚姻和事业中负重爬行。他们在历史的驱动中，心里彼此牵挂着对方，爱着对方。一次偶然的机会，他们相遇在一起，重燃爱的火焰。但是却被多人阻挠，为社会所不容。两人生活在痛苦中，他们因此而心力交瘁，事业也受到了影响。他们的心灵在煎熬着，生命在郁郁寡欢中耗费着，但他们却执着地坚守着心中那片情感的天。随着他们孩子渐渐长大，进入婚恋期，终于理解了父母的情感追求。他们的孩子也因此变成他们的美好爱情的促进者。最终，他们进入婚姻的殿堂，实现了大学时的愿望。

这部小说，虽然写的是唐中华与李亚楠的爱情故事，但它更多地反映了社会经济文化的变迁，反映了唐中华、李亚楠及其父辈和孩子三代人的人生观、价值观和审美观在当今社会的变化，为人们揭示了那些永恒不变的“真、善、美”，也为人们指出了那条通向幸福之路的“艰难、隐忍与坚守”。

唐中华李亚楠的爱情，始于美好，历经坎坷磨难，终于美满。他们的爱情是建立在彼此相识相知上，建立在彼此欣赏相恋上，更是建立在彼此支持、真正坚守的基础上。任何成功都需要努力和坚持；任何目标和理想的实现都需要代价。人生总是跌宕起伏，爱情总是遭遇考验，事业总是峰回路转。只要我们执着地坚守，智慧地应对，那么，你会发现，幸福常常就藏在那个转弯处。

我对作家同行，总是保有一种尊重和敬意，因为，文学创作需要单打独斗，需要在精神的原野上独自行走，在想象世界里勇敢驰骋，在审美空间里孤身创造。作家的精神劳动，是繁重、孤独、复杂的，作家和作品必须要有个性和创造性。没有个性和创造性的作家，是失败的。因此，这一过程是艰辛的，不容易的。所以，看到刘安文创作出这本好小说，能够感觉到他的辛苦，我很高兴。

文学创作是一种非常特殊的精神活动，如何刻画中国人的灵魂，表达中国人的情感，传达中国人的价值观？因为，今天的中国，社会现实无比庞大丰富，而我们的历史也给作家提供了丰富的写作材料，如何消化、吸收、创造，是摆在每个作家面前的问题。作为一个作家，我觉得，如何写出一种接地气、有形式、通美感、活人物、好故事的文学，是很重要的。这是我们中国作家需要好好思考的大命题。如何将改革开放以来的新时期文学的传奇继续书写，如何创造出更好的作品，应该是每个作家对自己的内在要求。要努力写出无愧于今天的中国文学，讲好中国故事，写好中国人，去创造活的，热情的，美丽的，丰富的中国当代文学。

显然,刘安文的这本小说,让我们看到了希望和具体的成果。因为,小说描述了当下社会的道德困境和精神境遇,但又有一种召唤,给我们指出了一条通向精神升华的价值重建之路。祝贺这本小说的出版。

在城乡交织地带书写

——陶青林中篇小说集《刀锋上的鱼水》序

第一次见到陶青林,是在东莞长安镇上搞的一次文学活动上。陶青林给我的印象是厚道、热情、干练。晚上吃饭的时候我喝得有点多,开始给他算命,算出来他们家是老婆掌握大权,而且他有两个女儿。我都算对了,场面一时很愉悦。后来,也多次收到、看到陶青林的小说稿,感觉他在写作上也非常有自己的想法,同时也取得了很好的成绩。尤其是中篇小说的写作,青林颇有心得和收获。

20 年前,陶青林从湖南雪峰山脉南麓的一个乡镇来到了广东东莞一个叫长安的地方。这个地方,是中国改革开放以来农村向城镇化转变的一个重要的缩影。陶青林有幸经历了长安的历史嬗变。20 年来,他的生活以及精神,辗转往复,甚至挣扎在城市和乡村之间,夜深人静时潜心创作,把心中的苦闷及某些发现,通过笔端宣泄出来,先后在《花城》、《芙蓉》、《清明》、《长城》等刊物上发表了一系列中短篇小说,用悲情的笔触,塑造了一个个鲜活的人物形象,书写了现代社会大变迁背景之下,外省人的生存和精神困境,以及他们的痛苦蜕变。

书写故乡沦陷,乡关无处可寻,是陶青林小说创作的一个重心。陶青林的几个中篇,写出了乡村凋敝的大背景下,故乡难以幸免于沦陷的命运。离乡背井的外省人在别人的城市追求一种新的更深层次的生活,多年后都难以回到自己梦中的故乡。《刀锋上的鱼水》(发表于《芙蓉》2010 年第 6 期),小说以妻子于美珍的离奇被杀展开叙述。长期在广东打工的丈夫肖万福,回家埋葬死于凶杀的妻子于美珍后,在侦查凶手过程中,隐隐感觉妻子生前红杏出墙,他还发现村风日下,“村妓”盛行,花鼓戏的没落,妻子情感的迷茫,邻里乡亲偷觎妻子美色……家乡的变化让他感觉到了陌生。肖万福不希望警察破案时,连带揭开一些让人不齿的秘密。广东的相好张福英突然来到镇里寻找肖万福,俩人在旅店偷偷相会时,被乡亲们逮个正着……该小说关注的是现代生活中人们对性生活的焦虑、忽视以及无所适从,深刻叙写了打工者生活困顿无助、精神焦虑颓败、自我救赎无力,充满了绝望与挣扎的生存之痛,读后令人惊心动魄。另外一篇《夜晚不懂白天的黑》(发表于《特区文学》2012 年第 2 期),讲述了故里乡亲无法理解在外创业成功的游子的艰辛和苦闷的故事。添天是泥西村的风云人物,在东莞成功创业,身价千万,回家办水泥厂却被各路卡要,最终投资失利仓皇远离故土,成为精神上的流亡者。村里修桥时,添天父亲为了脸面与人攀比,擅自替添天认捐 3 万元,但迟迟没能到账,不得已只好亲赴东莞找添天,才发现儿子企业濒临倒闭,陪儿子历尽困难后,父亲终于理解了儿子在外创业的不容易,回家后将所有积蓄寄给添天还债,并拿出 3 万元亲自交给村里,怀着复杂的心情,瞒住儿子在东莞的生存困境。在攀比、嫉妒之中,故乡异化成不再是精神归属,不再是每个游子都渴望回去的地方。

书写乡村人际关系、精神和伦理的隐退崩塌,是陶青林小说创作的另一个重心。随着现代化的进程,乡村具有生命力的文化传统和价值体系正在消逝，行为准则、伦理道义、生存价值的凋落，让乡村变得混乱无序。《向家坪》（发表于《芙蓉》2012 年第 6 期）讲述了这样一个故事：向守业生意失败，欠下巨债，只好抛下老母亲，举家外逃赖债，村里人对他恨之入骨却又无可奈何。当向守业可怜的老母亲病重时，债主们想趁向守业回家探望病重的老母亲时将其抓住，逼其还债。狡猾的向守业深夜探母亲避过一“劫”。三天后母亲病死，向守业只得独身一人回家尽孝，各路债主各怀心事，各展手段以期追回债务。并相约待其母亲入土后将向守业扣押，逼其妻子儿子回家还钱赎人。向守业获得消息后，在母亲出殡后偷偷逃走，其妻为了挽救家庭，也为了帮助向守业逃出老家，掐着时间制造车祸自杀以骗取保险赔偿。向守业的儿子向前进回老家找失信的前女朋友“解决恩怨”，计划杀了她后再自杀。接到父亲电话告知奶奶病逝、母亲意外身亡的噩耗时，他幡然醒悟，回广东与父亲相依为命，共渡难关。向守业逃债成功，但以失去母亲、妻子为代价，被永远钉在向家坪的耻辱柱上。在《雕花龙床》中，宗祠因修省道而遭拆迁，族人雕像被卖往国外，洛水河污染严重，孙子渴望成功而偷走传家之宝雕花龙床，小说处处显现着乡村文化传统在消逝，价值系统被瓦解。

书写城乡文化的冲突、交融，从不同视角对人性异化及社会景象进行深入解读，这是陶青林小说创作的第三个重心。《蛇相缚》（发表于《清明》2014 年第 4 期）讲述了少年黑炭的成长之痛。少年黑炭无意之中发现在家留守的婶子与人“蛇相缚”（偷人），有了心事的黑炭备受精神折磨。在暗查与婶子“蛇相缚”的那个野男人的过程中，婶子用身子引诱他，差点促成乱伦的苟且之事。黑炭带着不可言说的秘密去广东打工，投靠叔叔后，发现叔叔不再是以前的叔叔，并且还在城里有了相好。奶奶在监视婶子时被摔死。“蛇相缚”事件在黑炭的心里积聚了万千的能量，到了叔叔这里，却被叔叔“活着的人还要活下去”的话悄无声息地消解了。初谙世事的黑炭去找暗恋的女同学，发现她有了男朋友，女同学剪下黑炭的一头烦恼丝后，他发出与过去告别的呐喊。少年黑炭对成人世界的无意闯入，导致其身心痛彻骨髓，小说给人一种强烈的被撕裂的疼痛感。另一篇《你拨的用户已关机》描写了“我”在城市奋斗过程中有关情感的、心灵的、良知的精神困境。《如影相随》（发表于《山花》）讲述了一个关于报复的故事，充分表现了乡村嬗变过程中人性的纠结和复杂。

青林有着丰富的农村和城市生活经验，对农民工等外省人在城市生存境遇中，人们那种无根漂泊的孤独、绝望、恐惧以及城乡文化的矛盾与冲突，并由此产生的精神阵痛和心理裂变，有着更为深切的关注和体味。希望陶青林能继续坚持在“城乡交织地带”这座广袤丰饶的文学富矿中不断开掘，多角度书写城市文明对农民工等外省人的心灵异化和重塑，从精神层面展示当传统变革时人们所表现出来的种种执着、尴尬与无奈，以及种种生存之痛，希望他能写出更多具有睿智的思想光芒和穿透力的作品来。

散文的率性与情怀

——以王祯宝为例

香港、台湾、澳门的散文作家比较多，大概因为商业社会里大家都很忙，没有时间看长篇大论或者长河小说，而散文随笔可以随时填充到时间的缝隙里、报纸杂志的副刊版面上，因此，港澳台的散文写作，十分繁盛，蔚为壮观。但是，我觉得个性仍旧是散文随笔写作的第一要义，要不然，如何区分？董桥自然是董桥的风格，陶然也有陶然的个性，作家总是有自己的面目和独特处，才有意义。

我拿到王祯宝的散文随笔集《曾几何时》，很快就读完了，感觉是在和一个率性、自然、健谈和风趣的朋友交谈一样。

《曾几何时》收录了王祯宝的散文随笔近180篇，一共分为三辑："走马人生"、"自作多情"、"曾几何时"，显然，大部分作品都是在报刊上开的专栏发表的。从王祯宝的简历中，我得知，他从事了多年的美术设计和视觉艺术创作，对版画艺术尤其有造诣和见地，在英国待了很多年，还兼具文物鉴定的眼光，是一个艺术通人。这样的人就非常适合写小品文和散文随笔。

我读《曾几何时》，感觉王祯宝似乎是远接了明代性灵散文的文脉，将那种文人雅趣和自然情感，以随笔的方式娓娓道来，在很短的篇幅里，以淡然的笔触，包含着更为深层的观照。这样的写法看似不经意，实际上，是很需要功力的。

首先是率性，所谓的率性，自然是性情第一，说到哪里算哪里，在哪里结束就戛然而止，大笑、大哭或者沉默，淡然处之，都是率性的表现。王祯宝的这本散文集，第一部分“走马人生”，可以看到王祯宝在伦敦和澳门之间奔走的一些记忆，有些与个人的回忆有关，有些与作者和他人经历的事情有关，有些则与艺术见解有关。这部分的文字就是率性和自然，一种洒脱的文学品性自然就显现出来了。

在“自作多情”这个部分里，可以看到王祯宝的情怀。情怀，就是感情的丰沛和胸怀的广阔。无论处事看人，王祯宝都是以文人的情怀来度量世界。这个部分里，还有很多关于日常生活中的智慧的凝结。散文写日常生活，有时候容易流俗，容易琐碎，但是读王祯宝的这些文字，表面上似乎非常细碎，实际上，就像从一粒沙中可以看到整个世界，王祯宝的一篇篇短文，都呈现出一种来自生活的观察和呈现，从生活中凝结出来的知性的露珠，表达了细腻的感情。

王祯宝的这些文字，无一不散发着一种淡然的、达观的美感和豁达的生活态度。我可以想见读者在疲惫的商业社会中求生存，回到了家里，拿起报纸阅读他的这些散文，放松神经，伸展想象的那种感受。读者可以和自己的人生经验产生呼应，并且得到了精神上最好的启迪，这也是王祯宝之所以写这些文字的初衷。

因为王祯宝是视觉、版画和造型艺术家，他的很多文字，还体现出他的艺术观。他的艺术观是现代的，是超脱的，也是日常的。艺术家散文在中国文学史上是一道清流，在 20 世纪以来的很多大画家、艺术家那里继续着，比如吴冠中、林风眠、陈丹青、刘小东等人的文章都很耐读。

“曾几何时”是这本散文集的第三部分，在这个部分里，王祯宝将某种关于过去的，关于儿时的，关于鬼神的，关于时间的，关于孩子和狗的记忆，一一道来，信手拈来，随意取来，不经意地就给了我们一个拈花微笑般的审美世界。

王祯宝的文字轻巧生动，描摹情感、状态、人物，都非常贴切，文风亲切自然，而且化日常为神奇，化腐朽为生机，化瞬间为永恒。我读王祯宝，就仿佛从一串串的露珠和项链中看到了世界美妙的造化，生命丰富的结构，以及人的感情的丰盈。

读王祯宝，我知道小品文在今天仍旧在发展，远接宋明，近接现代文学，使一种新的性灵文学，继续着勃勃生机。

小说如何书写澳门?

——以邓晓炯为例

小说如何书写澳门?这是我几次到澳门,与一些澳门的作家和文学研究者相聚的时候,提出来的一个问题。但是我一直没有得到答案,也没有看到很好的样本。

在一次演讲交流中,我说,假如让我来写澳门,我怎么写?我就以萨拉马戈的《石筏》和科塔萨尔的《中奖彩票》为例,谈了我的看法。

萨拉马戈的长篇小说《石筏》,讲的是忽然有一天,葡萄牙所在的伊比利亚半岛脱离了欧洲大陆,开始在大洋上漂流,如同一个满载漂泊的葡萄牙人的石筏。所有的葡萄牙人醒来,都发现自己漂浮在茫茫大海之上,不再是欧洲人了。由此展开了萨拉马戈那雄奇的想象。那么,我就想,澳门会不会有一天也忽然漂离开大陆,漂离到大海上,然后发生很多无法估量的事情?

而阿根廷作家胡里奥·科塔萨尔的长篇小说《中奖彩票》,则以寓言的方式,给我们讲述了阿根廷一群买彩票中奖的人,登上了一艘大船,本以为会环游世界,到最后发现这艘船停在原地根本就没有动,而登上这艘船的人则有各种人性的匪夷所思的表现。科塔萨尔以这艘船,隐喻阿根廷那停滞不前的现实和喜欢做梦的阿根廷人。

我想，如果澳门作家有萨拉马戈和科塔萨尔的想象力，那就能以小说书写澳门了。

这一次，我读到了邓晓炯的小说集《浮城》，忽然感到了意外的惊喜，看到了以小说书写澳门的方法。收录在《浮城》中的小说，一共有四篇：《刺客》、《迷魂》、《浮城》、《转运》。每篇小说的题目都只有两个字，非常有概括力和提示性，就仿佛是一部关于澳门的长篇小说的四个章节。其中，《转运》是一篇1万多字的短篇，其余三篇都是中篇小说。

《刺客》和《迷魂》取材于澳门的真实历史，但邓晓炯以穿越时空的方式，进行了对历史情境的重构。

《刺客》取材于1849年澳门青年沈志亮等刺杀澳门总督亚马留的事件，在叙述这个历史事件的时候，邓晓炯以徐广缙、亚马留、沈志亮三个人的角度，呈现了两广总督、澳门总督和刺客的三重视角，为我们进入当时的历史情境中，铺设了三条路径，小说写得严整、客观、冷静、有力。自这一个刺杀案件之后，澳门就成了葡萄牙的殖民地，澳门的历史也由此改写。这一篇小说，有力地将我们带回到了澳门历史中一个转折性变化的时间点上，重温了那个事件和那段历史。

《迷魂》的书写则带有穿越时间的魅力。澳门《历史》杂志的编辑麦奇，有一天被搅和到了一桩奇怪的案件里：一个昏迷的人在医院里不断地念他的名字："麦奇，小心炸弹！"适逢澳门回归十周年的2009年，警察因此而戒备森严。于是，麦奇最后以寻找自己灵魂的方式，穿越了300多年的时间，回到了1622年，那个时候荷兰东印度公司的军舰企图攻占澳门，正在进行一场重要的战役。

《迷魂》在这本小说集里篇幅最大，大概有八九万字。分为63章，还包含一个楔子和尾声。穿越时间和历史，邓晓炯让我们跟随麦奇在1622年和当代之间穿梭，并体验到了历史本身的魅力和想象力的甜蜜。可以说，这是一篇非常成功的关于澳门的小说。虽然是历史小说，却是一篇非常现代的小说。按照意大利哲学家克罗齐的观点，一切历史都是当代史，那么，一切历史小说，其实也都是当代小说，这篇小说显然为我们在今天了解澳门，提供了一个想象的门径。

《浮城》则朝向了澳门的未来，是一篇科幻小说。这篇小说叙述的时间点在公元2099年，但是小说的结尾则是公元5000年，以公元5000年发现了公元2099年的一本关于澳门变为一座海上浮城的日记，作为小说的结尾，为我们描述了澳门的未来，以及未来的未来，包含澳门在内的亚洲的图景：澳门在历史中最终不存在了，消失了，成为更大的时间坐标中看不见的东西。邓晓炯如此宏阔、大胆的想象，实在让人兴奋，让人看到了以小说书写和呈现澳门的巨大可能。

再来看看《转运》，这篇短篇小说以主人公获得了一枚转运的筹码，却最终导致了精神崩溃自杀的故事，让我们看到了对澳门作为博彩业重镇进行文学想象和概括的可能。博彩业和赌徒，的确是澳门的一个奇观，但是，如何写博彩业，如何写赌徒，是一个很大的难题：赌博体现着人类古老的欲望，而一夜暴富，天上掉馅饼，坠入深渊，都可以用来形容赌徒的状态。可能够以绝佳的想象力来呈现人的欲望导致的毁灭和最终救赎，邓晓炯的这篇小说竟然都做到了。因此，这篇短篇曾经获得了2003年的第五届澳门文学奖的小说组的冠军，也是名副其实。

我觉得，邓晓炯能够以想象力作为翅膀，驾轻就熟地飞翔在澳门广阔的时空中，以四篇分别朝向过去、现在和未来的小说，给我们呈现了以小说的方式书写澳门的可能性。他是成功的，也让我们看到了他获得更大成就的希望。他是一个值得期待的小说家。

鄂力，和他的篆刻艺术

我认识鄂力也快有 20 年了。20 世纪 90 年代，我当时在一家报社当编辑，经常去拜访吴祖光、新凤霞两位前辈，去他们家组稿或者去聊天。吴老和新凤霞是一对神仙眷属，这对儿剧作家、表演艺术家贤伉俪特别有意思，待人热情极了。我有时候在他们家正赶上饭点儿，那吴老家是一定要留饭的，不让走，而且，所有来拜访的人都不能走，都要留下来吃饭。而他们家来的客人特别多，各类人物川流不息，我坐在那里和吴老聊上一个小时，都能看到几拨客人前来。

于是，每到饭点儿，新凤霞阿姨坐在轮椅上，斩钉截铁、指挥千军万马那样宣布："都留下吃饭！到饭点儿了，客人都不能走！"她的声音好听又清亮，跟唱戏文似的，一声令下，保姆赶紧就打电话给附近的餐馆订饭。不一会儿，我们就都吃上了。

吴老家在芳草地蓝岛大厦对面那临街的老式红色砖房子里，我现在已经记不清楼层楼号了，反正不在一楼。吴老属于那种老派文人，特别敢于仗义执言，有段时间，据说得罪了当时北京市的大头头，他也满不在乎，以至于他和新凤霞的书画展在北京市的地面上，竟然不能举办，有一次，临到即将开幕，我赶到展览现场，发现书画展竟然被取消。后来，还是吴老在新华社的一个老朋友帮忙,通过军队里的朋友,在军事博物馆举办了“吴祖光·新凤霞书画展”。可见,尽管这北京地面上的官僚权势之大,也总有他的权势不及之处。后来,这个大官僚因为腐败问题,最终进了监狱。

这些都是题外话,我就是在吴祖光老先生家里,第一次碰到鄂力。那个时候,他是吴祖光的助手,也就是帮助吴老跑跑腿,做一些杂事,在很多艺术家老人之间走动。鄂力有蒙古族血统,是地道的北京人,有一种诚朴、踏实、低调和宠辱不惊的气质。

那时我还不知道他搞篆刻,只知道吴老很信任鄂力,很多事情都交给他去办。有一件事情特别有意思。来看吴老的客人很多,客人总要带点礼物,有带茶叶点心匣子的,还有直接在楼下蛋糕店买了蛋糕上来的。我还碰到过一回,吴老说:“小邱,你吃蛋糕。”我就吃掉一小块,再吃,就吃不下去了,因为蛋糕的奶油太多了,太腻人了。于是,吴老就给鄂力打电话,很快,鄂力就来了。那个时候我和鄂力都才20多岁,食量不小。但鄂力吃蛋糕的水平比我高多了,只见不大一会儿工夫,他就把一个奶油蛋糕给消灭在肚子里了。所以,后来,但凡吴老收到了蛋糕,就给鄂力打电话,让他来消灭掉蛋糕,鄂力每次都能够完成任务。

鄂力后来告诉我,他其实也不爱吃蛋糕。但是,吴老让他吃,他就只好帮助吴老消灭掉蛋糕。我听了,特别感动。换了我,我不爱吃的食物,谁让我吃,我都不会吃。但是鄂力能够为了让吴老高兴,委屈自己,以自己的健康为代价,吃掉那奶油多得吓人的蛋糕。所以鄂力这个人人品太好了,有着如今不多见的老北京人的那种讲老理,识大局,通人情的品格。

后来,新凤霞、吴祖光二老接连去世,我们没有机会再去吴老家了。鄂力又被刘心武请为助手,帮助刘心武办理各种杂事。而我和刘心武在1993年就认识了。他还是我们杂志的原主编，因此，我和刘心武隔三岔五都要见面，自然也就常常和鄂力见面。

因为鄂力常年在京城的老艺术家之间行走，帮助这些腿脚不好的老人捎东西，送书，整理文稿，有时候还陪着他们聊天喝酒，名声特别好，深得老头们的青睐和信任。比如冰心、杨宪益、丁聪、黄苗子、沈鹏、刘开渠、莫言、张仃等大家，都给鄂力写过字，这个名单，我开列下去可以达到100位。那你就想见鄂力的神奇了。杨宪益还写过一篇文章，叫做《我的忘年朋友鄂力》，大力夸赞他。大作家李敖和王蒙，也给鄂力送过自己的签名本著作，所钤之印就是鄂力刻的。

鄂力给刘心武当助手的那些年，我们交往很多。每次，刘心武的各种吩咐都会由鄂力帮办，鄂力也非常勤勉。我们的聚会，也都由鄂力和我联络及张罗。我感觉鄂力是一个特别值得信赖的朋友。后来，鄂力与一位美丽善良的四川姑娘结婚了。他们的婚礼我去参加了，他结婚比较晚，结婚之后，因为养家的任务重了，就不再担任刘心武的助手，去干别的挣钱的活了。

我渐渐知道鄂力的篆刻水准非常高了。他给吴祖光、新凤霞二老就刻过几十方印章。我是不懂篆刻的，但是我的几方印章，都是鄂力给我刻的。他还自备章料，不要我提供。有一次，因为办房产证，需要一方楷体印章，给鄂力一说，他第二天就完成了，马上给了我，那种为朋友的热忱，是少见的。这就让我省心和不好意思了。

鄂力为北京的文化名人、大家刻的印章太多了，那些大家的书画作品和赠送作品的时候，钤印时用的印章，不知道有多少都是鄂力篆刻的呢。有一次，日本“诺奖”作家大江健三郎来北京，经友人推荐，大江也让鄂力给刻了一方印章，我估计，这殊荣，也非一般篆刻家所能比及。这也成就了一段佳话。鄂力自己也想把他与这些文化名家、大家的交往写成一本书，我也希望他赶紧写，因为那些大家、名家，数起来，很多陆续都去世了。

关于鄂力的篆刻，吴祖光在生前写过一篇《鄂力篆刻艺术》的文章，说道：

> 我喜欢他的篆刻，大者雄浑，小者雅致。于印艺大道他始终恪守"先师古人后师造化"的信条。博学古人，然不被古人所限。在布局上最为用力、平稳、自然、庄重、严谨而灵活，疏而不散，密而不促。运刀犀利酣畅，却不失秀丽和灵动，往往在不经意处显功夫。因此，他的篆刻有着古朴的金石气息和浓郁的书卷气息。

吴老的评价应该是懂行、中肯的。在印章的方寸之地里，鄂力找到了自己的兴趣所在，创造出一个独特的艺术世界。在篆刻上，他经过了30年的刻苦研习，以及与大家、名家的交流往来，这一点在他的篆刻艺术上，自然是得到了熏染。

因此，我也常常把玩他给我刻的几方印章，体会着我们的友情，欣赏着这方寸之地的独特之美，而这篆刻的美，就是鄂力所创造的。现在，鄂力已经是一个篆刻名家，我也希望他的篆刻变得更加丰富和完美，成为一个篆刻大家。

北方中央地理的游吟诗人

——阎安诗集《整理石头》读后感

在陕西诗人阎安的笔下，首先凸显的，就是一个地理学和文化学意义上的“北方中央地理”。这个词是我自己造的，旨在使阎安的诗歌背景容易为读者所理解。

这个北方中央地理的范围“远至河套的贺兰山、大青山沿线以南，由西向东绵亘1 600余千米的秦岭以北，涉及陕甘宁蒙四省区的这一块中国大地，近4 000年中一直是中华民族和中国历史命运敏感而激烈的表现区和反应区”（见《整理石头》自序）。阎安就出生在这片土地上，因此，多年以来，他以游吟诗人的身份，游走在这片大地上，写作着一种独特的汉语诗歌，历史、地域文化、想象力、时间和生命体验，都滋润着他的创作，使他的诗歌写作呈现出一种北方的大地气质，一种中央地理意义上的文化韵味，一种汉语现代性表达的超前思维。

阎安让我感到惊奇的地方，就在于他身在陕西，在某种深厚的传统文化积淀的语境里，却写出了与西方现代主义文脉相衔接的极具现代感的诗。这是我前些年读到他的诗集《玩具城》的时候，感到震惊的地方。在《玩具城》中，语言实验、情绪捕捉、文化记忆、地域想象浑然一体，将汉语的精微的驳杂体现得无以复加。

确实，在一个诞生信天游和民歌的地方，在一个面朝黄土背朝天的黄土高原上，在一个汉唐辉煌历史沉重如黄沙般推挤的地方，阎安的汉语诗歌，多少显得与他所在的地理和文化背景有些不协调，而这恰恰是他的过人之处。可能越是传统的地方，就反而能出现与最现代的精神接轨的艺术。比如，在陕北的一些民间剪纸艺术家的手里，他们的剪纸艺术，何尝不与拉美的魔幻现实主义有着异曲同工之妙。

我拿到《整理石头》，细细阅读之下，感觉到这是一部非常沉甸甸的诗集，这部诗集收录了阎安在最近两三年所创作的主要作品，诗集一共分为六个部分："北方的书写者"、"鲸鱼与疆域"、"协调者的峡谷"、"飞机和雪"、"我一直崇拜的山"、"整理石头"。从这六个部分的辑名来看，似乎阎安在追求一种反差巨大的美。

"有很多次，在秦岭巨石拔天而起的深处的阴影里，在贺兰山下无边戈壁旷野上横陈着的巨石阵中，任何时候，我随便拿起一块石头，都能发现它们比'四书''五经'更古老。"（见《整理石头》自序），这种时间意识，历史感和生命体验，对北方中央地理文化的敬畏心，分布在这部诗集的每一个部分，每一首诗，每一个句子，每一个词。

不知道为什么，我在读这本诗集的时候，多少感觉到阎安的诗歌很有些艾青的气质。艾青的笔下有很多北方中国的书写，而阎安的这部《整理石头》的基本风格，就是那种北方才有的明澈、疏朗、开阔和敞亮。而且，由于受到了法国现代主义诗歌的滋养，艾青的作品可以说既与民族文化记忆有关，也与自我生命体验有关，还远接法国20世纪现代主义诗歌的文脉。而阅读阎安的这本诗集，我常常会想起艾青的诗篇《北方》、《向太阳》、《雪落在中国的土地上》的那种别致的阅读感受。

比如,在这部诗集中,阎安很多诗的题目,不断地呈现着北方的意象:《北方的书写者》、《北方那些蓝色的湖泊》、《我的故乡在秦岭以北》、《南方　北方》、《一个人将要离开北方》、《北方的一片树林子》、《北方　北方》。如此之多的“北方”,带给了我很多心理上的震撼,也给我指明了阎安所要确立的北方中央地理诗歌的坐标。

在《整理石头》这部诗集中,大气的气韵与选用意象和符号的反差,都很巨大。比如,在“鲸鱼与疆域”一辑中,《疆域》和《鲸鱼》分别是两首诗歌,在《疆域》中,从贺兰山到秦岭,都是一片阎安所要打量的疆域。而《鲸鱼》中则呈现了沙漠中的人对鲸鱼和大海的想象。鲸鱼是海洋里最大的鱼,鲸鱼能够畅游的疆域,也是阎安想到达的边疆。在这组诗歌中,阎安展现了他的诗歌的想象力,是那样的非凡而又有控制力。

在“飞机和雪”这一辑中,电子媒介时代和全球化的感受在每一首诗歌中呈现。《一架飞机在愤怒的雾和雪中下降》则将飞机的合金的银色与雪的冰冷和纯洁,将现代化交通工具的快捷和冰冷与雪一同并置,并将人的命运和这样的天气与交通工具一起交接,进行比较,在我们内心唤起的,就是那种速度、大气和死亡一样寒冷的气质。

在“我一直崇拜的山”一辑中,我们可以看到,崇拜山是山民的原始信仰,这一点,在阎安的笔下,有着阔大的表达。秦岭,北方,神话,华山,西安,靠近北方中央的地理学意义上的陕西大地和山川,带给了阎安以依托和凭借。我想,这就是一种独特的诗歌气质,也是阎安所追求的现代精神。

在“整理石头”这一辑中，日常生活似乎被一种禅意所提升。看到这个题目，我就想，石头有什么好整理的？而石头的坚硬、凌乱和无序，石头的浑圆、方块和棱角，是那么好整理的吗？假如连石头都能整理，还有什么不可以整理的？为什么要整理石头？其中的诗意和伏笔是什么？阎安给了我们开放的回答。

因此，阎安是少有的、具有西方现代主义诗歌视野和本土最原始文化结合所滋养的诗人，他顽强地从北方中央地理那里站起来。他说：“多年前，当我怀揣着叶芝的一本诗集游历黄河晋陕大峡谷时，峡谷沿途巨大的地质断层与叶芝对于诗歌真理语速缓慢的叙述同样令我震撼、晕眩。叶芝把诗歌定义为随时间而来的智慧，令我五体投地，深深折服。也就是在那一次，一位同行的地质学家告诉我，地质是有心灵的，时间也是，而人也应该不断地纠正他在文明中的应急状态，不断回归时间以确保人文日新，人的事情生生不息。”（见《整理石头》自序）

由此可见，阎安是多么自觉地将自己放在一个空间和时间、地理和文化、人文和自然的时空轴线上的一个焦点上，将自己的视野投射到那片北方中央地理所营造的环境中，去发现大地山川、人物风雨、花草石头、内心投影和生命经验，然后提炼出诗。他的诗歌，也因此绝对是当代中国的一种现代诗歌，一种发现了源头，又称为新的源头的新诗歌。

鱼的记忆，诗的诞生

——读关长安的诗歌

人和人相识，都是需要些缘分的，我与长安的相识，是在2013年的冬天，他在公安部与鲁迅文学院联办的第二届全国公安系统中青年作家高级研修班学习，我被请为“导师”，去现场与学员见面。当场抽签，我抽了六个人，其中有关长安，他就成了我的“学生”，我也就成了他的“导师”——我是很害怕当什么老师、导师的，因为写作者都是同道，无非是熟手和生手的区别而已。

期间还有一段插曲，据说，鲁迅文学院在分班的时候，直接把少数民族的同学分到一组，由《民族文学》的编辑老师进行辅导，另外写诗的同学分成一组，由《诗刊》的老师进行辅导。长安是满族，自然地分到了少数民族那一组，但他在来参加高级研修班之前出版过一本诗集，自己也要求分到诗歌组，却不知是什么原因，这两组都没有长安，他被放到了大组里面，由导师抽签，我就抽到了他的名字。这就是缘分吧。

按照鲁迅文学院的要求，“导师”应该在作家培训期间，面授四次，并且要根据作品具体谈修改意见。我的工作特别忙，到处跑，因为负责杂志的经营、发行，还有外语版，简直忙晕了，所以，我这个“导师”当起来很心虚，因为我没有时间去一一地辅导。六个“学生”，每个人的写作状态都不一样，大都来自公安工作一线，有的就是搞宣传的，和文学有距离，怎么辅导？这让我也很发愁。可我要承担起导师的责任，就抽时间先在我们杂志社见了一面，我给每个同学准备了一套书，是我们杂志的获奖作品集和其他图书。

在这第一次正式座谈之前，长安给我的邮箱发了几首诗和几篇散文，篇幅都不大。座谈时，来自东北的长安言谈很畅快，他热情洋溢，感觉是一个很活跃的、十分善良敏锐的作家。他也流露出了想转而写散文的想法，我说，你的短诗很有特点，明快、省略、具体，语调也好，非常有感觉，正在形成自己的风格，应该坚持下去，而散文是什么时候都可以写的，不冲突，但是可以在诗歌写作上多用心。他自己也表示认同。那次座谈由于是面对六名同学，其他人的作品也要谈，所以认真地说，针对某一个人并不是谈得十分具体，对长安的也一样。

但他却很重视我对他诗歌的评价。于是，我们之间后来就有了微信和电话的交流。长安很热心，逢年过节都打个电话，发个短信，培训班结束了，也成了朋友。

今年6月初，他给我发了一些诗稿，说准备出一本新的诗集，邀请我做个序。这于我倒是很有些意外。因为长安在今年2月末培训结束之后，就回到了自己的工作岗位，在之前和他的交流中，我知道他的工作任务很重，这一点从微信的朋友圈就能够看得出来，他在朋友圈里发声的数量远远少于在鲁院北京培训期间，而且在从前的交流中，他虽然有再出诗集的想法，却又流露出对诗歌读者群稀少的担心，以为写诗大多是作者的自我娱乐了，很难和读者形成良好的互动，不然也不会动了转向写散文的念头。现在，一部诗稿摆在了我的面前，就是他把出诗集的决心摆在了我的面前，我很兴奋。我趁着出差晚上没事，就在电脑上读这些诗歌。这些作品大都是从他 2011 年的第一部诗集出版之后，所创作的新的诗歌中遴选出来的，数量也并不算多，基本都是短诗，却呈现出灼人的才华。

他把诗集命名为《一条鱼的生命记事》，我很喜欢。我听说，鱼睡觉，一般是一两秒就醒，然后又睡，一两秒后又醒过来。那么，鱼的生命记事，会是怎样的？我觉得长安发现了十分重要的诗意。长安也和我说了几个比较巧的事，他说，这可能就是天定的题目。一是他是 5 月 7 日晚上确定的这个题目，结果，第二天早晨就发现他养的招财猫鱼死了；二是他想把书做成一个大圈套上几个小圈，就是开头和结尾的诗都是同一个题目，《一条鱼的生命记事》，正文的四个部分里，开头和结尾都是同题诗，但不是同时写的，有很大差别。巧的是，5 月 15 日他准备重写《一条鱼的生命记事》的时候，QQ 空间里提示他在 2011 年 5 月 15 日发表了日志《一条鱼的生命记事》，于是，三年的时间就像一个轮回，从一个题目出发，走了三年，又回到了原来的题目！这样的同题诗，在这部诗集里一共有五组。他说这个集子自己就不在后面写后记了，让书里面体现出来的文字，除了我这个文章，其他的都是诗歌，这很好！但他又担心读者会对同题目的两首诗有疑惑，也觉得以上的两个巧合很有些冥冥中注定的意味，特意嘱我在序里替他说出来。

在我的印象中，长安是个安静之人。但是你可以看到他眼睛里闪烁的激情。大多数时间他都喜欢沉默，看着周围的人，看着周围的事，看着周围的风物。我猜想，那时候他一定是思索着的，虽然不见得内心勾画着诗句，但我以为那些思索中也一定会有诗歌的碎片与丝缕。即便是交流，长安的话语也并不多，很少有铺陈，就某一话题往往是直接奔向主题，阐释了自己的观点之后就戛然而止，没有半点的拖沓，我想，这或许是和他的军人身份相符的。有时候，我就在想，部队的生活应该是锻造出铿锵式的豪迈诗人，军营里火热的生活也一定能点燃诗人的创作热情，让文字激情四射、神采飞扬，但是，我在长安的诗歌里感受到的，却是一颗温润的内心，沉静，安然，内敛，不浮躁，不做作，一切的思绪随着文字在心底潺潺流出，对世相、心情、亲人、情绪的捕捉十分到位。

收在这个集子里的诗歌都不长，这是我所欣赏的，也是长安所追求的。因为有时候，短就是长，少就是多。精短的诗歌也可以蕴含很大的信息量，留给读者自由发挥和想象的空间更大，慢慢咂摸的滋味也更浓。我想，对内部的语言和想象、意象跳跃性极大的诗来讲，应该让读者自己去感受、去品察、去想象、去发挥，书中的四个部分我不细说了。

还是说一说长安用作题目的两首《一条鱼的生命记事》吧，如果说这本书是在画一个圆的话，那么，这两首诗一个是起笔，一个是收笔，也应该是相互叠合的，这个圆，长安画了三年的时间。从字面上理解，两首诗都应该是由鱼缸里的鱼的命运引发的灵感，第一首中的主人公那条鱼显然已经脱离了水，被结束了生命，这首诗里作者似乎有意地将自己置身事外，把所有的矛盾都交给那条行将死去的鱼；而后一首，作者又刻意地把鱼和自己混同在了一起，而且，在这一首诗里，鱼仍在水中活着。这样一对比，同样的题目，前一条确实是用生命在书写内容：离开水的刹那/被掏空的心在阳光下面/收紧/窒息的味道充满鼻腔/让记忆瞬间呆死。这是生命结束前的一种感受，而后续的文字中，这颗“被掏空的收紧了的心”变成了“鳞侧滑落的水滴”，沉入了水底，和那些水混合在了一起，再也无法分清彼此，堕入了宿命的轮回。而后一条鱼，显然仍安静地待在鱼缸里面，看着外面的世界，思考着自己的生命，维持着表面上一致的生活。为什么一样的触发物所激发出来的创作灵感，经过三年的发酵与沉淀，会让其走向不同的结果，诞生了不同的诗篇？

我们都知道，在这两首诗中，作者一直都在，不管诗歌的表述中是否出现了第一人称，在第一首诗中，作者用的两个“我”字是在一句话里，“非我者何知我乐”，大约是在说这茫茫尘世，每个人的感受都是“如鱼在水，冷暖自知”的意思，我想，这个时候作者还是对个人的主观感受关照得更多一些，虽然是死去的结局，是忧伤的，但是在结尾两句又留下了一点希望，“翕张的唇畔/余温犹在”——长安的诗歌有一个显著的风格就是，往往在结尾的时候，用一两句话营造出一种特别的氛围以及情境，通过这种大转折式的表述造成一种心理上的落差，这两句仍不例外。这应该是一条濒死的鱼对世界留下的希望，翕张是在吞吐生命赖以存在的空气，而那些余温，则是向世界所作的最后的告白。而在第二首中，“我”字则用得酣畅淋漓、毫无顾忌，这个时候，鱼却不见了，至少，鱼的身体不见了，只剩下了眼睛和大脑，在观察，在思考，在想象：安静/我的生命游历/就像那个孤独的行僧/从东土大唐/一直走到眼前的日子/拍拍衣角的尘土/慢慢捻着佛珠/看着水流之外的花红柳绿/以及莺歌燕舞。我们不妨把这些看成作者思想变化的过程，那个孤独的行僧在自己的世界行走修行，那条鱼在自己的水里悠游，过程是大家看到的，结果也是大家看到的，行僧拍去的尘土是什么？捻着的佛珠又是什么？显然是与僧的世界、鱼的水流之外的那些花红柳绿、莺歌燕舞不同甚至对立的另外的状态，这不是一种内心的执着和安静吗？

三年的时间，作者的思想也同样在经历时间河流的冲刷荡涤，期间的阵痛是不言而喻的，那个东土大唐的行僧取得真经还要九九八十一难，才会拍掉衣角的尘土，何况一个普通的人呢。在这首诗的结尾写道：水在默默流淌/在我的身边。看起来似乎与前面的诗句风格不太协调，我倒觉得这正是前面所说过的长安诗歌风格的体现，就是一种跳跃的意象所带来的那种智慧露珠的闪现：只要水仍然流淌，肉体不会死，精神不会老。

说到最后，我觉得，长安的诗歌，还是要靠读者自己去耐心地读。因为，阅读是一种凝视，阅读是边读边和作者进行的心灵的对话。长安通过这部诗集，让我们看到了他从寻常的生活中捕捉诗意的巨大能力，同时，他还找到了他自己的诗歌的内在语调和形式感，这都是一个优秀诗人的品质。正是因为与生活保持了同样的心跳、呼吸和体温，长安的诗，才成为生活所酿造的蜜和所开的花朵。在厚厚的日常生活的尘土之下，长安坚持用诗歌构建自己的精神后花园，写诗，成了他生活姿态的一种品位与审美坚持。这是多么幸福的事情，这也是文学带给长安的，他在过着两种生活，一种是现实的纷纭，一种是精神的舞蹈，也就有了两个关长安：一个在承担着社会的和男人的责任，另外一个，则成为一个诗歌的放蜂人和采蜜者。

好小说就是好建筑

——评徐澜长篇小说《夜清凉》

我和《夜清凉》的作者徐澜并不认识，有一天，我收到了这部长篇小说，一读，就觉得很不错。不错的地方，首先就在于，这本书是有结构的，是在写法上有讲究的。我平时看惯了那种一上来就平铺直叙的讲述式的小说，或者像镜子一样去映射现实的小说，大都很无趣。我就经常纳闷，怎么这些作者这么笨，有那么多好的方法，不去学习，还写那么笨，题材也很无趣，有什么意思？

而徐澜，显然是以十年磨一剑或者以十分执拗的方式来精雕细刻地写作的作家。这本书的题材，是对当下纷扰的世相的、人性的表达和批判，但是在结构上，徐澜宛如一个精巧的建筑师，将小说的房子搭建得很别致。对于作者徐澜，我看到了这样一段文字："在我 12 岁的一天，意识到自己今生今世一定会是一个作家，这个 12 岁埋下的种子，直到 36 岁这一年才破土发芽、生根长大。"这就是她的自述。也就是说，她 36 岁才开始写作，44 岁出版了这第一部书，这也是她唯一的一部书。可以想见，这部书对于她的重要，她和文坛的人也不熟悉，在国内外的任何一个文学刊物，我们也找不到她的一篇作品。于是她不知道从哪里看到了我的信息，就把书寄给我了。无非是希望我这个专业的读者和作家，来给她把脉，给她鼓励。

这些年，我不大愿意给人写评论，出席研讨会，这等于是拿自己的时间给别人过生日。但是，读徐澜的这部书，这部《夜清凉》，我忍不住要说几句了。她可以说是出手就很成熟与专业，大气和缜密，丝毫看不出她是一个真正的文学新人。这位文学新人太新了，也不小了，假如按照张爱玲说的，出名要趁早的话，那么对她来说，就是付出攀岩的劲儿去追，也赶不上趟儿了。但是，这并不重要，大器晚成的作家也很多。我知道，就像海明威、加西亚·马尔克斯一样，徐澜也当过多年的记者，她也像齐白石、沈从文那样，有过数次北漂的经历，但是，她没有留在北京，而是赶回湖南写了这一部书，最后定名为《夜清凉》。

她说，写这部《夜清凉》，前后历时五年半。可以说，徐澜像一株空谷幽兰，在峭壁上生根，在暗夜里吐蕊，坚韧不拔。又如一只凤凰涅槃，裹挟燃烧自己而浴火重生。

于是，我翻开这本还带有油墨清香的新书，领略了她这么多年来独自一人在精神世界里的冒险。

所有具有文学野心的作家，都不会安心地讲一个很常规的故事，因为他们骨子里有一个愿望：我一定要讲一个与众不同的故事，简而言之，有创造力的作家是不甘心以一个平常的姿态出现在众人面前的。令人惊艳，引人关注，过目难忘，在文学史上留下浓重的一笔，都是他们孜孜以求的梦想，至少，他们的心中有一个朴素的愿望：绝不愿意重复他人，因为创作就是创造，就是无中生有，就是绝处逢生，要体现出一种创造力的极限。

《夜清凉》是徐澜在文坛的第一次亮相，为此，她已经蓄积了40年的人生经验，可能还有一连串令人唏嘘、惋惜却无法挽回的失败。但她一直在不断地思考着，怎么样把生活对她的“馈赠”，以文学的形式表现出来，于是，她采用了一个可以为大众所理解的故事情节，来吸引人们的关注，却没有用那种很笨很傻的形式，顺从一般读者的思维习惯，让他们顺畅地阅读，在结构上，采取了新手法。就像作家王跃文在小说的《序言》里说的，作者有意给我们制造了“阅读障碍”。可以看得出来，作者是有文学野心的，《夜清凉》是她的一次叙事实验，她希望能够变化小说的形式，抓住生活的本质，就像那些怀有信仰的朝圣者，不断地向那个终极目标靠近。

长篇小说，其实就是时间的艺术，也是内部空间的艺术，因此，小说家也是建筑师。徐澜就是一个很好的小说建筑师。在《夜清凉》里，可以看到徐澜对众多人物的驾驭，她的多角度的叙述能力，她把时间翻来覆去地折叠和穿插，不顾我们对时间的记忆习惯，她还采用以五分钟为单位的节节倒叙形式，让我们在阅读里感觉新奇和有趣，她在思考如何在写作里重现人类习惯的思考与记忆的方式。当一个人试图去了解、知晓一件已经发生的事情，他们在谜云里，获得了只言片语的印象，然后一片一片地拼接，组合，重构，这就像我们在现实世界里获得信息的方式，这就是我们在现实生活里对事件的认知。于是，我们的阅读，变成了一次次思维的体操。读这本小说，如果你试图连接情节，就必须让你的记忆力与想象力经受住作家的考验。

《夜清凉》绝对不是为了探索叙事模式而生，是它本身复杂的内容决定了多变的形式。《夜清凉》讲了一个关于当代中国现实的故事：小说的男主人公是一个杀人劫财的恶匪，叫周密。他在穷困落魄的时候跟妓女百羚同居，用百羚的钱买到了他的第一杆枪。从此，他的生活就是三件事：抢劫、逃亡和做爱。亡命途中，周密偶识离婚女人安冬，两人结为患难夫妻。周密的人生就像风暴，一路席卷财钱又害人性命，又一路把各类女人裹胁到手下。那个叫百羚的女人一直在寻他，一个叫佟雪娇的彪悍女人成了他的得力助手，一个叫陈蕾的上流社会女孩爱他爱得疯狂。周密同身边的女人，身边的女人同女人，周密同江湖众人，就像风暴眼里的物质。风暴眼里的物质，既会结成所向披靡的合力，又会相互摧毁，将命运引向不可预测……

看起来故事很有吸引力，充满了几乎可以畅销的元素，但是，徐澜用了属于她自己的方式来讲这个故事。记得金圣叹说过一段话，写文章如去一个地方，随便从一个远的地方往那里走，走着走着不要走到尽头，从另一个方向很远的地方，再往那里走，不断地接近目的地，这样写文章，丰富而遥远。那个遥远的地方在哪里呢？说它存在却无形，说它无形却又真实得不断从现实世界返照到我们的内心。于是她采用了魔方式讲故事的手法，把三个部分写成开放式结构，情节的相互照应与穿插，意在说明“关系”、“命运”、“时间”、人性的“紧张与松懈”、“依赖与对抗”等元素。

小说的第一部分（A）讲故事，写周密招兵买马、创建娱乐公司、为黑社会洗钱，以及周密同各色人等的复杂关系；第二部分（B）人物自述，交代每个人物的生活背景及成长经历；第三部分（C）是女主人公陈蕾的追忆和忏悔。以倒叙的形式，穿插交织陈蕾的三个阶段。第一阶段，在她35岁时，她人生挫败与混乱，对环境妥协；第二阶段，25岁时，在周密团伙覆灭以后，陈蕾开始牢狱生涯，经历人生失败以后的洗礼；第三阶段，20岁时，写陈蕾与周密那难以自已的爱的激情、爱的痛苦与爱的迷惑。这是爱的起源，也是毁灭的开始，彻底改写了她的人生，这是毁掉她的未来的一段刻骨铭心的难以复制的经历。她只有拿起笔，在回忆里，在忏悔里，写下了这一段关于她的故事……

王跃文说，《夜清凉》运用了复调式的叙述结构，一个故事分三次叙说；也有出版社的编辑说，其结构像《罗生门》，比如 B 部分的人物自述，有的人在表现自己，有的人在粉饰自己，也有的人在掩藏自己，这就是我们生活里的“罗生门”。而我个人认为，这部小说的结构更像《喧嚣与骚动》，因为我们可以看得出来，这本书翻开至哪一页，都是一种全新的体验，文本并没有重复其中的任何一个情节，但是作者总想把内心对于生活的全部感受、全部希望、全部想象说出来，总想说出命运变化给她的层层感觉，她必须把她大脑里的思维一步一步不断地挖掘下去，于是她写 A 部分，又写了 B 部分，再写了 C 部分，A、B、C 并不是同一个故事，而是一组人物群像的多个面，呈现了人物的成长经历、命运变化，以及人物之间的关系变化等，她好像希望自己能够不断地写下去，福克纳就把他那个故事讲了五遍。这就像是生活给我们的感觉，虽然生活如此缓慢，看上去极其平常，一旦你的某一点发生了变化，你的平衡就被打破了，你被正常的生活甩离了轨道，你生命里的一切都在重组，你的人生也许被彻底改变，但是你极力地想要回到正常的生活里来。于是，人物的人生不断地发生改变，以及对改变的种种观照。

历史学家黄仁宇也写过一部长篇小说，他说：“伟大的小说家，不外乎写三种关系，男女关系，知遇关系，死神关系。”《夜清凉》是写男女关系的小说，这个结构体现了作者想要表现的男女关系。

以贯穿小说始终的女主人公陈蕾的经历为轴心，这部小说分三个时间段。A 先写中间时间段，写出一个事件的结果，再悠悠地将过程、原因及人物的周边关系一一道来。B 才是这部小说的第一时间段，C呢，是不是第三时间段？不，它是三个时间段，即第一、第二、第三时间段的混合。这部小说不遵循时间线索，不按照空间位置排序，一看就有现代意味，而且能够吸引人读下去。人被杀了，为什么？读者自然生出探寻之心；男女之间已难解难分，又处于彼此对立的状态，为什么？不读完，心中痒痒的。不对全局有了然于心的掌握，不敢用这种看似有些乱的结构，既然敢用这种“散乱”的结构统领全书，说明作者对长篇小说的掌控有驾轻就熟的感觉和能力。细致入微和深入骨髓的心理描写，既为小说结构的一部分，也颇见功力，同时凸显了这是出于作者写作本能的自然方式。

对于人物内心的深入剖析，是作者的写作强项，一直往内心走，一直走一直走，这是与很多人不同的写作方式，在心理描写方面，尤其人性关系的描写，作者没有太多的顾忌，也把她的才能挥洒了出来。正如作家韩少功说的：“作者的感觉很好，语言很不错，她大胆地把真实的想法喷涌而出，写出了好作品。”整部小说对刻画人物形象、展开情节、完成故事等运用了大量的心理描写，套用一句“心理结构小说”的说法，是合适的。所以，我认为，《夜清凉》是一部具有现代意识、运用了现代手法的心理结构小说，小说的特点是发散式的整体结构及细致入微的心理描写。

徐澜是女性，因此，她很擅长写女性人物，这部小说中的女性心理描写是小说写得最为精彩的环节，我们以女主人公陈蕾为例谈一谈。陈蕾，出身上流社会的女子，与富二代订婚、同居。在此期间，遭遇犯有案底尚未暴露的男主人公周密，两个人因为激情相爱而溅起的火花，燃烧了自己，也毁灭了自己，陈蕾的人生从此急转直下，从坐牢到出狱，出狱以后被社会孤立，以致堕落。这样一个女子,怎么表现她的人生的起伏、命运的无常呢? C 部分就是作者精心布局,交出的答案。作者在写第三部分(C)的时候,有三个时间点,为了突出其中含混、迷离、恍惚的气息,作者没有在该部分各章节标注时间,其中,女主人公在当下的时刻,为第三人称;女主人公在监牢的时期,为第一人称;女主人公在恋爱的时期,为第一与第二人称,作者借人称变化以示时间区别。第三部分的主题就是“时间与命运”。它引领我们对女性内心丰富而神秘的情感世界作一次次精彩的旅行,进行了一次深入的探幽。

好了,说到这里,我想说的就是,好小说就是好建筑,而建筑师就是小说家本人。徐澜,为我们搭建了这么一座独特的、丰富的、迷宫般的、可以进去又可以出来的文学建筑,阅读这本书,需要智慧,需要知识和耐心的准备,需要对话,需要和作者一起去领略生活的险路和人性的幽微,这些,徐澜都做到了,让我们感谢她这个好的小说家。

虎穴中寻玫瑰

——侯马诗歌研讨会上的发言

参加这次侯马的诗歌研讨会，我很高兴。因为我和他是老朋友了，他只比我大一岁。从他大学毕业，在前门当民警的时候，我们就认识了。那个时候，我和诗人中岛经常去找他玩，一起吃饭，当然都是在小饭馆里，因为我们都很穷。所以，我很喜欢侯马的组诗《九三年》，那组诗不仅是他的个人体验和记忆，也是我们很多进京或者留京大学生的记忆。那种初涉社会的新奇、懵懂、激情和不适应，是共通的。

在武大读书的时候，我也是一个校园诗人，我就知道北师大和北大、复旦一样，有一个诗歌群体，伊沙、徐江、侯马等是这个群体重要的成员。这几所学校的校园诗人，是最出名的。那时候，我的师兄洪烛等武汉校园诗人来到北京，一般都会拜访北师大的诗人，甚至就住在北师大，回到学校，会带来北师大校园诗人的消息，就像是当年的地下党那样，这些来自北京的消息是那么令人振奋。

我记得 20 世纪 90 年代初期，我来到了北京，当时在北京的诗人很多，有一拨是校园诗人，以各个综合大学毕业的诗人为主，如中岛、西渡等，还有一拨是聚集在诗人何首乌麾下的各类浪游诗人，如祁人、徐亢等。大家都互相走动，饭局也很多，诗人之间像是有那么一个江湖,来来往往,十分热闹。我就是那个时候,认识了包括侯马在内的北京诗人。我还去过他在中关村大街边的那个家,我认识他的弟弟,他弟弟当时的女朋友是我在《中华工商时报》工作时一个女同事的女儿,在电台工作,经常报道领导人出访的消息的。不知道后来他们怎么样了。侯马当时是一个基层民警,他24小时开机,其中一个原因是常常有诗人挨打或者惹了是非,会给他打电话寻求帮助和营救。因为,那个时期,诗人是最穷的,也最容易酒后惹事,被一些人欺负。而侯马则常常出面去解救诗人。我记得起码他帮助过俞心焦(后来改名俞心樵),俞心焦的一只眼睛被打瞎,侯马是出面解救过的。俞心焦写过一首诗,好像叫做《回忆眼睛被害》,其中有这样的句子:"仿佛全城的墨水瓶都被打翻/仿佛所有的乌贼都在吐出墨汁。"让我到现在都忘不了。

进入到21世纪之后,侯马告诉我,因为经济的快速发展,很多诗人的地位都提高了,不是成了成功的商人、大学教授,就是机关干部、文化出版事业单位的人,基本不挨打了,他的24小时开着的手机,也就很少接到诗人求援的电话了。这说明了侯马是一个多么仁厚、仗义的诗人啊,这是有古风的人啊！那么,侯马是不是一个诗人都不重要了,他首先是一个值得信赖的朋友、可靠的兄弟、至诚至性的男人。

现在说起这些杂事,20多年过去了。可以说,我们都是属于那种留京或者进京的文学青年,从大学里毕业后,完全是白手起家的状态,但是面对北京这样一个政治和文化的中心、首都,我想,我们都觉得自己能够和她较劲,并写出好的作品。所以,可以说在精神履历上,我们都是一代人,是有着相似和接近的成长状态的。这些也可以是理解侯马诗歌创作的一个背景、一个门径。因为侯马的诗,大都涉及了20世纪80年代末期到如今20多年的中国社会的各个方面,并且混杂了自我的多重的记忆、假设和描摹。

这次为了准备这个发言,我专门从书柜里找到了侯马过去出版的五部诗集,《哀歌·金别针》(与徐江合著)、《顺便吻一下》、《精神病院的花园》、《他手记》和《他手记》(增编版),以及刚刚收到的他的诗选集《大地的脚踝》,细细地翻阅了一遍。可以说,我看到的侯马的诗歌历程,也看到了我自己的精神成长,或者说,侯马所书写的、捕捉的词句,也是我们一代人的生命的成长过程。当时,为了与从西方文学经验里找出路的“知识分子诗人”相对抗,包括伊沙、侯马在内的北师大诗歌群的诗风,以口语化作为路径,来进行文化姿态、诗歌技巧、现实态度和写作资源的多重反击,是非常有价值的,最终以“盘峰诗会”上的争吵和分道扬镳成为标志。

就我个人的口味,我一直喜欢比较高蹈的、书面的、现代派的诗歌风格,这与武汉大学诗人群的风格有关系,武大出的诗人如高伐林、王家新、洪烛、李少君,我想与伊沙、徐江、侯马、沈浩波的诗风差别很大。因此,对口语化的诗歌,我一直喜欢不起来。可能是我觉得口语的表达过于简单,不够精微、复杂、晦涩和高蹈吧。但侯马早期的诗歌,在口语风格诗群的阵营里,有一种独特的、清醒的反讽意识,他善于从生活的细节入手,发现日常生活的禅意和荒诞性。这是他与很多自信满满的口语派的诗人大不一样的地方。这些诗歌大都收集在《金别针》、《顺便吻一下》、《精神病院的花园》三本诗集里了。

这一时期,侯马的诗歌清澈,透亮,可以看到一个纯真的、带有诙谐和反讽口吻的温和的、睿智的诗人的眼光,在打量着世界。他对当下生活场景的捕捉,今天看来是那么生动、亲切、具体,是侯马早期诗歌美学风格的呈现。

侯马的诗集《他手记》(含增编版)和《大地的脚踝》,标志着他的诗歌风格发生了很大的变化。可以说,《他手记》、《大地的脚踝》的出版,使我们看到了侯马的深沉、辉煌的"中期风格"。我想,假如一个诗人的写作可以分为早期风格、中期风格和晚期风格的话,那么,侯马的《他手记》、《大地的脚踝》明显发生了诗歌风格、指向的很大变化。这个变化的最大的特点,是从侯马早期的清新顽皮的口语风格和日常生活的反讽表达,逐渐地走向了宽阔的智性表达。这是侯马的一次重要的诗歌转向,而且,凭借《他手记》和《大地的脚踝》,我看到了一个成熟诗人的身影顽强地站立起来,成为一个特立独行的、卓尔不群的汉语大诗人了。侯马的"中期风格"由此确立。

说起来,我现在还清晰地记得《他手记》诞生的情况,起码是八年之前的某一天晚上,我们在一个诗人家吃饭,当时的场面似乎是庆祝某人的生日。我们喝了很多酒,其他人基本都醉了,我知道那几年侯马很少发表诗歌,我问他在写什么,这个时候,侯马拿出一个小本子,给我念他写下的东西。果然,这些东西发生了很大的变化。我记得,这些断片式的,带有着维特根斯坦风格的诗歌、箴言、格言和反格言,让我目瞪口呆,酒醒了一半,我受到了很大的震动,感受到了一个诗人的创作发生裂变的惊喜。可以说,侯马自《他手记》之后,超越了一般口语派的浅显和明澈、反讽与黑色幽默,走向了一种智慧的、哲学的表达。

又过了几年,《他手记》出版了,稍后,增编版则扩大了内容,包含了侯马这些年在繁忙的工作之余的组诗、长诗的创作:《他手记》(四辑)、《进藏手记》、《梦手记》、《镜片手记》、《七月手记》、

《抗震手记》、《访欧手记》等，这些作品打通了诗歌文体和哲学随笔的界限，这是侯马在文体上的重要突破。

我在阅读这些作品的时候，常常疑惑，这是诗歌还是哲学随笔？是泰戈尔写的还是维特根斯坦写的？他是让·鲍德里亚的弟子，还是帕拉的反诗歌的拥趸？侯马的这些“手记”带给了我多种的审美感受，突破了我以往的诗歌阅读经验。我想，只有创造力非凡的诗人，才能给人带来审美陌生化的效果。

侯马由此进入到一种自由之境，以“手记”的方式，扩大了当代汉诗能够表现的领域，而尤其让我惊异的，是他对复杂社会现实的诗歌消化能力。他所关心的，所跨越的，所体验的，都是这个时代最为激烈的现实带给他的感受。我们知道，最近十多年，中国社会的现实是快速发展的，由此导致了人性的很多表现是匪夷所思的，每天都在上演着各类令人瞠目结舌的活剧。只要打开报纸，我们就会看到那些惊悚的新闻。而作为警察的衡晓帆和作为诗人的侯马，则是在这样的虎穴般的现实里生存的两个分身。一个分身，需要去处理这个社会最为真切、具体、激烈的社会矛盾，他所看到的，都是最为极端的事件和人。另一个分身，则不断地脱离肉身，飘浮在现实虎穴的上空，成为一个冷静的观察者、凝思者，并且将现实虎穴的镜像，凝结为颗颗诗歌的露珠。

在这样的虎穴般的现实中，诗人侯马反而种植出了诗歌的玫瑰。这不仅是他个人的奇迹，也是时代的一个象征。

再次祝贺这次侯马诗歌创作研讨会的成功。

天国在荒原中

——徐兆寿《荒原问道》评论

徐兆寿的长篇小说《荒原问道》历时数年的修改，现今出版了，可喜可贺。因为这是当下少见的一部长篇小说，涉及了中国知识分子的自我追寻、放逐、发现、成长、磨砺和内省，是不多见的“精神性长篇小说”。小说内有金戈铁马，有历史批判和情景再现，有人的精神的远游和成长，品质高远辽阔，是某种只有西北的天高地阔的环境里才可以产生的作品。而徐兆寿恰巧就是能够写出这样的精神性长篇小说的作家，他多年来身居大学中，但却常常眺望远山、大漠、黄河滚滚，心性、心境和胸怀，是内陆和江南的文人无法相比的，这就决定了这部小说的气质和气度。我尤其对小说的开头记忆犹新：

> 远赴希腊之前，我又一次漫游于无穷无尽的荒原之上。
>
> 我先是去了一趟曾经支教的甘南州迭部县的藏区。那是尚未被开发的地方。一路上，又一次看见亘古的河流，又一次目睹迭山万壑，而巨大的鹰在头顶盘旋。
>
> 那一天正午，阳光灿烂，我踏进贡保活佛住持的寺院大门，看见一片怒放的矢车菊在微风中轻摇，迎接我。贡保活佛

不在。喇嘛们大概也熟睡着。我能听见自己的脚步擦破了寺院宁静的空气。我踏进幽暗的大殿，在下跪的刹那，看见一位藏族老阿妈斜跪在佛像的左侧，紧闭着双眼，不停地转动着手里的佛珠。像团黑色的信念。我跪在她旁边，突然间感到短暂而世俗。我郑重地行了礼，然后转过身。就在我一只脚轻轻踩过高高的门槛的刹那，我突然间感到了自己的污浊。

多么好的小说开头！从这部小说的开头，我就感觉到了一种气势，一种地理空间、叙事的密度和双线结构的时空交织感。主人公的那种激情满怀的求索，那种在大道不存的年代里的艰苦的追问，都显示了小说的主人公和作者本人的卓尔不群。

这部小说有着双线的复调结构，塑造了两代西北知识分子的形象，并将之进行了跨越时代和地域的描绘，让我们看到了最近几十年，中国知识分子的精神肖像。这就是这部小说最迷人的地方，也是其独特的价值所在。阅读这部小说，我常常想起来在西北地区艰苦跋涉，曾经遭遇历史风云的灭顶之灾仍旧艰难求索的知识分子们，如常书鸿、高尔泰等，也从小说中的当代青年教授的形象上，看到了新型学人的精神历程。

小说的第一条线索，讲述了夏好问先生的故事。他本名夏木，家学渊源，还精通中医和易卦，因为像苏格拉底一样爱与人探讨各种问题，且总将别人问得哑口无言，学生们送其外号“好问先生”。多年之前，他大学毕业后就远离家人，远赴西北，来到西远大学教书，却因为一首小诗，与彭清扬教授一道被打为右派，被遣送到双子沟劳教。在双子沟劳教期间，因为饥饿，他们吃过死人的肉，后又逃跑。中途，彭清扬死去，但他误听到是他杀了彭教授，所以，隐姓埋名生活在柳营农场，并且娶了钟书记的女儿钟秋香为妻，做了一个农民，生下三个儿子。他先是放了多年的羊，并且慢慢热爱上了荒原。在荒原上，他对人生及整个世界都进行了深思。在他看来，古老的中医、《易经》等哲学就是有关大地荒原的哲学。后来，他去教书，却因为解释“人是什么”时被批斗。于是，他又去学医。可是，病人王秀秀爱上了他，并诱惑致其陷入困境，又一次遭到批斗。幸亏高考恢复了，于是，他参加了高考，想走出荒原，进入城市，但他的作文写得太好，结果被西远大学“特别申请”要到了西远大学中文系。平反的夏木又成了西远大学的教师。20 年的荒唐生活使他不愿意再屈就自己，他开始张扬个性，大谈文学、哲学、医学、人类学乃至性学，成为整个 20 世纪 80 年代一代大学生的精神领袖。然而，正如他祖父所说，他每写一篇文章和做什么，都会给他带来痛苦的命运。在几次小的政治运动中，他又成了运动员，几次被停课反省。但在后来，他开始变得保守，开始提倡复兴传统，这使他又与学生们站在了对立面。他彻底地被冷落了。他开始又一次转向民间。

夏好问这个人物形象，就是一个现如今比较少见的、跨越了 20 世纪 50 年代到 90 年代的知识分子形象，这是这部小说非常重要的一个着眼点。

与夏好问相对应的，是另外一个人物：主人公“我”——诗人、学者陈子兴。他年轻有为，他来到了西远大学，与夏好问相识。他们共同探讨文学与哲学，共同探讨中国文化复兴的问题。小说的这一条线索，就是复述“我”的经历。“我”恰恰是一个来自乡村的农民的儿子，出于对农村的逃离，努力学习，考上了大学。在“我”的经历中，有两个重要人物，一个是从城市里来的文清远，另一个也是从城市里来的漂亮的英语女教师黄美伦。他们使“我”开始认识城市和文明,并且向城市学习。但文清远在13岁时突然失踪,不知去向,而“我”与黄老师相恋。恋情告终后,“我”自杀未遂,黄美伦也突然消失。此后,“我”来到城市,来到北京读大学和研究生,与几个女孩子相恋,并且写诗做学问。在这期间,“我”备尝城市文明对土地文明的歧视。导师洪江是做先秦文学研究的,把他当儿子一样看待。洪老师也致力于儒学的复兴,后期带他去参加过好多次国际学术会议,使他大开眼界。在读博士期间,他又跟随其博士生导师王思危参加了很多国际哲学会议。在这些经历中,他反思了城市和西方文明带给人类的种种问题。

就在此前,好问先生突然莫名地失踪,消失于大地深处。秋香和他都在追查好问先生失踪的原因。就在追查中,他发现了黄美伦,于是,他们旧情复燃。但此时的黄美伦已经50多岁了,而“我”才三十四五,所以她不愿意再与“我”交好。然而,在“我”的执意之下,他们在上海相见。就在他们准备一起生活时,黄美伦到藏区去做基金会的一项工作,正好当地发生了大地震。她死于地震中。而在此前后,“我”的两位导师都先后亡故,给“我”带来了精神上的巨大创伤。就在“我”精神萎顿之时,清远出现了。他原来跟随了一位佛教大师远赴海外。成了一位致力于世界和平的使者,他还力图使众教合一,使人类和谐地生活下去。他对“我”进行了精神上的鼓励,“我”终于振作起来。

最后,陈子兴去了希腊孔子学院。一方面是把他的爱人的骨灰撒遍世界,另一方面则是为了复兴中国文化的传统,将中国文化传扬给世界。

小说就是如此将夏好问和陈子兴两代知识分子的精神求索和

现实遭遇，细密地交织在一起，其命运的跌宕起伏，精神的洗礼和挣扎，映衬了我们所经历的这个时代的喧嚣和波澜起伏。小说的叙述语调和空间结构明澈大气，透彻心扉，感情浓烈质朴，非常吸引人。小说中的其他众多人物形象差异性很大，层次丰富，使我们看到了我们自己。《荒原问道》因此而成就了一种精神性的长篇小说。这类小说过去在欧洲较多见，比如罗伯特·穆齐尔的《没有个性的人》。《荒原问道》将这一文学品种带到了我们的面前，让我们看到了精神的脉络是如何在知识分子的命运中铸造的，因此显得卓尔不群。

通过这部小说，我看到了现实的荒原以及人内心的荒原，是如何互相映照，并显示出走出荒原的可能，以及期盼大地葱茏的愿望。而在现实的荒原中生存、在精神的荒原中行走并问道，是这部小说要表达的目标。这也是我特别喜欢这部小说的理由，假如有天国，那么，天国就在荒原中，道也在荒原中。如同假如有天堂，那么，天堂就在虎穴中。因为，在绝境中，我们才可以看见精神价值的微光，从暗黑峭壁的夹缝中透出来，带给我们光亮的消息。

幽默、温暖与人性交融的世界

——宁可的小说集《三角关系及变化趋势》序言

我认识宁可，已经有些年头了。认识他，就是缘于他的文字。有一天，我2004年在鲁迅文学院中青年研讨班读书时候的小说家同学寇挥给我打电话，说要给我推荐一个陕西作者朋友的稿子，让我看看。于是，我就收到了宁可的小说。初读之下，就很吃惊。当时，我记得宁可还在一家汽车配件生产厂担任管理者，这么一个工作十分忙碌的人，还能有时间写作，本身就让我感到吃惊了。而且，他写的水准之高，就更让我感到激动了。在他的小说中，有一种特殊的调子，和贾平凹、陈忠实、杨争光这些陕西文学大家不一样的地方，就是他抹去了小说的地域性，增强了小说的现代性，还有日常生活的丰富性，笔下的人物和故事是那么亲切，就像是身边的人，在演绎着一幕幕人生的戏剧。

可见，宁可是一个很有想法的创作者。就这样，七八年下来，眼看着他的作品到处开花，他求变的文字里饱含着执着的开创意识，都是我所欣赏的，于是消解了空间上的距离感。某一年，刚好去陕西出差，我们结伴，还一起到汉武帝、秦始皇的陵墓和法华寺去看了看，那是让人激动的一次朝拜，落日的辉煌和我们在陕西大地上的狂奔，现实和历史的交织的感觉，让我很难忘记，我们就结下了很好的友谊。宁可对待朋友非常真诚,有一次来北京出差,也到我家里看过。他看到我写作的桌子极其简单,是宜家家居的那种桌子,非要给我买一张书桌。经过我的劝说才作罢,因为,在什么样的桌子上写东西不重要,重要的,是什么人在写什么东西。而且,我还劝他别在那种很大的老板桌上写,肯定写不好。宁可明白了这个道理,我估计他回去不再在他那很大的办公桌上写作了,要不然,他怎么越写越好了呢。

就这样,短短几年,宁可就发表了40多个中短篇小说。收录在《三角关系及变化趋势》这个集子里的作品,就是他精挑细选出来的。这些小说,我想对于宁可来说,是字字不寻常啊。因为,这些小说,都是陪伴了宁可度过了不眠之夜的时光的,都是他从商战的处处惊心、陷阱重重得到的教训,从当下的人们经济利益关系关联的复杂错综中得到的体会,然后升华成文学作品了。从浮躁失序的企业到不同层次的人心动态,宁可都把握得很准确,从社会环境与人的灵魂的辩证关系出发,宁可书写了人的欲望的充盈与人性的回归。而且,他下笔十分开阔,从城市生活的隐秘空间到底层的生命的存在困惑等,他都尽力去开拓,去捕捉写作的素材。可以说,他的作品涉及了社会的宏观和微观层面,其题材领域可谓十分广泛,而表达上,又能游刃有余。我想,宁可是一个很好的例子：一个作家进入创作后,起初,他的作品的张力和创作动力,会使他在短短几年内写尽对社会、人生的体验,最初锐气的丧失,会使其自觉不自觉地在创作中出现重复。但宁可却能顽强地超越自己,难能可贵。比如这两年来,他不再追求数量,一年只有寥寥几个短篇,甚至每篇不超过8 000字,如此惜墨如金,而作品中的成熟征象已赫然昭示。

我喜欢宁可的所有作品，读着感觉是那么亲切生动。他的小说有时候会在突变中频现他突进的张力，有着他对文学更深层次的认知和感悟。从文学的感知层面来说，宁可的作品是趣味十足的文字，是节奏、张力充盈的文字，更重要的是，是对读者有着深深吸引力的文字。他的作品关注了经济环境下的各个社会层面的人物，有很多人物形象已经有了社会普遍意义。这次写这篇文章，我还能真切感到宁可对经典的博览、对当下文坛有张力表达的精研和汲取，在很多领域的涉猎和探索，有着可贵的个人风格文本构建意识，在营建一个个有趣味的故事的同时，赋予人物以文化的意义。而他，似乎不是一个刻意的传统文化的卫道者，小说的人物传达了他对文化的敬畏，虔诚。一句话，宁可的作品，是浮躁时代下能够安静速食、享受的文学，能在阅读中思考人生的文学。

我一直认为，书写眼前和当下生活，是十分困难的。而宁可的触角却时时触及当下社会的脉动，把经济社会下的人情动态囊括其中，触角触及当下社会人的精神状态，对激变社会下人性的拿捏、揣摩渐入灵魂层面，并试着用精神分析解构人的生存安全感，一定程度上触及了社会的疼痛感。他的小说有着一种柔和的胸襟，从不制造和关注人性的惨烈图景，侧重于人性在外界刺激下的种种反应与自我的顿悟、调适，在构建这种表达的同时，融进了生存智慧，从这个意义上说，宁可是一个具有现代意识的创作者，一个陕西新近崛起的十分重要的青年作家。

而从小说情节的构建方面，他总是从平淡中开篇，逐步直击紧张，从容把握情节发展、推进的速度程度，直至高潮，以平淡收结，把思考和作品的延展意义留给了广大读者。作品表达真切，有很强的镜头、画面感，甚至有着升华为影视的种种可能。小说中的生存智慧，是宁可对于当下社会生存的一种哲思，即以现代意识直面社会，以传统文化精神化解来自高度精神社会的压力。对于文学表达眼前和当下，宁可总是能够找到突破口，从一个很小很细微的地方入手，解析社会，解析人性。在经济利益原则通行的当下，小说中人物迷失或穿透利益的诱惑，穿越苦难的折磨摧残，在物欲充斥中警醒，复现人性的光辉和温暖，这大概是宁可所构建文本性和谐，平衡一种追求，坚守文学人性高地的使然，中庸之道化成的恰切。

另外，小说中所潜隐的文化意识，与宁可成长息息相关。他经历了从最底层到管理层的历练、淬火，这一重要历程，也赋予他体察社会、人生的机会及不同的视角和洞察力，同时使他获得了人生的最大智慧——不偏不倚的中庸大道。这种寻求和谐、营造和谐的文化提炼，又被他悄无声息地融入了文学创作。当然，这种文化背景也与他的精神地理有关。他的家乡，那个被称为“凤鸣岐山”的地方，曾是中华文明源头之一，也是一个盛产作家的地方，小说中的和谐取向，大约与周文化平和的主旨相关。

再者，从文本上考量，我是不认同把宁可作品含混地表达为“工业文学”的概括的。宁可写的是人性的文学，社会的文学，人心的文学。他虽然着眼于眼下转型社会人性探微，能贴近作品的思想层面，但宁可文学的温暖也确立于高度经济社会各种疯狂下的人性坚守上。他对社会生活的审视，总是处在一种高地高端位置，有着通透的意味，情节总有着出人意料的展开和结果，情节的变化映照着人物心灵的动影。小说有着整体性的温暖和智慧的交织，足以抵挡来自生存的寒冷与人存在意识的本质性的孤独，人的所有夸张或是无奈等等，最终都成为一种精神的凝聚。在宁可的小说中，看不到很多作家固有的对经典或名家模仿的痕迹，看不出他读了哪些书，唯有一种他读书甚广的感触。中国作家对世界文学的学习，有着很大程度上的功利意义，这样使得这种学习滞留在片段式的一词半句上，而没有获得整体艺术生命感的把握，没能完成对世界文学经典的内质的吸收和本土化的重构。宁可的读书汲取，似乎是成功的，作品前后的变化和内质的提升之巨大，之神速，之灵性，之象无形，是值得尊重的。这种博览、吸收、消化，乃至完成对自我的审视甚至颠覆，使得小说总是动荡着清新的气象，始终使作品处在鲜性生命状态。

宁可是两条腿走路的创作者，作品沿着写实和探索两条路行进。写实类作品既是更为熟悉的题材的提炼，也是创作基本功的锤炼；探索类作品则是对自己的审视和超越的执着追求，是一种炼化以及炼化而出的良品。他的创作有着一种不刻意的追求，去功利成就了他的慎独性思考，这样也给予了他了解认知经典作品全貌和把握内涵内质的良机，作品的稳健和有益探索，小说内在的从容气质，都对于一个作家有着至关重要的意义。有多少有才气的作家甚至名家，都成于才气，而毁于功利之心。他甚至没有什么写作计划和整体规划，创作只是忠实自己的心灵感悟的表达。没有追求的追求，应该是大追求，符合中庸大道，宁可对此神会于心。

宁可构建小说的能力是超乎常人的，一个新闻词汇，一段道听途说，窗外瞬间的影像，都能进入文本成为形象鲜明、直指人心的文字。突破题材局限，实现创作题材的自由撷取，摆脱写作资源的匮乏，写作技巧趋于成熟，这样他也就完全突破了“工业文学”的藩篱，获得了更广阔的表达空间。作品在一定程度上保持了对现实社会和文化传统种种怪象、乱象的深入体察和现代意识的解析，保持了一种进入和融合当下社会生活的积极心态，以人物的灵魂变化感知触及社会问题，对某些社会意识予以隐性批判。他坚守了文学是人学，人学的核心是心学的基本文学伦理与作家良知，并通过小说文本的意趣、诙谐、智慧、心灵动态等，达成了作品整体性审美的和谐，这是有别于繁复的中国式纯粹意义的审美。从另一个方面考量，他小说的社会功能在于输出了和谐的价值观，对于和谐社会的构建，具有一定的教化意义。

对于一个有着广博胸怀可以直视、正视对自己作品持完全否定意见的人，我对宁可的建议是：多读诗歌，文学毕竟是语言的表达艺术，言语是思想的载体。个体风格语言的形成与成熟，也是一个作家很重要的成熟表现。另外，在反映社会的厚度、深度、分量上也有提升的空间。

因此，这部小说集是读者了解宁可创作整体情况的一个缩影。幽默感，生活中的人性的饱满和温暖，智慧的对人世的审视，是宁可小说的基本面貌。对于已然步入文学路上的行进者，启示意义是不言而喻的。因为，对宁可这部心血之作的出版，我是特别高兴的，而宁可也凭借他的创作实力，让我们看到了陕西新一代青年作家如何找到突破口的希望，打破了“大树底下不长草”的魔咒，在柳青、陈忠实、贾平凹、杨争光等小说大家开辟的地域文化小说之外，又找到了一条新路，而在这条路上奔走的，一定有宁可的身影。

实验小说在前进

—— 评孟繁勇小说《庄周睡了，庄周醒了》

拿到孟繁勇的《庄周睡了，庄周醒了》，我感到很兴奋，这本小说带给了我极大的阅读兴趣。可以说，这是一部少见的实验小说，它和常见的传统小说叙事策略不同，在第一遍阅读是《十洲死亡之旅》，同样文字，在顺序不变的情况下，还出现了第二本书《羽化的蝴蝶》。现实中存在的虚与虚幻中存在的实交织并置，两本书构成了正向与反向两个维度的双小说文本叙事。小说文本在反复的解构与建构的过程中，以一种双重的方式，即获取应合，又呈现应答的状态，在多样意义上彼此摧毁、诞生、牵制、重叠、应答。将存在于空间里的时间完全消解，进而对立的时间从混沌转向精确、并置，在被解构的文本基础上重新建构叙事，第二本书由此诞生。

小说的形式一直是作家要面对的一个问题，对于长篇小说来讲，形式其实就是内容。因为长篇小说是处理时间的艺术，处理时间叙事，就需要搭建一个空间，那么，这个空间就成为小说的结构。小说家必须是一个精巧的建筑师，必须要学会建筑小说的房子或者楼厦。最近 100 多年，很多小说家有着卓越的叙事与结构方式的探索成果，比如一些影响较大的作品，如马里奥·巴尔加斯·略萨的结构现实主义小说《酒吧长谈》，如胡里奥·科塔萨尔的《跳房子》,再如伊塔洛·卡尔维诺的那部塔罗牌小说《命运交叉的城堡》,还有法国有个作家干脆就写了一部扑克牌小说,叫做《作品第一号》,随便你怎么翻看,每张扑克牌上叙述的内容,都可以和其他的连接起来,也真是奇观啊。

因此,作为汉语文学的当前写作中,出现了孟繁勇的这部实验小说,我很兴奋。这是他敢于向上述那些小说大师致敬的壮举。

在这本书中,时间轨迹的存在,主导了叙事策略的发展与建构,和通常意义上传统叙事学中的叙事框架建构、人物结构模式等也不尽相同,更区别于巴赫金“复调理论”中的表现形式。尤其是有别于传统叙事学中常见的叙事视角、聚焦等。

传统小说的叙述,一定需要有一个角度,这是叙述策略中观察叙述故事发展所必要的方向,这就是叙事视角。兹韦坦·托多洛夫将此分为三种形态:一、全知全能视角,二、内视角,三、外视角。在小说创作实践中分为四种情况,即第一人称叙述、第二人称叙述、第三人称叙述,人称或视角变换叙述。

传统小说无论是以何种叙事策略,视角的产生必须要挑选一个观察点,一个看待故事发展的方向和角度。这个方向和角度就是现代叙事学所说的“视角”,“视角”主要解决“谁在看”的问题,决定故事视角的,或者说控制故事如何呈现的是作家有意识安排的结果。

叙事视角理论的产生,对小说创作影响巨大,但也有些缺陷,比如,视角由此被禁锢在时间与空间的局限里。之所以如此,因作家的视角,无论是叙事的全能全知或其他方式,实际上正是忽视了时间与空间的关系,淡化了文本中存在的独立时间的意义对叙事的影响,进而导致文本呈现成为时间空间化的结果。

《庄周睡了,庄周醒了》创新性的时间概念,以及引发出的时间内生性逻辑,由此而产生时间轨迹所主导的叙事。时间轨迹在本书的作用,使得视角消失了,视角不再主导故事讲述。而是时间本身,依循时间轨迹的逻辑发展。

它不再是谁在“看”,而是在观察之前,早已存在的是什么,它是由独立时间与独立空间之间的互相作用形成的时间轨迹运行来完成故事的结果。比如说,由同样文字构成的第二本书,不是谁在“看”,而是看之前就一直存在,并不由视角决定。并且存在的是什么,早在叙事视角“观察”之前就发生了。第一本书的存在,反之亦然。

在此情况下,叙事视角不见了,由视角主导的叙事消失。谁也不能再讲述小说文本向哪一个方向发展,谁也不能控制小说文本应该是何种模样,变为时间轨迹主导建构叙事策略。小说文本的“视角”由无边无际的关键独立时间产生的时间轨迹代替,生成了故事的发展脉络,呈现出本原世界的意义。进而,故事从叙事视角的某一固定的单一性扁平化,向时间主导的多元性立体化方向发展。由此带来叙事格局、文本呈现方面的变化,十分有别于传统小说。

我们很缺乏如此独特的作品,这是汉语小说创作中大胆的试验与创新,进一步探索了小说的创作空间。前年我注意到新世界出版社推出了两辑十多本各类实验小说,我也知道小说家、剧作家康赫完成了他的 90 万字的实验性的长篇小说,但是这样在小说形式上有所用心、别具匠心的小说,还不多见。因此,我觉得孟繁勇的这个小说实验实在是值得鼓励,并且也希望更多的人去读这本书,也希望更多的小说家,投身到小说结构和叙事的探索当中。

把手指放在伤口上

——阮萍长篇小说《时光的隐喻》读后感

在我眼里，阮萍一直是个很有韧性和潜质的作家。她为人真诚，做事执着，对文学更是近似虔诚地追求。她原来以写散文为主，铺天盖地地发了许多文字，并出版了几本散文集子，其中以《漂泊笔记》影响最大，好评如潮，引起了文学同仁的广泛关注和看好。近年来改写小说，虽然时间不长，但数量之丰、题材多变及品质的精细却有目共睹。这从她发表的《行为艺术》、《回家》、《声声慢》、《婚纱摄影》、《天使的翅膀》、《奔跑的箱子》、《琥珀一直在歌唱》等小说中可窥一斑。

《时光的隐喻》是阮萍的第一个长篇。写长篇是个重体力活儿，而且她的职业是一个行业杂志的编辑，只有在业余时间才能看书写字，能认认真真写下这么多文字，这么多年能坚持下来，可见她的内心充满定力。在当下浮躁的社会环境里坚守一份平静，在理性的工作环境中坚守纯正的生活感性，在专业写作名利极度膨胀的现实面前，坚守一颗业余写作的平常心，这已经奠定了阮萍文品的高度。另外，她能突破自身经验的局限，深入底层群众的生活，以强烈的人文情怀和现实主义精神关怀，对弱势群体、农民工问题等给予人文关怀、情感抚慰和审美凝视，创作出与时代精神共鸣、回应当代思想问题的作品来，所以第一个长篇就能入选中国作协的重点扶持项目，不是没有理由的。

院萍的作品多是写一些平凡的小人物，写他们梦想的坚持，心潮的涌动，还有悲情和壮怀的燃烧。《时光的隐喻》也是如此。乡政府的通讯员王力宝生日这天，收到了一件意想不到的礼物：抓到了一个写着“下岗”的纸团。原来乡里响应号召，进行裁员，乡领导说不好意思让谁下岗，抓阄吧，听天由命。于是，不幸的王力宝抓着了“下岗”的纸团，就这样下岗了。下岗后的王力宝内外交困，为了生存，他到处奔波，但命运始终没有对他露出笑脸。围绕着王力宝的挣扎史，院萍用人性的悲悯来书写他经受的不幸、苦难与欣悦。她满含深情地关注王力宝这样底层人物困苦的生活现状和精神状态，用朴实而真挚的叙述代替同情和呐喊，凸显小人物的生活诉求和灵魂挣扎。她的作品以女性特有的柔情，在平和的叙述中让人体悟到一股撼人心魄的艺术力量。

《时光的隐喻》是一部思想性与故事性并行、反思与希望并重、包含作者忧患之思的小说。但作者不是为了讲述而讲述，像以色列犹太籍作家大卫·格罗斯曼说过的那样：作家不是政治家，作家的责任是把手指放到伤口上。院萍在书里写到机构改革，写到失地农民，写到医疗体制，写到流浪儿童，她是想探讨中国在由半农业半工业化社会形态向现代城市化转型的过程中，时代变迁中各种矛盾的冲突、缠绕和交融，体察乡土经验中的常与变、疼痛与希冀，如何切入价值秩序失范与重构的心灵故事。小说向我们展示了人的体面如何沦丧，良善如何受辱，理想如何萎缩的过程，但是也看到了那些小人物追求美好，即使人生千疮百孔也百折不挠的精神。光明与爱纵使只有幽幽豆火，也要拼命燃烧的他们的渴望与努力。

还要提及的是,《时光的隐喻》还有着一般小说所缺失的文化乡愁意识和对朴素生命的热爱。阮萍在她的文字里,刻意追求的是一种个人感受的深度,那些文字像是命运的私语、灵魂的召唤,具有理想主义光泽。无论是对生命的阐释,还是对人世冷暖的关照、对友情亲情的珍视,她都以一种宽容的心态,淡淡述说着个人最精微细腻的感受,始终怀着对生活的感恩看待世事沉浮变迁。无论在书写小城,书写乡村,书写亲人,书写亲情时,都极尽对朴素生命的描绘,但这些朴素的生命体验里充满着温馨的人间情愫,朴素的生命里蕴涵着人间最真的人性品格。这也是《时光的隐喻》充满至情至爱,具有厚重生活内涵的主要原因。

阮萍的文笔细腻朴实,字里行间皆是一份情、一份真,一份时刻接着地气的实诚。在作者的笔下,土地、乡村、农民、打工者自己开口说话,讲述他们琐碎的生活、真实的情感和面对时代巨变所带来的精神困顿与迷茫。在她的笔下,你很难见到华丽的辞藻以及义愤填膺的语句,她就那样平静地讲述着,好似不动声色,其实却暗藏着一股绵厚的力道。不管是哪种题材,阮萍都以温润悲悯的眼睛关注着纷杂的世界,将她的所思、所想、所感、所悟,毫不保留地呈现在读者面前,没有虚伪,没有矫饰,只有深情地诉说。在一个大转型的时期,在一个慌乱而难以作出文化抉择的时期,这是对一个人镇静、勇气和洞察能力的考验,也是作家获得动力和灵感的源泉。愿阮萍能继续保持她的品格,在高山与大地的幽淡无华、荆棘丛生的卓绝之处,滋养她生存的信念、思想和品质,使她的作品更有力量,更大气,更丰厚、丰沉、丰富、丰满。

琥珀时光封存的爱

——评马小淘长篇小说《琥珀爱》

有一种作家,属于特别聪明的那种人,比如王朔,苏童,再比如我的编辑部同事马小淘。我很爱看这类作家的作品。这类作家主要依靠体验或者想象力,写什么有什么,写什么是什么,作品中透露着一股子才气灵气,仿佛不费吹灰之力,东西就写成了似的。

马小淘属于韩寒、郭敬明、张悦然、笛安那一拨 80 后作家群,也是其中一个代表,她和他们一样,都是当年上海《萌芽》杂志搞的"新概念作文大赛"一等奖的获得者,属于中学就开始写作的才女型作家,散文和小说写得都不错。只不过,眼下,前面那俩人——韩寒、郭敬明,整天蹲在娱乐版上娱乐人民,不大像作家了。这后面很多的实力派的 80 后作家,欠缺点热闹,多少有点被遮蔽了。

实际上,我觉得,好的作家恰恰是那种一开始响动不大的,但能持续写下去的人。因此,拿到安徽文艺出版社出的"新生代作家小说精选大系",我看到了这几个人:马小淘、郑小驴、蒋峰、甫跃辉、吕魁等,就是"80 后"水落石出之后剩下的一些有艺术感觉的作家。这批作家从各个向度拓展了当代小说的面貌,昭示了很多可能性,个个都在继续生长。

马小淘的长篇小说《琥珀爱》是一部爱情小说,或者说,是一部描绘青年人的成长和情感经历的小说。我估计写于她研究生毕业前后那段时间,因为小说里面有不少细节,讲述的是播音主持人的生活。这部小说,一开始,主人公沙驰在机场看到一个女孩的背影,想起来12年前的一段记忆,于是,17岁那年的夏天里,一个叫萧宵的姑娘的影子浮现了出来。小说就此展开了回忆和现实纠缠的两条线索,萧宵、沙驰和冷朗是主角,配角和次要人物有钟燕燕、廖泉汐、武熙沛、小凌等,展开了关于学习、工作、情感和成长的纠缠。期间有误解、信任、背叛、迷离、决绝等,最终,小说是以爱的真纯付出得到了报偿来作为结局。

这部小说叙述上沉稳内敛,不动声色,但在关键环节上能够出人意料。马小淘还很擅长刻画女性人物的心理,她写对话也特别有意思,嘎嘣脆,已经具有了自己的语言风格,将东北人(她成长于哈尔滨)和北京人说话的风格都结合起来了,非常有意思,对话凌厉、机智、幽默,这是马小淘的一些小说很出彩的地方。另外,小说场景转换也能够配合人物心理活动和成长。一些细节,比如主人公养的几条鱼,比如在海外旅行的某个场景,都能够成为衬托小说情节发展的重要元素。

如何处理小说内部的时间,是长篇小说最能分出优劣的地方,《琥珀爱》的内部时间跨度有很多年,回忆和现实部分的转换很自然,显然,马小淘在这方面是合格了。另外,马小淘的作品虽然写的是成年人的事,但却没有一些人写得那么扭曲和重口味,而是有着纯净的质地。我感觉她写情感是有洁癖的,脏东西、怪东西、扭曲、纠结的东西入不了她的眼,这也就造就了她的小说那种透亮和聪慧、机智和清新的气质。《琥珀爱》成为展现封存在记忆琥珀里的情感世界的很好的打开锦囊的过程。

读马小淘的作品，我很明显的感觉，就是一代人有一代人的经验和表达。这不一样的，自然是生活形态的变化，外部环境和内心的变化。马小淘把这本书给我时还有点不好意思，说，是几年前写的。其实，最重要的是，生命本身就是一个过程，而写作恰恰能记录这个过程中的变化。因此，哪个阶段写的作品，都是带有那个阶段的生命的体温和记忆的。

最后说说马小淘这个人。马小淘一眨眼也在我们杂志干了四五年了。我记得当初《人民文学》公开招考编辑的时候，有一道题就是我出的。我在一篇小说里藏了 20 个错别字，结果，马小淘都挑出来了，还额外多挑了俩错别字，等于我自己也没看出来。这可能和他爸他妈都是编辑和著名诗人有关系，龙生龙，凤生凤，看来，当编辑的基因在他们家也能遗传，那我们的文学事业果然就后继有人了。因此，当年的中国传媒大学播音主持专业的研究生、大名马天牧的这个美女同学，没有去当炙手可热、天天露脸、赚钱不菲的播音主持人，而是到了废稿子堆成了山、灰尘螨虫在阳光里飞舞的文学杂志社当了个编辑，也真是屈了才了。

但话说回来，人活在世，其实就是活个兴趣，那看来她还是对文学有兴趣。于是，这弃明投暗，也是她自己的选择。好在有七八本长篇小说、小说集和散文集为证，证明这人生的选择是多么不虚妄。

马小淘还是一个性格特别爽快，嘴皮子也厉害的女生，她说话能切中要害，你要是不习惯，一开始还容易被她锵锵了。其实，她内心很善良，很热忱。有一阵子，我们杂志还有一个特能说的女作家周晓枫当编辑部主任（后来她去给张艺谋当策划去了），加上我这个爱逗乐的文坛“郭德纲”，那编辑部里顿时，哎呀，不光是唇枪舌剑、刀光剑影，简直是词语的爆炸、意象的纷飞和笑声的暴雨与洪流一阵阵袭来，热闹极了。《人民文学》杂志的编辑大都由作家、诗人、评论家构成，我们立志办一本中国最好的文学杂志，因为前辈就是这么办的。因此，实际上，一个人的眼界和趣味，也会造就杂志本身的面貌。在这一点上，活泼、机智、聪慧、踏实的马小淘，也是一个很好的编辑。

其实，这都是题外话，我想说的是，有趣的人写的小说就会很有趣，也很好看，马小淘的这本《琥珀爱》就是一个明证。

一万棵松树在那里

——张炜散文随笔年编《万松浦记》(20 卷)读后感

拿到张炜的 20 卷散文随笔年编《万松浦记》,我的眼前首先闪现的,就是想象中万松浦那 1 万棵以上的松树葱葱郁郁,苍劲苍茫的姿态。这 400 多万字所形成和支撑的,就是那个树木葱茏的文学森林。

万松浦是张炜建立的一个现代书院,一个读书、讲学、交游和写作的地方,它位居于山东半岛靠近渤海湾南部的海边上。这些年来,很多当代文人学者游走于万松浦,写下了关于此一时代的思考文字。而书院的创立者张炜,则更是将万松浦当作了自己静思与写作的净地,作为自己一次次出发和抵达的地方。这我想也是他把自己的散文随笔年编统称为《万松浦记》的原因。

一个人用笔能够走多远?我们来读读张炜的这 20 卷散文随笔就知道了。这是他 30 年的行走,沉思,书写和凝结的文学露珠之海。一本本打开书,那扑面而来的,就是潮水一样的律动的气息,思想的,生命的,语言的,激情的,想象的,现实的,合着大自然的生生不息,带给了我们惊涛拍岸的文学享受。

此前,我已经读过了他的十卷本长篇小说《你在高原》。那是一首长长的画卷,长长的口传史诗,长长的书面记载的心路历程,长长的经过了作者的心象处理过的世界的印象。那是全息的小说，长河小说，桔瓣式小说，是世界的一个个截面构成的棱镜。这棱镜所折射的就是这个万花筒的和正在消逝也永远不会再来的世界。

还有人民文学出版社出版的他的包括了《古船》、《九月寓言》、《刺猬歌》、《丑行与浪漫》等另外近十部长篇小说。如果加上这《万松浦记》20 卷，那么这 40 本作品，构成了张炜作品的主干。

除去长篇小说，散文写作一直是张炜最着力、也是成就最高的创作文体，并且贯穿了他自己的 30 年创作和当代文学 30 年的发展。现在来检视眼前这 20 卷的《万松浦记》，的确是让人欣喜、兴奋、叹服和仰止的。

他是沉思者，有着德国浪漫派作家对人和大地关系的全面的打量，有着赫尔曼·黑塞的深度和诗意，有着陶渊明和杜甫结合起来的能出能入的现实关怀。我觉得，他的长篇小说《古船》和《九月寓言》，以及他的散文《融入野地》是进入他的文学世界的门径，也是他创作出来的文学奇峰。

他是奔跑者，以奔跑的速度在时间和时代里穿行，并且留下了他饱满的背影，同时也让跟在后面的人跑得气喘吁吁。

这 20 卷的张炜散文随笔年编，听听每一册的书名，就带有了诗意的提示：《失去的朋友》、《心事浩茫》、《梭罗木屋》、《昨日里程》、《楚辞笔记》、《芳心似火》、《纵情言说的野心》、《爱的浪迹》、《品咂时光的声音》、《诉说往事》，时间和记忆的刻度，成为这些书的路标。几乎每一册都有着相对独立的品质，在特定的某个时间里生成，也对应了那个时期社会和文化的相关问题，张炜作了他丰富的回答。

这20卷散文随笔,囊括了他的一些主客问答、读书笔记、文化研究、文学随谈、演讲演说、游记回忆、思想随笔、内心思绪等,是对散文本身的极大的文体扩展和全面的边界探寻。

我一卷卷地翻阅下来,度过了多个不眠之夜。我一是感叹张炜那饱满的情思、文思、哲思在字里行间的生动呈现,二是看到了一个真诚地以文学为业、以语言为器去寻找道路的背影。

张炜因此绝尘而去,空留一地花瓣。这花瓣,就是这20卷雄文的6 000多个页码的散叶,在时光里散发着香气。

王跃文的《漫水》与新世情小说

没有见到王跃文之前，我是先读了他的书的。

那本《国画》出版的时候，我读了感觉非常奇妙，觉得这样的小说既有着传统中国章回小说的那种紧密、扎实，也有着现代小说的心理分析和结构的匠心。结构上，看不出分了章节，但是却自然地分成了几大段，起承转合之间叙述非常紧密。而对中国社会的观察也非常独到，可以说是为当时的某种社会现实和特定的人群画了一幅“国画”，作者的生活底子非常扎实，观察也极其独到，而且，作者虽然写了一些官场中人，但是他却是一个理想主义者，在他的《国画》、《梅次故事》中，“朱怀镜”这个人物塑造得非常好，是他心目中的理想人物，这个人物寄托了作者的所有的情思。可以说是当代文学中很有意思的一个文学人物。作品所描写的社会环境和人际关系主要是一些党政干部，王跃文也因此被冠上了“中国官场文学第一人”的称号。这个称号好的地方，是他的书从此大卖，总是很畅销，有自己庞大的、继续扩大的读者群，坏的方面，就是被“停止印刷”，因此得不到主流文学界所能给予的纯文学的较高地位。这就是王跃文长期面临的较为尴尬的地方。

而这套湖南文艺出版社推出的“王跃文典藏系列”一共九种，印刷大气、典雅、精良，和他那些以市场为取向的各类文集和单本书不一样,显然是为了要确定王跃文的“庙堂”地位而精心出版的。这套书收录了他的长篇小说代表作《国画》、《梅次故事》、《大清相国》、《亡魂鸟》、《朝夕之间》、《苍黄》,中篇小说集《漫水》,短篇小说集《无雪之冬》,还有散文集《幽默的代价》,终于可以一窥王跃文的创作精华和成就了。

我想重点谈谈他的中篇小说《漫水》。这篇五六万字的中篇小说是王跃文的换笔之作。和他那些世情小说不一样的是,这部中篇小说写的是湖南乡村的人物和故事。“漫水是一个村子,村子在田野中央,田野四周远远近近围着山。”就是这么展开了叙述。

在现当代文学史中,有一个清流派文学的小传统,比如从沈从文到孙犁到贾平凹等,而在湖南也有乡土文学的一个很丰厚的传统,莫应丰、韩少功,以及肖建国的《中王》、田瑛的《大太阳》,到王跃文的这个《漫水》,似乎有一些蛛丝马迹可以寻找到那种地域文化小说的联系。我觉得,《漫水》是地域文化小说的深化。中国当代文学30多年的发展,地域文化小说是一个很大的成就,诞生了莫言、贾平凹、王安忆、韩少功、张炜、迟子建等大批拥有着自己的“地域”的作家。《漫水》是对地域文化小说的新开掘。其次,在这部小说中,我看到了人性的丰富性,以及乡土乡情的深情观照。叙述时间的处理也很自然,没有什么累赘的叙述。第三,这部小说还为当代文学人物画廊增加了不少有趣的新人物形象:这部小说塑造了余公公、慧娘娘、强坨、秋玉婆、铁炮、三道士、金坨等多个人物,故事也围绕着他们的关系,在山洼里进行。最后,小说里有生,有死,有烟火气,似乎弥漫着生生死死的某种氤氲的感觉和气氛,将现世书写得一片苍茫自然。我没有想到王跃文可以写出这么超脱、生动、接近自然形态的小说,《漫水》是最近出现的一部非常好的、重要的中篇小说，也改变和丰富了王跃文本人的创作形象，他写出了新的世情，并对自己的写作世界拓展了空间。

因此，我觉得王跃文有着很大的创作潜力。在我看来，王跃文的《国画》等作品，实际上是一种新的世情小说，根本就不是“官场文学”这顶小帽子可以涵盖的。王跃文的长篇小说既有当代题材的世情小说，也有历史题材《大清相国》这样的新历史小说，王跃文是两把刷子左右开弓，新世情小说和新历史小说并驾齐驱。而且他今后也可以继续舞弄他这两把刷子，这样左手写一部当代世情小说，右手写一部新派历史小说，可以获得审美上的转换和休息，也因此可以给我们不断地带来他突破自我的惊喜。

迷雾中的迷宫

——评庞贝长篇小说《无尽藏》

在第九届茅盾文学奖的评比中，庞贝的长篇小说《无尽藏》几乎进入前20名，可见这部作品很受重视。

我一直很遗憾博尔赫斯没有写出来他那种风格的长篇小说。我后来想，也许，像博尔赫斯式的长篇小说本来就不会存在？因为，博尔赫斯是以时间、观念和想象作为主角的，人，在博尔赫斯的小说里从来都是配角和工具，就如同契诃夫笔下那把挂在墙上的猎枪。后来，我读到了庞贝的长篇小说《无尽藏》（作家出版社2014年1月版），让我十分兴奋地感觉到，这部小说可能就是我期待的那种博尔赫斯才可以写出来，而博尔赫斯无力完成的长篇小说。庞贝对很多读者来说，可能还是一个陌生的名字，实际上，他除了供职于一家报社做职业编辑之外，还是默默耕耘并很有收获的剧作者和小说家。尤其是这部《无尽藏》，他写了很多年，修改了很多次。光是我的电脑里就躺着三个电子文本，这都是在他发表之前，出版之前的不断修改的产物。

我首先来试图解题，“无尽藏”是什么？因为每部小说的题目就是进入这本小说的钥匙。在小说里，关于“无尽藏”，有这么一段对话：

“无尽藏是一处房舍吗?”

“佛性无穷,妙用无边。岂止是一处房舍……众生无尽,世间无尽,发愿无尽。”

“你说是去了无尽藏……”

“哦……那院子就在湖心岛。那本是佛寺储积财物的处所,积八方施舍,救八方急难。老爷筑园建那无尽藏,每领月俸,就在那儿散分给大家,姬妾有份,门生也有份。”

在小说接下来的讲述中,“无尽藏”也是一个比丘尼的法号,这个叫做无尽藏的尼姑,还是六祖慧能最早的供养人,因此,在这里,“无尽藏”还有一层意思,就是饱含着禅意和禅机。因此可以说,“无尽藏”既是藏存财物的处所,又是一个人名,一个象征,或者是一个虚拟的地方,有着巨大的包容性。但是对于我,阅读这部小说,我感觉到,“无尽藏”就是一个时间的迷宫。

《无尽藏》是庞贝呕心沥血写出来的一部小说,一本精致的,融合了中国传统文化意蕴和西方现代派文学技巧的小说,一本猜谜小说和新历史小说,一本画中人小说,一本关于心理与声音的小说,一本穿越了当下和南唐的小说,一本时间与反时间小说,一本汉语实验小说,一部传奇,一部关于小说的小说——一部元小说。好吧,我想起来了很多的关于这本书的形容。它都是,又也许,都不是。它就是一部好看的小说,一部现代小说。

小说的一开始,时间点是在当代,一场饭局中,谈话里牵扯出来一本由一个叫小林的人保存下来的古书。这本书就叫做《无尽藏》,有两个版本,一个是古文原著,据说是南唐名将林仁肇儿子所写,另外一本是现代汉语译文,就是林仁肇的第 33 代传人小林所翻译的。两个版本都放在了叙述人“我”的面前。叙述人“我”是出版社的一个副社长，出版人，在编辑、审读这部《无尽藏》的同时，由于自己的拖拉，导致出版进展很缓慢。而这时，小林却死于一场强拆老屋子的碾人事件——这样的新闻我们经常看到。这似乎是在暗示，我们的传统文化仍旧在继续地被当代野蛮的权力强行地拆除着，而小林，既是在保护别人的老宅子，也是抗议这拆除过程中的牺牲品。屋子拆除了，书留下来了，于是，接下来的八个章节，就是小林的译文。

小说于是进入到叙述主体的八个章节，这八个章节都是有关历史名画《韩熙载夜宴图》中的主要人物。画中人开始讲话了。史虚白、朱紫薇、秦蒻兰、樊若水、大司徒、小长老、耿炼师、李后主，分别出来讲述了和他们有关的事情。这些人的说话声，构成了小说的主体，这是小说最精彩的部分。小说里，那娓娓道来的声音，把我们带入到了南唐那烟雾缭绕的历史迷雾和一个巨大的迷宫里。而这个迷宫，是历史的迷宫，命运的迷宫，时间的迷宫，也是人生和人性的迷宫。这迷宫就存在于“无尽藏”这个象征性的符号里了。

我们都知道，《韩熙载夜宴图》据说是南唐后主李煜为了了解和窥探宰相韩熙载有无异心，就派画家顾闳中前往他家中窥伺，并画下了多幅连续的一轴长卷。画面上，韩熙载很颓废地沉溺于声色、美食、舞蹈和宴饮之中，对时政很没有兴趣。于是，李后主就放心了。这是一些历史学家的解释。但庞贝的这部《无尽藏》，则给了我们更多的解释，甚至是如同叙述迷宫那样，给了我们很多的线索，而他却没有告诉我们最终的答案。在小说的结尾，庞贝令人信服地还写了一个模仿明代刻本的文言文后记，记载了这本书的缘起缘灭，记载了这本实际上子虚乌有的书的天机和禅理。

好了,我想大家都明白这是一本什么样的书了。一本非常有想法、有结构、有悬念、有声音、有色调、有心理、有穿越、有秘密、有宿命、有禅机、有关怀、有期许、有机智、有笨拙、有真实、有虚构、有当下、有愤懑、有抒情、有时空的小说杰作。

这就是“无尽藏”。

成为源头

——杨健长诗《哭庙》读后感

我曾经多次问圈子里的诗人和评论家，20 世纪 90 年代以来，哪位诗人是最重要的？甚至是最杰出的乃至最伟大的？他们沉吟了一阵子，一般都会说：“杨健，可能是其中一位。”

也许有人不同意我的说法，因为人都是远香近臭，对当代诗人很难以评价。和我同样出生于 20 世纪 60 年代末期的杨健获得了如此之多的文学圈子里的共识、推崇，或者说起码是那种不可忽视的重视，是我欣慰而稍有疑惑的。不过，大家都觉得杨健在当代诗坛很重要，可是，他的重要性在哪里呢？

也许首先，在于杨健的生长性，和他对以海子作为终结的一个诗歌传统的超越？我细细地阅读了他的诗集《暮晚》。这是他前期诗作的集中结集。在这本诗集里，那种弥漫着的乡愁在干净到禅语般的简洁的汉语里，生成为一些凝结的露珠，停悬在高速运转的时代缝隙里。超越了所谓的知识分子和口语派诗人的争端，越过了上半身和下半身的肉体的狂迷，越过了自恋、自大、自证的诗歌，越过了海子的农业社会的挽歌，进入到大地般吸纳一切的澄明。的确是特立独行的，是遗世独立的，也是安之若素的，虽然有内心的岩浆在奔涌，在《暮晚》里，杨健已经成为一个自足诗歌世界的缔造者。

可是,仅凭借这本诗集,杨健还不足以获得相应的极大的重要性。

然后,我阅读了《古桥头》。在这本诗集里,杨健进一步地去除了他所阅读的30年以来现当代汉诗,以及国外翻译诗歌的影响的外在痕迹,而是将他对汉语精微性的理解,做了抵达简朴到一粒沙,复杂到万物的观察和书写境地。同时,这本书里,在21世纪的头十年里的意义,也是反向而行,将他的体验、观察和内省,变成了凝视和内视。时间如沙,但是时间停止在每个瞬间,时代飞奔,但是时代的影子从来都没有长长。这本诗集呈现了杨健更为丰富的可能性,扩大了他对汉诗的掌握能力,给我们带来了绝对意义上的期待。

其次,杨健的诗歌创作逐渐地超越了诗歌本身,外溢出更多的社会、历史和哲学的意义。标志就是长诗《哭庙》的问世。

我拿到这本诗集,读了整整两个晚上,十分震惊,感到这是一首石破天惊的、令人震惊的作品,如果说对杨健的才能还有怀疑,那么,杨健的不能被忽视,不可能被遗忘或被过低评价,一定是从这首长诗的问世开始的。现在,一个十分重要的,甚至是杰出的诗人,就在我们的眼前了,杨健,他就在这里了。

简而言之,《哭庙》是一首罕见的,打通了文史哲的诗歌作品。它的影响注定不会完全在文学。从文学角度看,这首长诗的结构宏伟,庄重,严整,精巧,以庙宇的结构,成就了它站立在大地上和阅读它的每个人的心中。这样的结构只有优秀的、杰出的、伟大的长篇小说才有。在上卷的"哭"的部分,哀悼、丧乱、咏叹、长歌和短哭,形成了音调的高低搭配,形成了独特的中国诗歌的"哭"声,中国诗歌的咏叹调，并且和一种从古代中国就有的诗歌传统——丧乱、哀悼、悲伤、怜悯的传统——遥相呼应。

第二个部分“庙”，则结构了20世纪中国历史中惨痛的，黑暗的，悲伤的，自残的，无法忘记的历史。杨健在这里扮演了史学家的角色，但是他写的又是纯粹的纯净的诗篇。庙宇的结构从形式上，支撑着历史的宏大，但是内部那如蝼蚁一样爬动的每一个字，则在咬噬着历史的大屋，从而使历史的谎言轰然崩塌。泣血之言在每一行诗歌后面闪现，我不知道还有哪个当代诗人能有这样的耐心，这样的细心，这样的揪心，写下了这些杜鹃啼血的诗篇，读来让我含泪掩卷长叹息。

第三个部分“庙之外”，当代生活在继续，农村的凋敝和复兴、内心的溃败和呼喊，以及禅意的拈花一笑，坟的突兀和总结，又显示了新生之可能。

长诗《哭庙》无论是建筑结构，还是细部雕刻，无论是语言的沉静如沙，还是语调的舒缓自然，无论是对历史的切肤之表达，还是对佛道禅的会心一瞥，都达到了让人瞠目的境地。文、史、哲在这首诗里，打通了。他也跨界了。打通了文史哲的诗歌，在杨健这里成为现实。

我们常常会觉得当代文化、当代文学没有巨子。一段时间里，很多人妄自菲薄，说我们没有文学家史学家哲学家，可是他们认真地看身边的努力的人了吗？要不是莫言获得了诺贝尔文学奖，那很多人还在顾彬这样的毫无感受能力的“汉学家”和研究者的“当代文学垃圾论”面前爬行。实际上，优秀的作家、诗人，杰出的作家、诗人就在我们的身边，已经诞生或者正在诞生。

我说这话的时候，手里拿着杨健的《暮晚》、《古桥头》和这本沉甸甸的白色的《哭庙》，我的眼前则是我那书柜里的 3 000 本诗集——千百年来，一直到今天的最重要、最伟大的、最有意思的，乃至最卑微的诗人们的诗集，我必须要说，在这些古今中外的诗歌中间，杨健并不逊色，他的确是 20 世纪 90 年代以来最优秀的、最杰出的诗人之一——虽然，杰出这个词贬值了，可绝对可以把这个词汇戴在他的头上，因为，他还在生长。

更多的人将开始从他这里出发、上路，因为，杨健正在或已经成为汉语诗歌的一个新的源头。

药剂师与潜航员

——“文学鲁军新锐”东紫、王秀梅印象

因为参加澳大利亚墨尔本文学节，忽然改变了既定行程，原先铁定参加这个活动的我就无法到会，在这个研讨会开始的这一刻，我刚好在空中飞行。故此我深致歉意，并请李平副主编代为宣读一下我的这个书面的发言。

作为编辑，也作为写作者，我一直很关心山东青年作家的创作情况。我有个印象，就是山东的诗人，尤其是青年诗人比较整齐，人数多，写得好，这些年成长特别快，形成了一个很有阵势的群体，在全国的省份里也很突出。而山东的青年小说家，也有一个很有实力的群体，但似乎处于一种水没有烧开的六七十度的样子——我扳起指头数起来，也有十几位不错的小说家，但是放到全国的水准来看，似乎还不够扎眼和鲜明，可能就是因为山东的青年小说家写得比较老实吧。

这种情况，陕西也有，陕西的问题是大树底下不长草，有贾平凹、陈忠实等几个大师，年轻作家似乎很难突破。而山东作协这些年出了不少的新举措，办培训班、作家班、改稿班，出版图书、搞研讨会，来推动山东的青年作家成长，看来很有成效。比如这次由山东作协费尽心力地在北京国际图书博览会期间作为主宾省山东省

举办的重要活动，以与首都作家、编辑家对谈会的形式来研讨、推举这十位山东的作家，是特别用心、用力的举动，也一定会收到很好的效果。而延请了五位编辑型作家、作家型编辑来评介、“认领”十位作家诗人，每个人对应两位作家，这样的形式很亲切，很具体，也会很有效果，也使我感到新鲜，感到了需要认真地对待。

因此，当我拿到这套“文学鲁军新锐丛书”第二辑十本，读着读着，我忽然感到很兴奋。我这一次是切实地感觉到，山东青年小说家这一锅水，看来是要烧开了，要达到 90 摄氏度、100 摄氏度了。和第一辑比起来，这套书增加到八个小说家，个个都是最近势头很好的。其中，还有四位是女小说家，而上一辑中，只有一个路也是女小说家。

东紫、王秀梅、艾玛、常芳四位女小说家的作品我都比较熟悉。艾玛和常芳的作品，我在《青年文学》和《人民文学》供职期间，都发表过。她俩的作品今天不是我要发言谈的重点，但我很关注她们，觉得她们处于一种喷薄的创作状态，只要调整好节奏，是能写出更好的作品的，比如，可以集中力量写一两个长篇，把中短篇的优势和写作资源整合好，不要浪费，放到长篇里爆破一下，或者，把中篇、短篇，都写成可以单独出书的系列小说，不要分散写作资源，会特别好。

我对东紫和王秀梅两位小说家的作品很熟悉，她们俩也是这几年《人民文学》的重点作者。一般来说，每个省每年发在《人民文学》杂志上的作者也就五六个人。这里面还包括了诗人、散文家。刊物的容量就那么大，所以必须要有特点。我常常讲，当代写作者，一定要写出一种符号价值。现在是一个注意力的时代，你的写作要是没有特点，连编辑都吸引不了，又怎么去吸引读者的注意力？一定要有写作的特点。这个特点，有题材、语言、叙述角度、语感、语调、结构、思想、性别叙事等多种的可能性，关键还是要看个人的才能。

东紫和王秀梅的作品，就非常有特点，也创造了她们自己的符号价值。有了符号价值，那么，搞文学史的人就会来关注你、认领你。读者也好认知你。

先说说东紫。这本东紫的小说集《白猫》，收录了她的主要的中篇小说六部和一篇短篇小说。东紫写得最好的，我看是中篇小说。其中，《白猫》和《春茶》发表在我们《人民文学》杂志上，还获得了我们杂志的年度文学奖。这是很不容易的，我们每年就评那么四五篇中短篇小说，给个年度奖。

东紫的小说，从题材上说，是很开阔的。首先，她是一个很善于打量日常生活的作家。她的作品中，性别的意识，女性的叙述腔调都不是很强烈，但是，她却找到了自己很独特的一种语感。她很善于从当代的日常生活入手，从家庭和婚姻的角度切入进去，来表现生活的宽度和窄度。这可能是因为，东紫是一个药剂师，常年给人抓药，看人、看社会、看生活，和一般人不一样，我觉得她的角度就很刁钻，至少，她知道这个社会、人、生活中，不易察觉的那些病菌、病毒、畸变和溃疡在哪里。而她就对这些东西有兴趣，能够犀利地挖掘出来，从而直指人心。

的确，当代人的生活表层剥离开来，我们都会发现每个家庭、每个人的生活中，都是有着问题的，人性也在特殊的人际关系中，有所异变。我觉得东紫是一个当代生活得很好的观察者。她不是一个写自我的作家，作家的主体意识深藏于作品要表达的意识的海水之下。就《白猫》和《春茶》来看，都是如此。猫和茶，都是一种中介物，围绕猫和茶的，是人物的心灵舞蹈，现实生活中的人性表露。这是两篇很不错的作品，看似平淡，波澜不惊，实际上却埋藏着对生活波澜的精心刻画。

东紫有一个长处，可以继续发挥，就是她有一种达观和幽默感。这一点是女作家比较少见的。女作家擅长的是纠结，是拧巴，是和自己过意不去，在微信中，表现得很突出。可是，她的小说里，这种幽默、机智和生动，多少内敛了。可能山东女性不大喜欢表现得比她们本来的聪明更聪明吧。我觉得东紫在小说的幽默感，甚至是黑色幽默上，可以创出一条新路。

东紫还有一个优点，是她比较大气，所关心的除了人心的问题，家庭的，婚姻的问题，还有成长的，社会的，历史的问题。中篇小说《穿堂风》与成长有关，与母亲和孩子的关系有关，这是人与人、家庭内部的最基本的关系。这种人伦关系的书写古老而年轻，要写出新意很困难。而这篇小说中，母亲的生与死，在主人公的生活中的烙印是那么清晰可鉴。《幸福的生活》、《北京来人了》表现出另外的一种风貌，就是对社会肌理的观察。《饥荒年间的肉》是对历史岁月的一种深沉的凝望，并一直延续到2003年才有了一个奇妙的回响。可以说，东紫的开阔和深沉，都有着给人性、生活、历史、家庭把脉和开药的能力。她注定能写出更好的作品，因为，她也是生活的药剂师。

再来谈谈王秀梅的作品。王秀梅的小说《快餐剧》和《坦克》发表在《人民文学》杂志，获得了广泛的好评。

首先，我觉得王秀梅的小说的第一个特点，是有很强的形式感。我感觉这一点是很多作家都不具备的。我当编辑，常常为镜子一样地反映“现实”的作品所苦恼，觉得还是笨人比较多，一些小说家无法给自己的作品赋予一个有意味的形式。形式和内容，是有机地联合在一起的，这一点在王秀梅的作品中非常突出。我感觉，要是王秀梅事先没有给自己要写的小说找到一个恰当的形式，她是不会下笔的，找到了一篇小说的形式，她才下笔如有神。因此，这就是她的长处，她也因为这一点，在比较老实地写作的山东青年小说家群体中，显得很突出。

比如《快餐剧》，就完全是几个生活的截面，以剧本对话的方式，生动地将人物关系巧妙地以戏剧结构呈现了出来。这样的写法，就是举重若轻的写法。《坦克》这篇小说也是如此。本来是一桩绑架案件，却被王秀梅写得九曲回转，写得波澜横生，写得风生水起，将现代婚姻生活、男女关系、人性弱点、时代病灶一同给刺穿了。而且，《坦克》的形式在于它有一个核心的意象，就是“坦克”。这是一个象征意味非常浓厚的题目，也非常抓人。什么是坦克？是玩具坦克，真正的坦克，还是象征碾压生活的看不见的坦克？在这篇小说中，看得见的玩具坦克和看不见的碾压生活的坦克是同时存在的，赋予了小说以丰富的内涵、恰当的象征和开掘生活的机巧。

王秀梅的小说还有一个特点，就是她的机智。聪明的小说家很多，而且很多小说家还把他的聪明劲儿也带到生活中，结果把自己搞拧巴了。王秀梅的小说透露着一种机智感，这种机智就是她可以从很多个入口进入到叙述中，在黑暗的故事森林里也不迷路，寻找到出来的道路，同时，她的小说又是开放的，带给了我们不止一个出口。你看她的小说《去槐花洲》中的寻找和诗意与反诗意的表达，《黑森林》、《高山流水》都是四两拨千斤式样的写法，让我们可以感觉到阅读王秀梅的作品，你领悟生活的能力得到了提高。

所以我说，阅读王秀梅的小说，我常常觉得很愉快，这是酣畅的一种猜谜游戏，而且谜底藏在某处，最终你会找到。机智的小说家，使我们可以看到叙事的智慧，觉得作者是聪明的，不笨，我们读这样作家的作品，收益很大。在这种意义上，对人性的潜航员式的观察，是她的长处。

王秀梅的小说还有其他一些优点，比如语调的独特性，我感觉她可以寻找到每篇小说的语调，因为语调是一种水流，可以带领读者顺利地漂流，此外她的语言比较精微，喜欢用一些模糊的形容，这样就有一种穿透力，她的部分作品女性意识也很强烈，虽然不那么明显，但是有着隐蔽的女性的视角，女性的观察，女性的感受力的，是男权社会中一道敏锐和犀利的光线。她注定能写出更好的作品，因为，她也是生活的潜航员。

我现在可以说，有了这批包括了东紫和王秀梅这样的优秀小说家的文学鲁军新锐的新集群，山东小说家这锅水，从此就烧开了。

体察人性与关怀生命

——祭鸿小说《狼顾》序

四川绵阳是一块灵秀之地，从古至今产生了很多优秀的伟大的文人墨客。历史记载，唐代大诗人李白就生长在江油的青莲，我曾经在江油探访过李白的一些踪迹，还上过江油的窦团山，不料几年前的四川汶川大地震，窦团山上的景观也遭到了一些破坏。

不仅李白与绵阳江油青莲有着深切的联系，另外一个唐代大诗人杜甫，也在这里游历过，并留下了近300首诗篇。至于四川当代著名作家沙汀、克非，也是从这里出发，走上了中国文坛的。所以，绵阳作家群是四川一个独特的文学现象，是值得认真关注和研究的。我记得，2003年我还在《中国工商时报》当副刊编辑的时候，随着《人民文学》的文学采风团，第一次来到绵阳，结识了当地作家、诗人吴因易、雨田等，建立了深厚的友谊。雨田个子不高，但是却十分豪壮，诗写得好，人也有意思，下巴上总是挂着得道高人才有的美髯。后来，我又来过几次，比如2008年，我从《青年文学》主编的位子上调到《人民文学》杂志当编辑部主任，按照杂志和绵阳师范学院的合作协议，我们在绵阳师院有一个创作培训基地，这个基地是专门为了培养大学生的文学创作兴趣和成绩设立的。在《人民文学》函授创作基地讲完课后，我与绵阳写小说的实力作家交流时，认识了冯小娟、费勤、祭鸿等多个很优秀的小说家。

祭鸿是最近一些年，在绵阳地区崛起的很优秀的小说家。我记得，我们曾经在一片竹林里喝茶，聊文学聊得很深。眼下他即将出版小说集《狼顾》，嘱咐我写点感受，我是很高兴地接受了这个邀约。

祭鸿的这个小说近作集子《狼顾》，是他勤奋写作经年的小说集。我看熟悉的作者朋友的稿子，都是有一种很亲切的感情在里面。这个集子给我的第一感觉，就是祭鸿是一个人性的开掘者和观察者。在这部小说集里，可以说，每一篇小说都充满了人性的关怀，我可以感觉到祭鸿写小说的支点，就是对人性的深刻打量和关怀。有意思的是，祭鸿在描写阴暗的人性、严酷的人物处境时，也常常会使用温暖的笔触，如一幅底色灰暗的油画，在作品快要结束的时候，又被涂抹上了一层明亮的色彩。这和祭鸿的世界观和文学观有关。祭鸿觉得人活在世，一定要有人性的道德尺度，人是自然的人，人又是社会的人，同时，人之为人，更是道德的人，人性的人。所以，这部小说集令我惊喜的地方，就是对人性的打量和观察，到了十分精微的地步，这是一个优秀小说家的基本功，我觉得祭鸿做到了。

祭鸿还是一个关心当下社会的作家。他不是一个把自己关在封闭的书斋里的作家，他总是将自己悲悯的目光，投射到外面的世界上，投射到行走的人身上，投射到社会广阔的景象中，去发现写作的素材，去提炼故事的核心，去开掘人物的内心。可以看出，祭鸿始终在努力将小说置放于现实与理想或梦幻之间，时常于现实与非现实之间自然地、自由地转换。我感觉，现实有时候是复杂的，纠缠的，祭鸿不愿意让自己完全地陷入对现实的纠缠中，又不愿意完全抛开现实，进入一个虚无的境界，因此，他的写作是一种关怀的写作，是一种接地气的写作，是一种鲜活的写作。在这本小说集里，可以说，每一篇小说都渗透着作者似真似幻、半梦半醒的描绘，底色却是社会的万象在作者内心里的投射，让我们看到了祭鸿的一种情怀，这种情怀就是对人的处境和境遇的表达，是那么具有关爱。我感觉，祭鸿是一个内心很柔弱的人，比如，小说中人物命运与人性表达上，祭鸿都表现出了明显的理想化倾向，让所有的悲剧都带有一份温情。这一方面反映了祭鸿内心的矛盾甚至痛苦，同时，也体现出了祭鸿超越现实书写的一种能力，使作品得到了很大的升华。

而小说的语言是小说的砖块，是小说房屋和大厦的基石和组成部分。从这个角度来看祭鸿小说的语言，我是感到欣喜的。祭鸿在小说语言上是很用心的，这个集子里的每一篇小说的语言风格都各有不同，祭鸿似乎有一支很善于转换语调、语感、语气、语言的笔，他的这个集子里的小说语言，有的空灵如行云流水，有的细腻如三月凝脂，都有一种流动的质感。而且，祭鸿的小说很多细节描写生动，情感收放适度。可以看出，祭鸿扎实的生活底子，严密的对生活的观察能力和一种理想化的唯美倾向，他试图通过语言、人物、故事和地域文化书写，努力创造一种文学的新境界，这种境界其实最低面貌，是作者内心情感的一种释放，但我觉得常常达到了文学的最高状态，就是对广大的世界里弱小的个体生命的深切关怀。

可以说，这本集子完全是祭鸿的心血之作。我也注意到，祭鸿的小说在手法上所做的试验，满溢于文字之间，他似乎是多面手，无论从内容题材、文本样式、叙述结构、语言风格等方面，祭鸿都试图在作品中不停地改变自己以前的写法，比如小说《客人》、《婚誓》、《紫蜻蜓》等直接描绘当下，表现方法也比较具体，而《血鼠》、《狼顾》、《风水》、《白狼》等则带上了一丝拉丁美洲魔幻现实主义和本土地域神奇文化结合的色彩。我们不能要求祭鸿一定要紧贴现实，去书写现实的绝壁一样的困境，或者期待他绕开现实，去写梦境中的幻觉景观。祭鸿恰到好处地在现实与非现实中进行了自由的转换，无论他转身还是远行，其实都有着一种文学理想的坚守，都有着一种文学真实世界的建构。

我敢说，祭鸿的小说会有很多读者喜欢，像我这么一个职业的编辑、读小说的人，就非常喜欢他的小说。因为祭鸿从来都没有刻意迎合当下时尚的某些甜腻的、滑稽的、包装的口味，没有刻意地为自己戴上一个虚假的面具，而是坚持着自己的文学表达方式，直指世道人心。站在伟大文学的角度和立场上，祭鸿的这种坚持，让我看到了文学本身的那种千百年来生长着的力量。

我记得，当初我在绵阳认识他的时候，他还在县林业局当分管业务的副局长，那么繁忙的工作也没有让他放弃文学理想。在接触与交谈中，我感觉祭鸿不是一个爱说话的人，他有着沉默的力量和寡言的惜墨如金。这和时下一般的基层官员有些不同。诗人雨田说，祭鸿虽然爱烟如命，却从不饮酒，在当今的文人与官员中也属于少数。至少，和我相反，我是从来都喝酒，但是就是不抽烟，而且喜欢说话。祭鸿现在虽然是北川羌族自治县的文联主席、作协主席，但这对一个作家来说并不重要，重要的是作为作家，你能写出什么样的作品，只有作品才是作家的资本，这是别无选择的。

从祭鸿的状态上，我看到，一个基层的文学作者，虽然在现实社会中完全有多种生活选择，他可以从政，可以经商，还可以钓鱼、玩古董、打高尔夫。但是,祭鸿作为从废墟中爬出的“5.12 汶川地震”极重灾区的绵阳本土作家,在繁忙的重建事务之余,不浮躁、不媚俗、不投机地坚持文学写作,殊为不易。眼下这个集子,可以说是生命和岁月对他的文学追求的最大馈赠,他把这个岁月的文学果实先给我们大家,让我们为他而感到高兴,让我们分享他内心的丰富世界。

鎏金的岁月，诗化的生命

——评方书华诗集《纸上的螃蟹》

方书华要出版一部诗集了，我非常高兴。拿来了校样，我看了，感触很多。

首先，我眼前立即出现了多年前，我们在武汉大学桂圆七舍的楼顶那几间校学生会的屋子里居住的情景来。当时，我是武汉大学铅印季刊《大学生学刊》的编辑部负责人，他则在学生会文化部负责宣传工作。在我的屋子里往来的，都是武汉各个大学的校园诗人和作家，我的屋子就是一个校园文学交通站，而在他的屋子里，我看到的，就是铺在长条桌子上那条墨迹斑斑的毛毡子，他几乎天天在那里挥毫泼墨，写毛笔字，画中国画。

我很喜欢方书华的书法。他的书法作品，有禅意，也有野趣，有规矩，也有方寸。看他写字是一种享受，他的字动则如同脱兔，静则如同立松。有时候，喝点酒兴致来了，笔力潇洒，气势恢宏，笔走龙蛇，飞龙翔凤。有时候又笔力千钧，气冲斗牛，大气磅礴或者静若处子，安之若素或者惊鸿一瞥。

那时候，闲来我们就坐在桂圆七舍楼顶，看天看云，晒太阳，然后就聊天。我觉得我的书法启蒙课，就是书华给我上的。后来我不怎么写字，但是喜欢看帖，看来看去，对书法的欣赏水平上来了，可是还是不会写。不过,能看帖就不错了,我对自己这么安慰。

后来,我来到北京工作,书华在湖北上班,又过了一些年,他也来到了京城,举家迁徙,在央视策划主编“艺术品投资”和“鉴宝”栏目,后来又创办“寻宝”栏目,联系又多了起来。我感觉书华来到北京之后,胸怀更加广大了,眼界更加开阔了,气度更加不凡了,待人更加谦逊热情了。

我去过他的工作室,看过他的收藏。他的趣味广大而驳杂,欣赏的东西趣味多样,鉴赏力非凡。而且,他的字越写越好,尤其是能够定得住坐得稳的一些很有禅意的字,可以称得上是笔力深湛了。而他对美术作品的鉴赏力尤其突出,无论是做电视节目,还是搞收藏,他在书画方面都是很有眼光的。我知道,对当代艺术的评判,是很困难的。艺术在刚刚发生的时候价值几何,很难界定,而他在这方面独具慧眼,可以准确地发现不少当代艺术家的价值。

比如,对画家黎增辉的作品的评赏和发现,推广和崇尚,就是非常有眼力的事情。黎增辉是湖北人,我觉得这是一个天人合一的艺术家。我第一次看到他的作品,就是在方书华的工作室内。那是一系列关于根的缠绕的油画作品。看着像丙烯画,技术上非常独特。不知道用了什么刮擦的技术。画面上,各种绵长复杂的根系纠结在一起,非常繁复而又有着内在的秩序,根的缠绕组成了一个个封闭的空间,而那些让人窒息的空间,画面深绿、暗红、金黄、淡灰、天蓝,最后都有洞开的一个出口,圆形的,通达上帝之门,或者如一扇窗户,以及一条隐秘的通道,在窒息的空间里无论如何纠结,都最终通向了希望。那些根系的缠绕之复杂之绚丽之辉煌,都是很难形容的。根的纠结,让我感受到了黎增辉这个人的精神的力度、强度，和他表达与探索痛苦的深度和情绪的难度。根可以说是黎增辉油画作品中最重要的一个符号，他以根的缠绕和纠结来表达时代的纠结和复杂，从一个人的内心出发，先靠近时代的复杂和纠结，希望和再生，最后，通向了上帝的澄明。

但是好的画家需要发现，推荐和让人们认识。方书华就不遗余力地推荐黎增辉，还一起去美国做推广和展览，还把我这个作家拉来帮助写文章。好了，该谈谈方书华的诗歌了。我没有想到书华的诗写得也这么好。看这首《给济慈》：

让我们聆听夜莺的歌唱
一个与快乐齐名的行者
一个歌赞自由的少年郎
你以秋颂的名义歌唱秋天
你以藤蔓的姿势悬挂太阳
你以悦耳的音乐领悟爱情
你以临近的死亡透露忧伤
当夏夜布满忘情的喜悦
高飞的永远是诗歌的翅膀
当诗人把光阴渡成了黄金
华章簇拥进自由的心房
……
你在异地的麦田思念家乡
迷醉的波涛满怀忧伤
葡萄美酒的口感
和着一种醉意的自由

鲜花的草场地
布满舞蹈般欢乐的骄阳
让我们用夜莺唤醒你的名字
唤醒智慧而永恒的光芒
吹来朦胧的绿色
没有暴君的世界歌声悠扬
你看天边,夜莺的合鸣
为我们带来了一束明媚的光

对济慈的赞美和诗意提取,使方书华的这首诗获得了比一般意义的抒情诗更加厚重的内容,使他成为文化诗人和在路上思想的诗人。同时,在语言的锤炼上,书华表现出对现代汉语的精确把握。诗歌是语言中的最高艺术,诗就是语言中的黄金,必须要经过千锤百炼。而书华不仅善于提取文化和自然景观符号来入诗,而且还在汉语的精微性上,有着杰出的表现。再看这首《怀想玉溪窑》:

缠枝或者莲花
蕉叶或者菊纹
你用元末明初的枝干
盛一滴简约的露水
让孤傲的晨风
把一朵恬静的花吹干

一窑滚热的炉火千变万化

正如你伏在我的耳边
慢声细语,情意绵绵
让我伤心了一个季节
也让我辗转反侧
快乐了一个胡思乱想的冬天
让我们用传说盖定窑变
……
当我们盛开古拙的青花
捧起玉溪的泥土裂变
用酒杯,梅瓶,玉壶春
装满沁人心脾的美酒
我们的爱,已超越寒冷

上面这首诗和他的《重读兰亭序》,都是一种对古代文化精华致敬的作品。方书华也因为这样的致敬,而获得了和中国古代文化的某种紧密的联系。此外,我对书华诗歌的感觉是,他的作品深受20世纪以来中国唯美诗歌的影响。可以说,那是寻找语言之美的至上的诗,从唯美主义、象征主义到意象派,再到20世纪以来的西方各个诗歌流派,以及现代汉诗100年来的发展,对他都有影响,都在他的诗歌作品里获得了回响。

此外,在这部诗集里,我们可以看到方书华是一个有着浓重的现实关怀的人,一个有情怀的诗人。他能够吸纳和消化大量的现实题材,像杜甫那样,以文化意识介入当代个人情感,这非常可贵,而他又能像蝴蝶羽化那样,将诗之美以蝴蝶的翅膀扇动的方式,来了一个灿烂的绽放。再看这首《深度的忧伤》:

从老家带回的三个橙子
端坐于餐桌，被长久安放

无法削去的伤疤
是少年时代的一缕清香

橙子渐渐枯萎，无法剥开
在沉默中我们相互端详

一种似是而非的酸甜
早已沉淀于你我的眼中

我们知道如何去爱
如何感受橙子的光芒

正如一只只成熟的蛹
剥离黑夜，就会飞出
深度的忧伤

阅读这本诗集，我感觉方书华的诗，好多地方的句子非常美，许多诗里都有几句非常漂亮，使我爱不释手。而且，在这本诗集中，信息量很大，包含着文化、艺术、哲学、历史、时代与社会形态种种信息，方书华的诗的整体风格，让我想到很多大诗人，比如美国诗人史蒂文生，他就善于从时代里面拎出许多东西来概括它。读书华的诗集，我还想到智利诗人尼卡诺尔·帕拉，后者的诗中有深沉的自我内视,有很多反讽。因此,方书华在诗歌方面的广阔的探索和实验,极具意义和价值。

看到这本诗集的出版,作为老朋友,我的兴奋是可想而知的,祝贺书华,也希望拿到这本诗集的朋友们,像喜欢他这个人一样喜欢他的诗。

叩问大地，寻觅乡愁

——李鹰长篇小说《日暮乡关》序言

“日暮乡关何处是？烟波江上使人愁。”

崔颢的《黄鹤楼》里的千古名句的确是让人愁肠寸断。因此，李鹰的这部长篇小说拿“日暮乡关”来作为题目，给我们指出了一条进入这部小说的路径：这一定是一部关于时间，关于变化，关于成长，关于乡愁的作品。

我知道李鹰作为小说家出道很早，他早在20世纪80年代初就走上了文学的道路。1988年我在武汉大学就读的时候，在当时湖北的一些文学杂志上读过他的中短篇小说。他早期的作品非常有锐气，关于乡村和乡土的写作十分精到，那些小说后来收录在他的中短篇小说集《正果》里了，读者可以找来看看。不过，进入到90年代之后，也许是出于疏懒，也许是生活忙碌，李鹰的写作就不怎么勤勉了。因此，拿到这部小说的书稿，我还是吃了一惊，觉得一个作家的确是需要时间来沉淀和成长的，李鹰这部小说让我看到了一个作家的类似一棵树那样不断生长的可能性。

拿到这部书稿还有一个机缘，那就是，我和李鹰的弟弟李毅是武大校友，李毅是湖北洪湖人，湖北洪湖人是我觉得可交的湖北人，湖北有的地方的人很不好惹，是九头鸟，但是洪湖人大都是实在、质朴、爽朗和大气的。李毅是我的政教管理系的师兄，在大学的时候就是好朋友，后来，1990 年李毅先分配到了北京，等到我刚刚毕业来到北京的时候，举目无亲，四顾茫然，首先想到的就是投靠武大的师兄弟们。因此，我到李毅那里蹭了不少顿饭。他娶了一个北京媳妇，嫂子人也很好。所以，20 年以后，李毅说他哥哥就是作家李鹰，而且还写了一部长篇小说，且还想让我写点读后感的时候，我是非常吃惊的。这就叫做机缘巧合了。稿子发给我，我就在出差途中，断续地看完了这部小说。

我的第一个感觉是，李鹰的确是一个资深的老写手了，他有生活，实际上李鹰就常年泡在日常生活里，厚积薄发地写出了这部小说。他是媒体人，职业性质决定了他要接触生活的各个层面以及各色人等，而崇尚自由的洒脱秉性，又决定了他能够用不羁的目光去探究社会与人生。因此，这样一个浸淫于文学 20 多年的作家，捧出来自己的第一部长篇小说《日暮乡关》，的确是令人刮目相看。小说的叙述非常沉稳，让我看到了李鹰在掌握叙事技巧的时候的那种娴熟的功力。他是一个熟手，不是一个生手。生手连基本的叙事都无法掌握，语调更是很毛躁，很不沉稳。而李鹰的小说，在叙述语调的选择上，是那种深沉有力、平缓如同波澜不惊的大河奔涌那样的宁静。

小说是从一座村庄说起来的。我们可以想象一下江汉平原的村庄的风光。到处都是湖泊，水波连天，水面边上都是稻田，翻起了千顷浪。洪湖水，浪打浪，到处都是鱼米乡。可是，在这样的环境中，小说的主人公就是从那里起步，然后离开了家乡，来到了遥远的阔大的城市，展开了自己的人生画卷。长篇小说还是处理时间的艺术，在这部小说中，时间的跨度达到了几十年，改革开放的年代里，时代的巨变化作了影子，附着在每个人物的身上。而小说中白乌鸦的设定，则是带有浓厚的象征意味的。

我的最突出的感觉是，小说中有沉甸甸的人生思考，与当下中国人的精神境遇有关，这给了我极大的震撼。

小说的情节并不复杂，主要写的是槐树村两个游子——严良和吴梦龙从离开家乡到最后回归的故事。我觉得严良和吴梦龙两个人物，有点像是作者的某个双胞胎分身，他们离开家乡，却与所有游子一样，都企盼荣归故里，光宗耀祖。这样的心理原本无可厚非，却往往事与愿违。严良和吴梦龙的命运正好印证了这一点。作为从小村子里第一个走出去的大学生，一个在单位才华横溢的诗人，严良本可以在自己热衷的事业——文学上有所作为，最终却在残酷的现实面前陷入了尴尬的境地：总想保持文人气节，又总在官场患得患失，成为一个既不像真正的文人，又不像真正的"官人"的边缘人。

而作为"顽主"的吴梦龙则从小混迹黑道，刑满释放后在商海里打拼，几度沉浮后成了亿万富翁。这样的"成就"都是他采取非法手段攫取的，他也因此付出了众叛亲离的惨痛代价。最后的结局是，严良被弄得身心俱疲，吴梦龙则把自己弄"没了"（死了）：

> 吴梦龙再也没有睁开眼睛，进入了昏迷状态。世界对他来说，已变成了一团黑暗和混沌。对妹妹们的大声呼唤，他也没有任何反应。只有从他那粗重而又急促的喘气中，才可看出还有一丝生命体征。时间在一分一秒地过去，他的生命也在一点一点地流失。严良急了，劝他妹妹们赶快将他送回去。她们也急，但很固执，表示要尽最后的努力救治他，甚至还幻

想他能重新醒过来。看着弥留之际的吴梦龙,严良觉得自己有必要和他作最后的诀别。于是便坐到床边,双手捉住了他一只业已干枯的手,一下一下地摩挲着,似乎要将自己的哀痛和不舍传导给他。吴梦龙的手凉凉的、僵僵的,没有丝毫动静,眼角却渗出了泪水,一缕又一缕。是对生的留念,还是对死的恐惧?是忏悔不端的行为,还是遗憾未了的心愿?严良胡思乱想着,突然悲中从来,禁不住放声大哭。哭吴梦龙,也哭自己。想自己和吴梦龙像浮萍一样在外漂泊了数十年,原以为可以打出一片天地,却双双被弄得伤痕累累;原以为可以荣归故里,却最终没有找到回家的路。严良越想越难过,哭声也越来越高。吴梦龙的妹妹们并不明白严良想了些什么,但还是被严良撕心裂肺的哭声感动了,也跟着哭了起来。

可以说,通过这两个人物的悲剧命运,揭示了作家的写作意图:那些人生表面的浮华与虚荣,并非人生的最要义。于此,读者不难窥见作家李鹰对精神家园的叩问与追寻。他是这个世界残存的理想主义者。

可贵的是,这部小说运用了整体象征,将自己的理性思考托付给了象征物。书名中的"乡关"既是家乡的古称,更是精神家园的指代。严良和吴梦龙一直心系家乡,要么想扬名立万、衣锦还乡,要么是近乡情更怯,无颜见江东父老,都难以投入家乡的怀抱。一如小说中所言:家乡很近,家乡又很远;知道家乡的方向,却找不到回家的路。他们在物欲横流的当下,迷失了自我,既疏离了家乡,也荒芜了精神家园。又如小说中《白乌鸦》一诗所言:"槐树承载不了/业已变异的生命/当梦醒时分/拿什么喂养灵魂?"由是观之,人一旦丧失“乡关”，即灵魂的安放之地，所有的努力还有什么价值可言。

我最欣赏的是小说中的白乌鸦，那对似真似幻的白乌鸦也是一个象征物，贯穿于全书始终，像一只梭子时时吸引人的眼球，把小说编织得非常缜密。同时，它又承载了作家的深度思考。联想到小说中人物的遭际和命运，其隐喻便可做这样的解析：变异的人性与人生是万万不可取的。

可以说，《日暮乡关》不是一般讲故事的小说，它在今天出现，在部分食品、空气和水源都受到污染的今天，人心是否首先是受到污染的？严峻的拷问发生在作者的内心里，因此，这部小说在今天的出笼，有着巨大的现实意义。小说直面人心的颓败，直面时代的伤痛，更多的是引发读者痛苦的思索。这当然缘于作家本人那种背负十字架似的探究。这样的阅读无疑是沉重的，但并不沉闷。这得益于作家的架构能力和语言功力。全书采取板块式结构，四大章节既独立成章，又互为关联。每个章节内容集中，脉络明晰，不枝不蔓，一气呵成。此外，全书的语言也很有特色，20余万字的小说少有对话，多是那种洋洋洒洒、行云流水般的叙述语言，而且颇富张力。无论是铺排故事，还是状写场景，无论是描摹人物，还是表情达意，其语言都那么活泼灵动，有很好的表现力和感染力。由此可见，李鹰是将这部作品打磨又打磨，一直到拿出来让我们眼前一亮的程度，才肯出版。

我读这本书已经是安静的深秋。我是非常欣喜的，阅读的感受是百感交集，似乎重新回到了时光的深处，看到书中的人物由暗淡到发亮，逐步地向我们走来，一个个是那么栩栩如生。总之，这是一本好看、耐看的书，也是作家李鹰为读者提供的一个特殊的文本,同时,这本书因为塑造人物的独特性,因为结构和处理时间的别具匠心,以及语言的舒缓沉稳,还有触及时代命题的宏大和深沉,它必将奠定自己在当代文学花园中的一花独放的亮丽的地位,也引发了我们去叩问大地,去寻觅那不尽的乡愁。

不经历风雨怎能见彩虹

——读朱家雄《未名湖畔的青春》

认识朱家雄是在1996年，掐指算来，竟然有近18年了。时间过得真快，这一晃，我和他就都从年轻人变成年逾40的中年人了。按时下的代际分类法，我是60后作家，他是70后作家，但其实我只比他大两岁，严格地说，我们是同代人。读了他新近出版的文集《未名湖畔的青春》一书，颇有些感慨。我想，他在70后作家中的地位显然更显著了，分量当然也更重了。

朱家雄很勤奋，早在21世纪之初那几年，他就陆续主编出版了《北大情事》、《北大情书》、《北大情诗》、《北大日记》、《北大文章》等系列北大题材图书，为此花费了许多精力，也取得了不少成果。不过我只看过当中的《北大情诗》，印象比较深的是他在该书附录中记叙的他在湖南家乡上中学时对书的渴望——而当时他却没有地方可以看到许多的书刊。我想，在互联网时代成长起来的80后、90后可真是幸运多了，一起步就有条件在电脑前怡然博览海量的各种信息以及网络上的众多文学作品。

朱家雄和我一样，开始也是写诗，后来把重心转移到了小说的写作上。朱家雄出版的《校花们》和《毕业前后》两本小说我都没有看过。我只记得第一次读到他的小说是在他主编的出版于2001

年 4 月的 70 后爱情小说选《玫瑰深处的城市》一书中收入有他的一篇小说《艳遇》，这篇以北大为故事发生地的小说之前似乎还曾收入他主编的《北大情事》当中，写的是北大一个名为老 K 的男生在春、夏、秋、冬四个季节分别与四个女生春红、夏荷、秋月、冬雪认识和交往的故事，富于戏剧性，而且其中的人物对话也很有意思。

朱家雄的小说我虽然看得不多，但《未名湖畔的青春》一书却让我了解了他年轻时代的种种努力，也让我知道了他所受文学熏陶的丰富和在文学创作方面的思考之深入。这本书是他历年来他所发表的各种文章的一个精选，其中记载了不少他在北大听好些作家做文学讲座的场景和细节，那种真实近切而生趣盎然的现场感，读来令人怦然心动，仿如自己也置身在讲台下那些专注而热烈的学子们中间。还有他所写的关于小说创作、诗歌创作的理解与心得的许多篇章，每一篇显然都是在长期实践基础上认真思考、精心酝酿、仔细推敲才得以完成并发表的，每一篇都散发着强烈的文学精神的光芒，也饱蘸着他多年来在文学上倾注的心血与焕发的智慧。

再就是他所写的关于 70 后作家与 80 后作家之比较的那些文章，这些文章都收在第六辑《两代新锐的崛起》当中，集中展现了 70 后作家们在文学创作上的不懈努力，当中的许多观点和评述都不无道理，甚至可谓切中肯綮。作为 70 后小说家中的重要一员，朱家雄或许有个同代作家无法攀比的独特之处，那就是他主编过好几本 70 后作家的小说选，而这或许也是他多年来始终用心注视着同代作家的发展的一个重要原因。我虽然没看过这几本书，但我一直都知道他所做的这些事，我想他的这些努力应该都是很有其价值和意义的。我还以为，朱家雄之所以对与他同代的 70 后作家高度关注,或许也是70后作家群在整体上所遭遇的各种困境所致。

我觉得,70后作家群这些年的完成不足与命途多舛,未必就一定是件坏事,有首歌不是也这么唱的嘛,“不经历风雨怎能见彩虹?”我想,朱家雄以及他的同代作家们,就算受了些委屈,但如果真的能做到矢志不移地持续发酵,努力绽放自己的才华,那么,再大的困阻、再宽的壕沟,他们必定都是可以克服和跨越的。

许多年来,无数文学青年都曾怀抱着自己的文学梦苦苦追寻,遗憾的是,绝大多数人都没能实现自己的梦想。以朱家雄既有的文学履历和创作成果,他在70后作家的重要性已是不言而喻,我以为他早已从当初的文学青年成长为我们时代的一位知名小说家,并且随着他的创作成果的不断问世,这种重要性势必是越来越显著的。作为他的文学同行和同路人,我预祝他取得更多的成果,更大的成功。

“花儿”的浓情世界

——评李成虎长篇小说《花儿为什么这样红》

拿到青海作家李成虎的60万字的长篇小说《花儿为什么这样红》，我觉得很欣喜。因为我也算是这本书的助产士。从他十年前构思这部小说，到如今如砖头一样厚重地出现在我的眼前，这个过程对于他肯定是艰难而又欣悦的。我和李成虎的初识是在2004年，当时我们都在鲁院第三期中青年作家高级研讨班学习，印象里，李成虎身材健壮、性格豪爽朴实，和我一样来自西北地区，有着别样的亲切感。那时我们都是风华正茂，青春勃发，上课之余，我们经常谈论文学和生活，谈论自己的经历，也常在一起喝酒。有一天，厚道、质朴的李成虎把他的散文集《遗忘在田间的犁铧》拿给了我，想让我读了之后写点东西。

我就抽空读着他的文字。李成虎是文如其人，那种来自西北青海的远古自有的乡土气息扑鼻而来，字里行间流露着他对故土山川大地子民那种执着的爱，他的表达也酣畅流利，真诚坦率，是他的心灵独白。这样的散文属于至情至性的散文，属于赤子之心的写作，几个月的学习生活结束了，我们班同学散去，感觉依依不舍。他照样回到了青海的西北高地昆仑山下，我依旧蜗居在繁杂热闹的北京城。通过一些同学，也常听到他的消息。是啊，作为青海省作家协会副主席的他，虽然日常管理工作繁忙，可他从未放弃过自己的文学梦想。

今年夏天，李成虎完成了他的长篇小说《花儿为什么这样红》。我很高兴，让他赶紧把稿子发过来。因为出差，我就在旅途中通过电脑断续地细细拜读这部长篇，感到十分惊喜。这部长篇小说无论是字数规模还是表现力，无论是人物塑造还是文化积累，无论是小说结构还是语言和情节，都是成虎的精心、细心、耐心之作。这是成虎的呕心沥血的代表作啊，也是当下的地域文化小说的重要收获。小说那繁复的、惊心动魄的故事在我的心灵深处一次次地撞击着。甚至，好长时间里，我的人，我的思想，乃至我全部的情感，都被成虎的小说所激荡，成虎以这部长篇小说超越了他自己，也是我们鲁院第三期高研班同学中最近写作成绩表现最好的之一。《花儿为什么这样红》这部长篇小说，在我看来，是一部集西部拓荒者艰苦创业，历经千辛万苦，满怀一腔热血，追求着爱情的纯真与生活的美好，并把“黄河文化”和“河湟文化”中最经典的“花儿”推崇与发扬光大于一身的地域文化小说之长篇力作。作品始终以一位智者超越现实的笔触，书写20世纪90年代西部一群年轻人可歌可泣的艰辛创业，对美好生活的向往以及对“花儿”的崇拜与追求，把在西部大漠之上，上演的一场场跌宕起伏的人间奇迹描绘出来。整部作品，始终以昂扬的情怀，触摸着生活的点点滴滴，哪怕是一次细小慎微的心灵叩问，哪怕是一回微不足道的场景描写，哪怕是一首毫无韵律的“花儿”独白，都被作者切切的诉说切入到了最佳状态，特别是作者深厚的文字功力和丰富的生活阅历，都将使整部作品的描写入木三分而在情理之中，发自肺腑而让我拍案叫绝。

首先,作者冲出现当今小说平庸无常的语言表述的樊篱。在整部作品中,作者煞费苦心,精心应用地方语言的特点,使得表述上更具文字魅力。这种独到的手法应用,从某种意义上讲,提升的不仅仅是整部作品的可读性、可鉴性、可信性,更重要的是让地方语言有了生存的意义。这一点如王安忆小说中的上海风味,张炜小说的胶东韵致,莫言小说与高密东北乡的内在联系……都证明着文学语言的地域性在作品中显出美学魅力。作者的地方性语言平白流畅,不故作高深奥僻,不因袭风雅熟语,而是吸纳多彩却明白晓畅的口语,读去反觉新颖。在此基础上,通过"花儿"独特的民族性、地域性以及演唱方式,使地方语言有了用武之地,而且,让地方语言在作者笔下发挥得淋漓尽致,增加了整部作品的感染力,因此我说,这部小说是一部非常优秀的地域文化小说。

其次,因为作者有深厚的写作积淀,丰富的阅历知识,更是因为有了作者对家乡一群年轻人火热情怀的表白,有了与他们一样的经历与生活的磨炼,所以,在历尽艰辛劳作,生与死的洗礼之后,始终以"花儿"为主线,唤起年轻人对生活的无限向往,对爱情的美好追求,从这一点上看,这部小说又是和民俗、情感有关的社会写实小说。特别是主人公马文林的出现,因为有了共同的爱好,他与李丹梅邂逅在省城,甚至于共同的爱好,让他俩很快坠入情网而一发不可收了,正因为有了"花儿"这一催化剂,催生了爱情,催生了追求,催生了梦想。马文林,这个在乡里人看来是不务正业的、唱着野曲的、浪荡不羁的山野人。李丹梅,这个为生活所迫,不得不走向街头的人,用自己天生的一副好嗓子漫着"花儿",甚至是为了生活出卖自己的肉体。他俩的结合,纯粹是以共同的爱好为基础的,直至到了最后,马文林出版了《花儿为什么这样红》的"花儿"

集，李丹梅在马文林的大力支持下，办起了属于自己的“西北花儿茶园”，同时，与马文林一起，参加了宁夏全国“花儿”大赛并获得了大奖，圆了“花儿”梦，告别了非人的生活，而且，曾经为了“花儿”而付出了艰辛的一对有情人终于实现了梦想，正朝着更高的目标前行。

小说中，李成虎通过马文林、何元业、孔祥华、李丹梅、陈静云等人的爱情纠结，来达到推崇大西北历史悠久的“河湟文化”，来达到呈现“河湟花儿”所蕴含着的深厚的文化底蕴，而且，通过这样一种情感交融的描写，更进一步地展示了作者驾驭文字的能力，并且，在对人物的心理描写、对话的设计、个性的提炼等方面，无不体现着作者游刃有余的写作风格。整部作品在以“花儿”为主线的基础上，以人物爱情为基调，大力弘扬爱情的无限美好，弘扬年轻人追求爱情，向往美好生活的思想，弘扬在特定条件之下人的那一种“人性”的本能。成虎的文学创作的心路历程是那样明晰，那样泾渭分明。且不妨让我们一起走进他的精神世界。在人物刻画达到了炉火纯青般的美妙之后，他动用了大手笔，着重展示了大西北浩渺无际的宽广、死寂、神秘，在这里，成虎展开了丰富的想象，把视野投向了更加广阔的天地，展现于眼前的是一幅恢宏无比的淘金画图，喷涌而来的是一派淘金大军进入荒漠边陲的生死拼杀。在成虎的笔下，人与人之间在金钱与利益的驱动下，在欲望与邪恶的决裂中，失去了人性，甚至是昧着良心的谴责，在拿事与拿事之间，上演着一场场勾心斗角的明争暗斗。

李成虎通过写城市中的人来写城市。这算不上新发明，却是最常用、最成功的办法，在西方文学传统里，通过写人物——贵族、暴发户或者梦想爬入上流社会的底层青年等——来完成对城市文学的建构，早已证明了是行之有效的好方法，巴尔扎克之高老头、司汤达之于连、狄更斯之奥立弗、陀思妥耶夫斯基之伊凡等都是令后世难以忘怀的典型人物。《高老头》中的拉斯蒂涅、《红与黑》中的于连等年轻人怀揣梦想来到大城市，渴望出人头地，却逐渐被残酷的现实挤压，逐渐失去原有的纯真，变成一个道德沦丧的投机者。在西方的文学作品中，这已经是一个相对成熟的主题。而中国文学里这样的小说相对来说少。而成虎从另一个角度，诸如“创业”、“打工”等方式描绘了何元业、马文林、李丹梅、陈静云等这样一些人物在城里立住脚，站得住，吃得开。特别是主人公马文林，怀揣着一颗肮脏的、急功近利的、置人于死地而后快的心，常常潜入大拿事何元业情妇陈静云家中与其厮混，甚至要抛弃发妻，留在城里，将陈静云据为己有。而且，为了自己的利益，经常借给大拿事办事的机会大捞特捞，中饱私囊，这又体现了马文林人性中的“恶”的一面。

关于“花儿”，我听过一些，我出生在新疆昌吉回族自治州，因此对回族文化很感兴趣，我也搜集了一些书，并在我的一部早期的中篇小说里引用过不少“花儿”。在成虎的这部60多万字的小说中，光“花儿”就有490多首，这不能不说是整部作品的重头戏了。从某种意义上说，因为是“花儿”造就了“河湟文化”的博大精深，使世世代代生于斯养于斯的民族繁衍生息，创造着生活；因为是“花儿”养育了故乡的人民，让祖祖辈辈借着“花儿”的韵律丰富了情感，传承着美好；更是因为“花儿”，让李成虎成就了如此之文化小说的大作，让人佩服，让人感叹。走进成虎兄的“花儿”世界，细细品味，轻轻揣摩，多少情感涌上心头。可以说，“花儿”促成了作者的力作，“花儿”丰富了作者的才思，当然，在一首首令人魂牵梦萦的“河湟花儿”声里,《花儿为什么这样红》脱颖而出,盛开着别样的风采,吐露着沁人的芬芳。

河里的鱼娃离不开水,
没水时阿么价活哩;
花儿是阿哥护心的油,
不唱是阿么价过哩。

原来如此,“花儿”与人,犹如鱼儿与水。虽然无法享受那种粗狂野性的演唱,隐约间可以看到,“花儿”把式在田野山岗、密林小河的举手投足,还有青年男女用“花儿”这种独特的民族风情,传递着爱情,表达着心意。

花儿本是心上的话,
不唱时由不得个家;
刀刀拿来了头割下,
不死时就这个闹法。

勤劳的人们把“花儿”的演唱与传承看得比生命还要重要,而且,那种娓娓道来的诉说始终让情侣徜徉在甜美的爱情之中。不难想象,在成虎倾注于490多首“花儿”的笔触里,融进的不仅仅是作者自己的苦心经营,而是“河湟花儿”的整个文化内涵,是大手笔,是大品牌,是大作为。而且,通过作者如此的苦心经营,通过作者如此的极力推崇,相信“河湟花儿”将会在不久的将来唱遍全世界。如此来看,以“花儿”作为小说的文化背景、小说内在的音乐旋律，以及感情衬托和最终的结构穿插，都是这部小说非常成功的地方，也因此使这部小说有了更丰富的内涵、更广大的情怀、更深入的追求以及更精彩的表达。

正如成虎自己在后记里说的："一片黄土地，孕育着'花儿'，'花儿'，是被严寒酷暑改造了无数个世纪的一片青草地；是有节奏、有旋律、有色彩的烈性酒；是一种抒发不尽，吟唱不完而又跃跃不可压抑的情欲。高亢、嘹亮的'花儿'吼起来——唱太阳唱月亮唱星星唱命运唱人生。那是用黄河水泡就的，用黄土地育就的，用黄旋风吹就的山民的后代，就那么淋漓而酣畅地唱起来了……一如黄河奔腾而喧嚣的气势。一如高原博大而深沉的胸怀。一如西北风雄浑悲壮而洋洋洒洒的节奏。'花儿'，黄土地上男儿女儿对人生的啸吼，是黄土地男儿女儿对命运爱情的挑战，是力度和热能的示威。至于'花儿'的'令'我说了那么多，我想他们也不会懂的，因为他们没有生活在高天厚土之上的这片高原。在我心里，花儿不是在'唱'，而是在'喊'、在'吼'……需要拖着长长的腔声，大声吼出'阿哥的肉儿'，那是心灵颤柔的'花儿'、是对爱情的追求啊。"因此，写出了这部注定将成为当下长篇小说的丰富收获的李成虎有福了，我祝福成虎老同学在文学道路上越走越宽广，期待着他写出更好的作品。而他以这部地域文化小说杰作，让我们看到了他的实力、耐力和创造力。

色彩世界和观念空间

——赵红尘绘画艺术感想

我和赵红尘结缘，已经有20多年了。但我们第一次见面，却是在去年的3月，在798艺术区他举办的多元艺术展“主”的现场。看到清秀中蕴藏着沧桑、执拗和热情的赵红尘的黑红脸庞，我十分兴奋。眼下，都是40岁以上的成年人了，可我们依稀都从对方的眼睛里，看到了20年前，我们为了文学写作的那种理想主义狂热的火苗。我记得我当时读到他很多作品，在武汉大学读书的时候，还收到了他那本诗集《公开的情书》，他创作的组诗和长诗《油画农民》、《神光》、《帝王墓歌》、《爱情碑》、《天地十四行》、《酒神醉了》、《自转》等，都是我爱不释手的诗篇。如今，他成了一个画家，而且是那种仿佛横空出世般独具风格的、有着自身强烈符号价值的画家，让我特别好奇。听说，他的画龄到如今只有三四年的时间，当真让人觉得匪夷所思了。

在20世纪80年代末期，当时的中学和大学校园里，一拨拨地出现着校园诗人，我和红尘都属于那拨校园诗人。他的诗风热烈密集，锐利而激情，有着完全不同于岭南文学风格的、和北方人相通的爽朗和大气磅礴。这正是我当时喜欢的风格和气度，因此，我就很注意追踪这个同道的消息。当时，我们经常在一些文学报刊上同时发表作品,大家虽然在天南海北,但发出来的作品后面都有作者地址,我们就互相写起信来了。如此说起来,那我们就是“信交往”的一代。

“信交往”这个戏谑的说法,来自诗人江小鱼的一次饭局上的自嘲。那天,正是赵红尘在798艺术区的创意广场中的香港当代美术馆举办多元艺术展“主”的次日晚上,广东诗人冯桢炯设局,宴请了在京的十多个当年的少年诗人、如今从事着五花八门职业的朋友,在王府井一家饭店里聚会,场面十分热闹。当年的少年诗人,如今的中年人,很多人过去都是“信交往”,20年不曾见面,见面了,却那么亲切,仿佛从来都是一起长大的,从来都不曾陌生。这种感情,只有我们这些校园诗人的内心里才有。后来,红尘去了复旦大学作家班读书,毕业后继续写作,但突然从事绘画来了,是我们都没有想到的。听说,这就宛如天启一样,2007年的一天,在朋友胡山的广州画室里,借着酒劲,他就开始画画了,结果一画就令专业画家都感到惊诧,于是,他就一发而不收,开始做美术了。

这一次,在798举办的赵红尘的综合多元媒介艺术展“主”,是非常有冲击力的。展览开幕酒会由诗人潘维主持,很多诗人好友和评论家到场助阵。开幕式的结尾,教堂唱诗班现场唱颂了赞美主的圣歌,在旧工厂那高大的厂房里回荡,应和着这天的画展主题。之后,我们徜徉和欣赏着他的这个展览。首先映入眼帘的,是一幅巨大的油画《九五至尊》,两米八乘两米八,画的中央,钉着一件真正的雍正皇帝的龙袍。暗红的、蕴藏黄色调的粗笔色彩是龙袍的背景,显示了皇权的森严和波诡云谲。接着,第二幅作品则是油画《信·望·爱》,画面上,被钉在十字架上的耶稣基督不同于我看到的无数基督像,他的腰间围着红布,灰白的身体显示了血液已经流尽，表情安详中带着沉思，并无痛苦。第三件作品，则是竖躺在地上的一根原木十字架，据说这根木头来自贵州雷公山的香杉树，树龄已经超过了一百年。这件装置、材料和雕塑作品，中间裂开了纹路，被刷上了暗淡的冷血一样的几条粗粝的血色，倒在那里，让人看到有一种想躺上去的冲动。第四件作品，是《新十字架》，布面油画的背景是暗灰黑色的地狱一样的颜色，画面的中央则用冥币粘贴出一幅十字架图案……整个“主”系列的多元媒介作品，分别涉及了绘画、雕塑、观念、装置、材料、实物、拼贴等艺术，带给了每个观者以思之震撼。可以说，赵红尘横空出世自有他的绝活，就是一上来，就把人逼到了一个绝境：你怎么看待和正视你自己的历史、人类存在的境遇。在这个系列作品中，我看到了赵红尘的诗歌作品中的那种挑战甚至是向艺术既有格局的挑衅，也挑战着我们每个人的神经，引发了我们对自身的深刻质疑。这组名为“主”的多元多材质的艺术作品展，也是当下我看到的、最能引发我思考的艺术作品展。

除了这个展览，几年的时间里，赵红尘还画了其他几个系列：素画“红眼”系列、油画“小愤青”系列和“愤青”系列，以人物的一只眼闭合，一只眼张开的画面，达成了对青春的解释和对现实的批判，男人和女人，分别被绘成红色和绿色，他们的关系在他的系列里得到了十分微妙的诠释。“怀念”系列中的戴着军人的八角帽的人，都闭着双眼，对生命逝去的感喟和深沉的表达，在作品里隐藏得很深。“梦中人”系列是我很喜欢的作品系列，“稻草人”系列，在画布上将丝网般的凌乱线条固定成稻草人的身体形状，黑色的，橘红色的，黄色的，暗红色的稻草人，似乎在那里提示着：不要逾越你不能逾越的边界，又似乎在说：“过来吧，其实我不是人，我可以和你达成默契。”多义与抽象的绘画语言，经常给我带来审美愉悦。

我尤其惊异于他的一些水墨设色的宣纸彩画，画幅都比较大，情绪特别饱满：《荷塘月色》中，黄色月色下的青的荷花扑面而来，仿佛都在微风中摇曳，《雾中桃林》、《桃花诗》、《桃花煞》中的桃花那么璀璨鲜艳，满满地拥挤在画面上，让我有些热泪盈眶了，显示了红尘内心里那种无法被限制的热情。“醉荷”系列则将荷花画得摇曳多姿，简直是疯狂的荷花！“柳燕之约”系列里，柳树的姿态、颜色都是我没有见过的，小巧的燕子飞翔在那么茂密的热情的柳树边，这些水墨设色的宣纸作品，赵红尘简直是突破了我对国画的理解，我还在琢磨宋元山水的文人绘画呢，他已经隔山取火，横空出世，把油画中的色彩无比浓烈地运用到宣纸上了，拥挤的颜色元素，显然是因为内心的激情要胀破所有的束缚，达成表达的自由才这么画出来的，看他的这些水墨设色景物画，使我感到他在心灵和情绪上，在热情和激情上，在表达和对万物的颜色的理解上，根本就不输于欧洲那些印象派、后印象派的大师们，创造出他自己的世界，这个世界，就是去表达他自己的心，一如他的诗一样，大气驳杂地在结构着新的绘画历史。

2013 年的 5 月，他又在 798 的香港当代美术馆推出了他的最新水墨作品“万物副本”系列。长达 49 米的、在整个展览大厅里连接了天地循环的水墨《梅花》天卷，让我简直惊呆了。我对绘画的判断，建立在多年来熟读美术史、游走世界各大美术馆看真迹的基础之上，就是一种直觉的判断。看到红尘的新水墨作品，我觉得他保持了诗意的盎然，水墨的灵动和酣畅淋漓，同时，使水墨画出了油画的效果，滴撒，甩撇，游走和氤氲，都在他的画里面展现。而且，色彩的冲击、构图的大气和观念的超前，都是一体的。在他的这个“万物副本”系列水墨作品里，表象是梅花，而在梅花的背后则是宇宙法则，是最高造物主的意志在起作用。宇宙中的银河系和黑暗与星系，那些恒星、行星、星云以及暗物质，都在梅花背后，和梅花同体，和自然和一。这就是赵红尘以宇宙和万物、星空和时间来作为观念支撑之下的梅花。一沙一世界，一梅一宇宙，的确，这组作品实在太贴题了，就是万物副本，是宇宙的模拟和再造，是宇宙的显现和象征，就是那梅花的璀璨、妖娆、生动和陨灭。这就是赵红尘的观念空间的广大和天启风格。

5 月 28 日，他的“万物副本”系列水墨作品展览结束，我们在酒吧里坐下来，谈到了当代艺术品的种种情况。这天晚上的聚会，当年的少年诗人们在北京的，又全都聚集在一起，大家分别在传媒界、艺术界、文化界混生活，谈笑风生，仿佛我们一直都是在一条小街上长大一样。我想起了红尘画笔下的那些桃花梅花，那么璀璨鲜艳密集和热情，就像我们这些 20 年的老友拥挤地坐在一起一样。我期待他的《水之梅花 · 地卷》水墨长卷早日问世。

世相之书，讲天机之道

——杨志鹏长篇小说《世事天机》评论

杨志鹏是资深的小说家了。他的创作历史比较长，到如今已经持续30多年了。不过，在我印象里，他同时还是一个文化商人和文化活动家。我记得他出生于陕西汉中，说一口地道的陕西话，至今未改乡音，好在我是西北出生的，他的话我听得懂。这个人是一个朴实能干又精明强干的西北男人，做朋友、做事情都踏实和细致周密，对待朋友从来都很好。他那时经常策划一些大型的文化商业活动，这类活动往往是跨界的，将文学、美术、收藏、旅游、政府行为打通，一般声势都比较大，请的人在社会各界都是大腕和精英，大师和奇葩。那些文化活动可以说做得是风生水起，影响很大，让人不禁对志鹏刮目相看。

他有一段时间经常来北京，我们有过一些交往。因为都是西北人，因此总是有亲近感。加之我们都喜欢吃陕西饭菜，他来到北京我们就经常去什么兰花花或者陕西羊肉泡馍馆子吃饭。我知道，早年他离家出门当兵，在青海生活了很多年，转业之后成为媒体人，在传媒界的潮起潮落中，像一个弄潮儿那样经历了很多事情。后来，他又从青海高原上来到了青岛海滨，在那里继续办报纸杂志，同时涉足文化旅游产业，因为笃信佛教，他曾在黄岛上将一座不小的山弄成了集合美术、宗教和旅游为一体的文化山。我记得，某年的初夏，我到海洋大学开会，会议间隙，他陪同我爬过那座山。山不算高，有佛就灵。山峰上岩石峥嵘突兀，怪石嶙峋，道路崎岖，我爬得是气喘呼呼，他爬得却是如履平地，谈笑风生之间，让我领略了新加坡艺术家陈瑞献的书法艺术和佛教文化结合的风采，那些书法和佛理分别点染、散布在山石之间，使爬山变成了文化的、艺术的、宗教的旅行，使人的身心都在天地之间得到了升华和锻炼，洗礼和涤清。所以，我还常常想去青岛的黄岛，再去爬爬那座山。

在文学写作上，杨志鹏像是一个长跑运动员，从来都没有丧失斗志，没有丧失去冲击终点的信心。从 1981 年开始发表作品，到如今已经有 30 多年了，一般隔些年，他都会出一两部砖头厚的作品。他对自己在文学上的追求和理想从来都是笃定的，这个人大气，写的东西也大气。他不写小情调的东西，因为是陕西大汉，所以他的作品无论立意还是作品的结构、规模和体量，都是不含糊的，都是规模宏大的。因此，这么多年他才会拿出来一部又一部沉甸甸的长篇作品来。比如，出版于 20 世纪 90 年代的长篇小说《百年惶惑》，听那小说名，就知道是一部百年时间跨度的叙事作品。的确，《百年惶惑》是他在当年“陕军东征”时期，和其他一些陕西籍作家一起发力的文学力作。现在看，仍旧是一部好作品。那是融汇和集合了杨志鹏很多乡土经验、少年记忆和历史传说的大作，是他对乡土中国百年苦难的深情一瞥。在那部作品中，人在历史中飘摇生长，命运像断线的风筝一样飘落。年复一年，黄土高坡没有变化，变化的是人的生命的陨落和再生。

我和志鹏后来的交往，主要是去青岛出差的时候，总是可以见上一面。我问过他，最近写什么呢？他说，还在写长篇，是关于当代生活的，成熟的时候拿出来。果然，在这部《世事天机》中，我看到了一种非常热闹的当代生活图景，以及这种图景和杨志鹏所经历的生活的关系是那么近。从某种程度上说，作家所写的所有的作品，都是作家本人广义的自传。但是，从这部小说中去按图索骥地寻找杨志鹏的大都市生活、海滨商场上的真实生活，我觉得意义不大。

我觉得他是很善于从日常生活中提炼的一个作家。《世事天机》是一部能出能入之书，是作者见鬼杀鬼，见佛杀佛之书。是主人公走入了滚滚红尘，同时又能够安然地走出来的书。我不想在这里详细复述小说的情节，因为这是对作品本身的抽空。小说的叙述密度非常大，大到了喘气都比较困难的地步。对话很生动精彩，如果拍摄成影视作品，可以直接转化成画面和场景。这是小说最为成功的地方。密度、长度、难度、厚度，这是莫言总结出来的当代长篇恰恰应该追求的效果和境界，因为曾几何时，那种短小的“小长篇”大行其道，在大师莫言看来，这侵犯了、伤害了长篇小说的尊严。长篇小说必须是时间长河的描述，或者是对一瞬放大到无限的叙述作品，必须是千百万人在其中走过但是通过典型人物来呈现的人类之书。长篇小说必须是对时代的回应、描画、总结、批判、深入、留念和锐利的分析之书。

《世事天机》中的世事，讲述的就是眼下的事情：财富的转移，在报社总编辑辞职的当口发生，重新创业使荒山变成了金山，由此引来了男人和女人的欲望的爆炸。在政府、商人、土地、农民之间，在权力、金钱、道德、欲望和信誉之间，在男人、女人、上层、下层、中产、小资和赤贫之间，在智慧迸发、权谋善变、命运转折、生命陨落、国际仲裁和机关算尽之间，这本小说展开了纠葛很深的描述。最后，天机呈现，人所追求的最后都化为泡影，高僧出面，以禅语来揭示了人生的真谛。见山是山与见山不是山，以及最终见山还是山——天机之道昭然若揭，自然澄明地显现于世人的面前。

因此，这部集合了杨志鹏多年生活经验的大作，是他从自身出发，贴着身写，贴着肉写，贴着灵魂的痛苦和血的代价而写的好作品，非常有质感，接地气，丰富和饱满，是当下一部好读耐看也经得起分析的长篇小说，从世相的纷纭到天机的泄露，这本书给那些身处时代迷局的人指出了一条明道，让他们不要执迷不悟，而应该迷途而返。因此，这本书会成为一个路标，指引那些曾经路过的人们告诉他们往来的方向。

人生的暖意与忘记

——读秋微的长篇小说《莫失莫忘》

拿到中信出版社出版的秋微所著长篇小说《莫失莫忘》，就觉得手里多了一份暖意。这是因为书的装帧设计是暖色调，带有着书的内容和品质的意蕴暗示。

封面是淡淡的微粉红黄色，这种色调似乎很难调制出来，也很难形容。菊花、牡丹和玫瑰线描画边上，左右两只鸟，一大一小，似乎是一公一母在对视，对唱，以及互相凝望。

好了，这一定是和情感有关的一本书，一定和记忆有关。封面的元素就告诉了我们这些。在封面上，还有几句提示："你是否也有错过的挚爱？有些人，没有在一起，也好。如何遇见不要紧，要紧的是，如何告别。当回忆时，心中仍旧生出温暖，那终究是一场善缘。"——还有什么比这样的话更生动更具高度概括性，同时又引人入胜，假如你对感情和感情中的回忆依然那么动情的话。

秋微对于我是一个陌生的名字。看了简介，才知道她是一个出道已久的作家，出版了杂文集、短篇小说集、剧本、长篇小说等十多本，还做过电台、电视台、网络视频的主持，是一个很好的传媒人。

我对传媒人写的作品一向充满了敬意与好奇。因为传媒人，是最接地气的一群人。当然，有时候也因为信息的包围而显得过于时尚、新奇和信息量大。传媒人的作品，总是有着独特的视角、感受和新鲜的经验。秋微在这一点上不会让我们失望。

书名就是进入书的大门的钥匙。这本书的名字叫《莫失莫忘》，人生中，应该有些什么东西是我们不应该丢掉的，又有什么东西，是我们不应该忘记的？

当然，首先就是感情。对于男人女人来说，感情总是最重要和最麻烦的事情。尤其对于女人，感情往往是她们的大部分和全部。即使是那些事业成功的女人，情感上的失败和缺失，往往又是她最终的失败。我这么说，一些女人肯定不服气。可这是一个男权主导的社会，又有什么办法？

人是大地上的短暂者，是向死而生的动物。人因为有感情、记忆和心灵世界而高居灵长类动物的顶端。传统的观点认为，男性在于改造、创造、适应和利用现实社会，而女人则应该改造、利用和收服男人。从古代洞穴生活到今天的玻璃幕墙大厦间，这一点没有多少改变。男人出去打猎、收获、打仗，女人缝制衣服、培养孩子、洗衣做饭。这些年，我见了不少以为妇女解放了经济独立了就不要孩子、不做饭、不做家务的女人，最终内心孤寂、罹患身心疾病而早夭的事情。而没有家庭和爱情的男人，同样惶惶如犬，悲哀地过着猪狗不如的生活。所以，男人和女人，最终都应回到原初上帝规定的分工上才好。这些是题外话。

回到秋微的这部小说，这部小说讲述了一个曾经经历的爱情故事。语言是舒缓的，不自觉就引领你进入到作者所设定的氛围里。可以说，这是一部"情调小说"，带有小资和中产女性的那种细腻、婉约和纠结感。故事并不离奇，平常中带着独特性：一个男人，一个女人，在某个时间相遇了，然后发生了情感的关系，最后，又因为某种原因,主要是男人或女人的自私而分开了。

然后就形成了回忆。多年之后,那些回忆却变成了温暖的核心,如同发烫的玉石一样硌着人的手心脚心。小说讲述了男人和女人的孤独。小说的视角是女性的视角,对于我这个男人来说,等于说我是在倾听一场女人对感情追忆的独白。我看到了一个女人的内心——即使那些情感的云已经远逝,可是,即使是影子也依旧有着温度。

有温度就有态度,有风度就有尺度,就张弛有度,到了一个年纪,度,是最重要的东西了。这本小说,可以说,是一本很有“度”的小说。秋微显然对生活已经了然于心,对感情已经豁达宽怀,现在,由她来给我们上一堂精彩的情感课。

情感课,就是这本小说的定位和魅力。由于情感的暖色调,因此,它带有着作者的温度,故事的温度,时间的温度,记忆的温度,以及文字的温度。最终,温暖了我们这些鲁莽的、迷茫的、烦躁的、忧伤的、困惑的、执拗的读者的心。

为人性消毒

——老于头长篇小说《龙胆紫》序

我一向对由医生变成作家的人心怀敬意。这不仅是因为鲁迅和郭沫若当年都学医,还是因为文学这玩意儿与精神和肉体都有关。另外,我对记者变成作家的人也很崇敬,是因为我喜欢的海明威、加西亚·马尔克斯都是记者出身。由此可见,好作家从医生和记者群里出来的概率大,表现好。

老于头就是一个医生出身的作家。这首先就让我对他倍感神秘和崇敬了。和这个名字古怪的"老于头"的神交,至今已有五年了。当初,他发来电子邮件,请我对他的小说批评指正,我并没往心里去。后来,他发来小说《热病》以及《二十年》,我读完之后,立刻回信说喜欢他小说的立意和结构,因为他的作品有着独特的视角、新颖的结构、巧妙的立意,以及对这个社会丰富的观察。我就鼓励他多写。这部长篇小说《龙胆紫》的诞生,正是他不断超越自己的结果。老于头 1990 年毕业于南通医学院,一直在故乡的人民医院,从事传染病的临床诊治工作。文学创作,只是他的业余爱好,已经坚持了近 30 年了,殊为不易。他的长项是短篇小说,一旦有新作,他都会第一时间发给我阅读,有几篇印象颇深。这部长篇小说我是第一次看到,读起来觉得非常兴奋。

长篇小说首先是处理时间的艺术,又是结构的艺术,更是塑造人物和语言的艺术。《龙胆紫》这部长篇小说,书名就让我感到好奇:什么是龙胆紫?原来,龙胆紫俗称紫药水,是人们所熟悉的外用药。龙胆紫是一种碱性阳离子染料,因其阳离子能与细菌蛋白质的羧基结合,影响其代谢而产生了抑制细菌的作用。它能抑制革兰氏阳性菌,特别是葡萄球菌、白喉杆菌,对白色念珠菌也有较好的抗菌作用。它杀菌力强,对组织没有刺激性,也没有毒性和副作用。好了,那么,这本也可以叫做"紫药水"的小说,想为什么消毒呢?为人物的灵魂,还是身体?我想,这就是这部小说的一个隐喻,一个入口。

简单说来,这部小说是以曾颖出和那斐为两个主人公,讲述了几个普通的大学生在1987年到1989年间的故事。小说使用的是平实的叙述语言,如同静水深流的语感贯通全文,我读起来,就像看一部老电影,将一幕幕时光的剪影放映在眼前。而曾颖出和那斐两个人的爱情故事,平凡得20年后看起来也没有多少跌宕起伏的波澜,但却透出一股感人至深的力量。这是因为,在他们的背后,20世纪80年代末大学生活风景与大学生群像以及社会世情成为小说的背景,体现出了天然的感染力,值得回味。另外,作者以"尊重历史,独立思考"的态度所完成的对往昔的客观描述与回忆,也让人比较信服。

小说的一开始的时间设定在1987年9月,当时刚满18岁的曾颖出考上了省城的XX工业大学的机械制造专业本科。因为擅长体育,被选入了学校的学生会,担任了体育委员。他具体负责整个年级每天的晨练,发现本年级有个叫那斐的女学生,一个学期都没有参加过晨练,作为对缺席晨练学生的一种惩罚,她的名字每月都出现在橱窗里。最后一次，他自己的名字居然也被人写进了橱窗，并被打上叉叉，写着：断手断脚，不得好死。曾颖出十分气愤，发誓要找出写字的人。

第二学期，学生会改选，曾颖出发现，原来那斐就坐在他前排，并且是增补的宣传委员。上台做就职演讲的时候，曾颖出才发现，她的右脚是瘸的，并且回忆起上学期，为了排队买饭，曾经为那斐出头打架。熟悉之后，曾颖出对那斐有了好感，终于在1988年的3月，邀请那斐一起看电影《寅次郎的故事》，电影散场之后，两个人来到江边，他向那斐坦白了心声。但那斐回答说："我是不吉祥的人，你会后悔的。"在曾颖出一再坚持下，那斐答应和曾颖出保持恋爱关系。自从认识那斐之后，曾颖出的右脚莫明其妙地伤过四次。

为了买一辆自行车，曾颖出向做老师的父母坦白了恋爱经历，获得了父母的首肯，并寄来钱，让他要善待那斐。买了自行车之后，两个人的第一站就是长江边，那是他们第一次约会的地方，翻过一座石头山，来到江边，曾颖出想问那斐为何会瘸了右脚，那斐说以后告诉他。回程的时候，他们发现了一个黑洞，洞口长满了草。不久之后，那斐的姑妈那云霞从扬州来省城开会，曾颖出跟那斐来到姑妈开会的地方，见到了姑妈，共进晚餐的时候，曾颖出才知道，原来那斐父母双亡，她是姑妈养大的。那斐告诉曾颖出，父母是车祸死的，自己的右脚是从小爬树跌的。

1988年的暑假，曾颖出回到故乡，约定那斐到自己的故乡来过暑假。在暑假里，曾颖出跟中学的两位好友张中喆以及王新华每天在一起，畅谈人生跟理想。终于，那斐从扬州来到了曾颖出的故乡，他们，跟张中喆、王新华，以及他们的另一位同学，暗恋王新华的容欣欣，度过了一个美好的暑假。7月31日，一个大雨的夜晚，曾颖出跟那斐在一个避雨的桥洞里，有了性的关系，那斐告诉曾颖出，她不是处女，曾颖出说他不在意，并发誓爱她一辈子。

第二学年开学了，学生会的文娱委员沈勇兵，在不知情的情况下，居然写信追求那斐。信被曾颖出退还，两个人成了好朋友，一起办了读书会。学校的食堂因为学生跟食堂师傅纠纷，打了群架，学校处分了学生，没有追究食堂师傅的责任，学生集体在食堂静坐。曾颖出跟那斐为此产生了矛盾，沈勇兵站在那斐一边。学校领导集体出面，才解决了矛盾，并且表扬了曾颖出。曾颖出的同宿舍的同学，发生了一系列的事情。保定的黄文贤因为跟社会人员打架，致对方残疾，被学校开除了。从幼儿园到大学都在一班的诗歌爱好者朱可，跟女友袁如燕分手了。上海的周旭因父母离婚，暑假没有回家。跟留守学校的康怡情发生了关系，并致女方怀孕，最终周旭被开除。曾颖出学会了吉他，1988 年的 12 月 31 日，曾颖出、那斐、沈勇兵等七位同学，举办了“七色花”文艺晚会，曾颖出跟那斐在拥吻中度过了 1988 年的最后一天。

新学期开学了，张中喆讲述了寒假在北京打工的经历，王新华跟容欣欣分了手。靳立中因为大学前已经订婚，被女方逼婚，回去跪求女方才得解脱。学校读书会的第一次会议，谈的是对《河殇》的感想。每一位成员都对《河殇》推崇之至，只有曾颖出出于家庭教育的本能，表示了有限的反对。因为陪康怡情去流产，被那斐误会，两个人产生了矛盾，那斐表示要跟沈勇兵恋爱了。曾颖出处于失恋状态，后来经过种种解释，误会消除了，两个人又走到了一起。

1989 年初夏的那场政治风波里，曾颖出跟那斐等其他所有的同学，都在其中经历了波折，坎坷，命运从此被改变，朱可不再写诗歌，靳立中、沈勇兵等人不知去向。曾颖出因为父亲的来信跟家庭的教育，对于静坐、游行等方式比较反感，跟其他同学产生了激烈的争论和巨大的矛盾。1989年的5月的一天，曾颖出跟那斐去江边为去世的奶奶做五七烧纸钱，回来的途中，因为游行而绕道，发生了车祸，自行车跟卡车相撞，那斐为了保护曾颖出，失去了生命，曾颖出失去了右腿。住院期间，曾颖出从姑妈那里得知，那斐从小随父母在内蒙古长大，严打时因为早恋，男孩被以强奸的名义枪毙了，那斐为了殉情而跳楼自杀，伤残了右脚。她的父母因为愧疚而一起自杀了，那斐后来就来到扬州，随姑妈长大。曾颖出决定把自己截肢的右腿跟那斐的身体一起焚烧，安葬在他们最喜欢去的长江边上。

2005年的夏天，曾颖出跟将要成婚的女友庄逸萍来到江边，一切已经都变了，埋葬那斐的地点已经模糊，唯有那斐生前最喜欢的歌曲——凤飞飞的《什么样的你》——在回响。

整部小说有着一种舒缓平静的叙述语调。小说以“我”——曾颖出向现在的女朋友庄逸萍进行口头讲述回忆的形式，以曾颖出跟那斐的恋爱经历为追忆的线索，以20世纪80年代末的大学生活为背景，把属于那个时代的文化氛围及思潮努力用诗歌般节奏的语言写了出来，并将重要的历史事件贯穿其中，尽显特定时代背景下的个人命运。同时，小说特意把金坛作为男主人公的故乡，努力地把那个时代属于金坛的风物尽收笔底。可以说，非常可贵的是，这个小说展示了50后、60后、70后的一些集体记忆，表现出一定的打通与连接50、60、70年代三代人生活与精神传承的努力。其次，这部小说运用平实朴素的语言完成，看得出作者在尽量做到不动声色，在叙述上交替使用的倒叙与插叙的手法，不仅让读者在历史与当下间来回游弋，同时也营造出一种阅读节奏的起落，读起来别有意趣。

我感觉这是一部疗救了我们生病的灵魂和身体的、有着双重功效的、能够为我们消毒的小说。正像作者自己所讲的那样:“当小说的创作者拿起笔书写的时候,他内心必须明白,他的作品必须包括信仰的崇高与历史的诚实;脚踏实地,超越世俗的灵魂挣扎;当世什么是不可稀缺的珍贵品德;有示范意义的理想人生,非此则无意义。”在这里,对人的身体的关注和灵魂的好奇,一直是作者真正有兴趣探寻的地方,也是他最终成功地完成了这部小说的原因。

我为他这部小说的成功感到高兴,也为了他继续在疗救人的身体与灵魂的努力,而钦佩不已。

雅致的果实

——吴晓诗集《风雅颂》代序

翻看这本诗集的校样，我非常激动！激动于吴晓的诗歌的激情和优美，激动于他保持的杰出诗人的本色，他有着别样的歌喉，深情的凝视，广大的关怀，以及对语言的类似炼金术士一样的敏感和锤炼。这本诗集，是时光深处的果实，悬挂在时间的树上，随风轻微摆动，美丽、饱满、动人而有着收获季节的醇香。吴晓是有福的！因为他的内心里有诗，无论走多远，诗的光芒都会使他成为一个别样的人！

说起来，我与吴晓认识有20多年了。20世纪80年代末期，那时我们都还在武大中文系读书，我们都是武大校园里的文学爱好者，有着相同的文学理想，第一次见面，我们就一见如故。我记得吴晓带着淳朴善良的微笑，他的眼睛很大，目光友善而热情，伸出的手握住我的手也是非常热烈。他是当时武汉大学教育改革的受益者，直接插班到我们的本科三年级读书，和我们这些“珞珈诗社”与“浪淘石文学社”的成员们一起搞文学活动。

我记得，20世纪80年代是一个启蒙的年代。我刚进校，就遇到了“河殇”大讨论，以及萨特的存在主义等西方现代哲学的热潮。那同时是一个诗歌的年代，更是一个崇尚理想的年代，一个务虚的年代。我记得,吴晓进入学校的时候,就发表了很多作品,是一个诗人了。我们一同参加包括武汉大学的“樱花诗会”在内的各个高校举办的诗会和诗歌比赛,和各个大学里的校园诗人来往,骑着自行车在大学校园里飞快地跑动,徜徉在东湖边,泛舟、聊天、谈恋爱。

想起那些大学校园里的青春、热烈的日子,有没有什么明证?有的,对于吴晓来说,这本诗集中的大部分作品,都是那个时候他创作并发表在各大诗歌刊物所留下来的时光剪贴册。现在,我清晰地看到了他诗歌的全部精神的风貌:风,雅,颂——这《诗经》里的分类,也是吴晓诗歌的特点。吴晓的诗歌不仅继承了《诗经》的伟大传统,也继承了20世纪80年代那种校园诗派的浪漫洒脱、无拘无束的豪情,诗歌所呈现出来的唯美和理想主义,对现实的关心和人性的深刻打量,感情浓烈炽热,饱含着一个人的生命激情和赤子之心。

假如总结起来,可以说,吴晓的诗歌,是浪漫异质、意象繁密、意义多重的,又是内涵深蕴、坚实沉厚的,同时,风格上还带有着一点虚幻高远,既古典儒雅,又颇具理想主义和象征意味。可见他那个时候,已经超越了我们这些本科小子的无病呻吟的毛病,以及模仿大师的学步,他顽强地找到了自己的表达方式。

“诗歌的生命是在不断阐释中被次第打开的”,通过对诗人作品深度关照,就可以烛照出诗人在思想追求、表现形式、写作技艺、语言策略方面的获得。读着诗集里的诗篇,我又从中读出让我惊讶的意外,那就是语言的魅惑、宗教的救赎、庄重的孤寂,同时结合了风雅颂的精神光照。

先说说诗歌语言的魅惑。诗歌语言的裂变、重组、挖掘、深入、错位,延伸出来的那种精微、气度与味道,就是一个诗人对人世的态度。吴晓诗歌的最大特色,就是他对古典式神秘的偏好,而这种神秘又以高蹈的姿态,类似一种致幻剂,迷醉了他自己,也迷醉了我们。这就是他对语言的着力处。当他用高贵、迷幻来观照一切,诗歌就打下了吴氏印记。当我探讨吴氏印记时,又能感知到隐藏在吴晓的诗歌后面的荆楚文化的那些深重的影子。吴晓的创作不是无本之木,无源之水,他远接屈子、庄子为代表的荆楚文化传统,使自省和批判在诗歌中得到一种回响。比如,他的《圣灵里的祈祷》、《颂歌》、《晨光中的葡萄》、《欢乐》、《父亲》等作品,就把传承的本土精神与语言的魅惑推到了极致。

隐居多年以后,你终于
以一株植物的花如期而至
而我仍然保持着昔日最朴素的记忆
我在最明亮的黎明中写下诗行
这圣灵般的果实
我们一直要面对多久
我们一直要面对多久这样的果实,才能完成一次人生之旅

这是《圣灵里的祈祷》的一段。你以花而至,以超然的姿态来到我面前,而我依然是尘世中的一小份子,这就是吴晓魅惑的地方。这种表面平静却魅惑的句子,在集子中多次出现。

我很喜欢吴晓这本诗集对自己作品的分类,它让我们看到了一个整体的吴晓,一个在伟大的、长河一样的中国诗歌史中找到自己的小小位置的吴晓。三个部分的诗篇,“风”的部分,是国风,是民风,是社会风,是记忆里的风,那些经验那么的中国,那么的乡土

和亲切生动。在这个部分的诗歌里，他写童年、写故乡、乡俗，写亲情，他不是简单的描摹，是从记忆中抽出最具代表性，又最震撼心灵的人、事、物，用多重空间、多重角度，用带有致幻的魅惑语言来奠祭，进行神秘又本真的还原。他赞美劳作“我看见劳动的号子典雅的花朵，盛开在家园的上空”。他写乡俗，却成了一种回望与追溯“泥泞甬道上有祖先往返的步履，香案时的炮烟令人返朴归真”。多么美丽的“风”的记忆。风俗、民俗、风土、乡音、乡人的相貌都在眼前涌现！是他对故乡湖北，对乡土中国和童年、少年记忆的全面捕捉。他写小时候，故乡门前那些梧桐、石榴、玉兰、红叶李，却又带着一种迷茫与忏悔，他在《玉兰》说“她飞翔的天空更接近于我的思想，当我在黄昏与黑夜彳亍，寻找一枚具有节奏的石头，我便听见她鸽哨般的呼唤，远古而亲近，仿佛来自神话不到的地方”。

“雅”的部分，则又带有着《诗经》里大雅、小雅的某种风貌和回响，但是，吴晓所接续《诗经》的，是他自己的那种宗教感，那种对雅致文化的体认，对复杂事物和经验的追寻。这是吴晓诗歌又一个重要特色。吴晓受到西方诸多文学和哲学大师的恩泽，这也培养了他对诗歌的宏大的追求。诗歌的宗教在我看来有三种：悲悯、忏悔与救赎。三者指向生与死的终极意义。而吴晓诗歌的宗教有东方式的道学色彩又有西方式的基督原色，他的诗歌志向似乎不在布道，他更多的是用生命体验和深邃的灵魂洞察，不断穿越日常生活，来反思人生的意义。而这一点，一直贯穿诗集的始终，他的每一首诗歌都具有这样的底蕴，恰好这一点又是最难归纳与透析的，总的说是一种爱与殉道的精神。《经典之外的事物》、《逃亡》、《短歌》、《我会在夜色中飞翔》等诗作中，那种来自个人生命经验的体会，被一种敏锐的诗歌语言所捕捉，然后被锻打成一种带着美好韵律的诗句，来到了我们的眼前，来到了我们的口中。满口余香，而又使我们驻足凝思。

你的乐园将是葡萄的乐园。
看哪，众神在齐声歌唱。
如果有一种爱情能使昔日尸骨返青，
那她一定是鲜红的植物或精神，
她使金色的鸟群忘却最初的恐惧。

这是《晨光中的葡萄》当中的一节。而类似这样的表述不胜枚举。他的《颂歌》更是有一种深沉与灿烂的光辉。他诗歌中宗教的句子与词语，比如灵魂、血液、永恒、幽灵、毁灭等难以驾驭的大词比比皆是，而他用得那么自如，那么恰当与妥帖，那种精微、细腻只有在他营建的语境中才能显现，给我们带来更多深层次的意义。谁说大雅久不作？大雅、小雅都在，就在吴晓的心里，就在吴晓的笔下，就在我们的眼前这本诗集中。

而在诗集的第三部分“颂”当中，我们更是看到了吴晓诗歌的歌唱性和强烈的抒情性。在这个部分，如《欢乐》、《颂歌》、《晨光中的葡萄》等作品中，我们看到了歌颂某种我们企图抵达的纯粹之境的希望，吴晓以一种真挚、狂热与抑制不住的激情与生命原创力，倾泻而出，而又节制、优雅，他向现实世界施展直率而坦然的披露，又有一种常人难以企及的宗教情怀，给我们带来了全新的那种高企的诗歌经验。而赞颂，歌颂，唱颂，念颂，是诗歌从古代就有的那种源远流长的品质和经验，在吴晓这里，以一当十、举一反三、举重若轻地表现了出来，他的诗歌当中那种庄重的孤寂，那种如同口衔火种的姿态，让我们看到了他的坚守与精纯的品质。

那么多年过去了，当这本诗集出现在我的眼前，我似乎无法把这本诗集和现在的吴晓画等号，可我依然能从他诗歌当中读出他的一路走过来的心路历程，他孤独与傲慢同在，他沉静与狂热同在，他低调、儒雅、沉稳，但是内心明亮、热烈、深情和高蹈。

吴晓的这本诗集里，风，雅，颂，三个部分的诗篇构成了三个侧面和三张面孔，或者是我们可以走过去的三个方向。他的诗歌是飞翔的、亮丽的，庞杂的、体验的，莽撞的、纯洁的，优雅的、批判的，歌唱的、沉默的。他把所有的财富——语言化为他最为信赖的物件——诗篇，捧出来给我们，给我们这本诗集，这时光深处摇曳的果实，饱满、成熟、丰富，这盛大的果实，全是诗歌之醇，是酒酿，是时光的剪影和内心的钻石，在我们面前熠熠闪光。

李发锁的民生小说

——评李发锁长篇小说《谁是赢家》

李发锁是近几年在吉林异军突起的一位小说家,他连续出版了多部反映当下社会现实和民生问题的长篇小说,像《动迁》、《城管与小贩》、《拆迁办主任》、《没有赢家》等,以他扎实的生活积累,丰富的现实材料,以及激情的文学书写,形成了别具一格的小说创作,可以称之为“民生小说”,也就是说,李发锁是当下文学环境中,十分自觉地以民生问题作为切入口进行奋力书写,同时取得了很好的写作成绩的、非常值得我们关注的作家。

最近几年,他的作品接连在《人民文学》、《十月》、《中国作家》、《作家》等杂志上发表,几部长篇小说出版之后,在市场上也获得了不错的销售成绩,还获得了吉林省的“长白山文艺奖”,有的长篇小说还卖掉了影视改编权,正在被改成电视剧。可见,李发锁近几年的文学创作,以其鲜明的题材因素和写作取向,获得了各个方面的关注和好评。

其实,李发锁的小说创作并不是突如其来,也不是无本之木,他默默写作已经有 20 多年了。过去,他一直在政府部门工作,繁忙的工作成了他积累素材的方式和途径,现在,退下来之后,有了充分的时间来写作,因此他厚积薄发,创作力十分澎湃,算是一个大器晚成的、个性鲜明的小说家。

每个作家都有着自己的写作资源，李发锁的写作资源就是当下的社会现实。中国 30 多年的改革开放，取得了巨大成绩的同时，也要面对和解决各种各样的社会矛盾。有的是老的矛盾，比如落后的社会生产与人民日益增长的物质文化需要之间的矛盾，有的就是新的矛盾了，比如贫富分化、阶层分化，比如社会群体之间的利益冲突，比如民生问题的凸显与社会管理的艰难和复杂性，等等，这些都是李发锁过去在工作中遇到的，也是他曾经以各种方法去处理过的棘手问题。现在，当他进入到文学写作中，首先选取的，就是上述这些当下中国社会最重要的社会现实以及民生问题作为切入点。由此，在他的笔下，城管、小贩、拆迁办主任、上访户、政府官员、开发商等各种社会角色纷纷出现，这些社会角色因为利益和矛盾，而纠结成一个广大的关系网，从此形成了李发锁笔下非常具有特色的人群，也是李发锁为我们贡献出来的别具一格的人物长廊，从而为我们的现实主义写作贡献了一个新品种：民生小说，或者说，是一种社会现实主义新小说。

为什么李发锁能够举重若轻地以民生问题，以拆迁、上访、城管、小贩作为切入点来写作？因为中国社会改革开放 30 多年来，形成了很多利益群体，要想继续改革开放，就必须要触动一些旧的利益格局。民生问题，就是人民的问题，就是广大群众的问题，就是比天大的问题。选取这样的切入口，就可以触动社会神经，就可以创作出接地气的作品，就可以引起广大读者的喜爱。李发锁由此找到了自己独特的创作道路。

李发锁是东北人，我们都知道东北人很会讲故事，而讲述当代人的利益纠葛的故事，特别是基层社会那些小人物的故事，李发锁很擅长。他的长篇小说新作《没有赢家》，就是一部书写了当代矛盾和利益纠葛的一部力作。在《谁是赢家》当中，人物关系的纠葛，与他们之间形成的社会关系网，就是我们当下基层社会的一个丰富的写照。

小说从一场房地产诉讼案件入手，切入到当下社会矛盾最集中的地方，就是拆迁和征地导致的矛盾纠葛和利益重组，以及由此引发的上访问题。其实，很多拆迁上访户的问题看似很具体，但是却反映了新的利益格局和新的社会问题。小说《谁是赢家》的故事情节设定在东北某省的一个基层乡镇中。城建所长王龙一是一个贪婪的基层干部，他相信了风水师赵瞎子的说法，为达到独占财源凹地开店铺目的，买通了镇长助理毛亩，伙同承建商黄大炮，巧妙地设计了“一女二嫁”的圈套，通过诉讼，以看似合法的方式，将村民刘玉山夫妻的裁缝店夺去了半间，由此引发了一场长达五年的官司，并酿成了久缠不止的一桩上访案。这是小说的主干情节。

由此可见，很多民生和社会问题，就是一些基层官员贪婪自私，为自己的利益而不择手段地去伤害、侵占弱势群体而导致的。小说中的正面人物是县政法委书记王大和，他多次来到乡镇处理此事，打算还刘玉山夫妇以公道。终于，他从在土地费欠缴单据和竖格便笺审批单上，发现了王龙一等人所做的马脚，由此寻找到以法律的方式进行纠正的突破口，最终将贪官绳之以法，给刘玉山夫妇还了公道。

过去，李发锁常年处理各种社会问题，积累了相当丰富的人生经验和社会经验，这在他写作这本书的时候，都表现了出来。一个很突出的特点，就是他所描写的人物众多，而且都非常有个性，都很饱满和丰富，不是简单的符号化处理，人物形象不是扁平型的，而是立体的、丰富的、自然的。小说中的十几个互相交织的人物，形成了十分丰富的人物画廊：裁缝店店主刘玉山的老婆曲云莲主意很多、聪明智慧，城建所长王龙一工作积极有魄力，性格阴郁，有双重性格，是一个在给父母赡养费中混入假币充数，又能用手指替便秘镇党委书记抠肛门粪屎的家伙。其他的主要人物，还有狡诈的镇长助理毛亩，以及为人正直、豁达聪明的县委政法委书记王大和。

这些人物在李发锁笔下栩栩如生，性格突出，很有特点。这些人物就是社会基层人的写真和典型，李发锁将他们塑造得十分生动，而他们的关系的纠葛，就是当下民生问题和社会问题的纠葛之所在。最终，读这部小说，我会感觉到，主人公们不屈不挠地为名誉和尊严去斗争，而人性往往起着决定作用。双方争夺了八年的半间店铺，投入资金均超出争夺物本身价值数倍之多，表面看是在争经济利益，实际是“无赖”的帽子究竟要戴在谁头上的问题。说明了传统道德观念在人们心目中的价值与力量，哪怕一个微不足道的小民也概莫能外。小说书写出了事件背后国人的道德观念的影响。

由此，我们就看出了李发锁创作这部小说的动机，以及这部小说的社会意义，和它在当下出现所具有的文学意义。从创作动机上说，李发锁是一个有着正义感、道德感的作家，他悲天悯人地从一件涉法上访案，真实地叙述了一对守法平民夫妻成为无奈诉民、访民、“刁民”的奇特经历，告诉我们和基层政权，必须要正视的问题：目前多发于基层的涉法上访案，已经成了建设和谐稳定社会的痼疾。小说给我们提出了一个十分严肃的问题：为什么一件本不该发生的案件却发生了？即便发生了也是一个老鼠尾巴细小的官司，为什么弄出了牛腰粗的社会问题？因此，《谁是赢家》提出了很重要的问题。

小说的社会意义重大，它通过深度解析诉讼与审判等法律程序过程中的潜规则，冷静客观揭示了一个民生案件发生、发展、发酵的因果关系，通过对基层组织政治生态及运作方式的逼真描写，准确反映了基层社会管理的漏洞以及加强干部队伍建设的紧迫性。

同时，《谁是赢家》十分好读好看，生动有趣，因为塑造的人物形象的鲜明，以及语言的活泼和地方性，还有小说讲故事的手法，最终使《谁是赢家》成为一部独特的民生小说，或者说是一部新型的社会现实主义小说，这是这部小说的文学价值，也是它带给我们的文学之内和文学之外的重要启示和贡献。

他在唱歌，而非沉默

——评沈浩波诗集《命令我沉默》

《命令我沉默》是沈浩波 1998 至 2012 年间的诗歌作品选，在这个时候出版这么一本选集性质的诗集，很显然，沈浩波想让我们看到的，是他的阶段性的成果，也有着他自我清理、评价、揽镜自照、总结和再度出发的意思。在后记里，沈浩波也明确地告诉我们，这实际上是他出版的第一部可以看到他的创作全貌的诗集，在此之前的《心藏大恶》的未公开发行，《文楼村纪事》的小范围流散，以及《蝴蝶》作为长诗的单一性，使得沈浩波的诗篇更像是一个传说中的东西，也容易被一些传说所污名化。那么现在好了，这本印制精良、开本舒服的诗集，使我们可以看到他创作 15 年时间的精品诗篇，看到一个全面的，日趋复杂和丰富的沈浩波。

我们知道沈浩波是出生于 20 世纪 70 年代的重要诗人、出版人，他早期的作品充满了对社会的犀利的讽刺，对知识分子的装腔作势和羸弱的精神状况，也做了毫不留情的批判，甚至一度以"下半身"的面目来抵抗乃至解构"上半身"的虚伪孱弱，有着勃勃的生机、旺盛的生命和混不吝的生气。但正如沈浩波后来的长诗《蝴蝶》中所表达的那种化蛹为蝶的成长性和复杂性一样，他的创作历程，呈现出别具一格的多变性。如毕加索有"粉红色时期"、"蓝色时期”、“晚期风格”一样，沈浩波在十多年的诗歌创作历史中，也形成了自己的几个阶段，而这本《命令我沉默》，显然旨在呈现他的这几个映照了他的个人生命经验和对时代的映像所做的诗歌表达的经验，让我们看到了一个全面的沈浩波，一个不会再被妖魔化、愤青化和污名化，不会再简单地以口语派还是知识分子派来划分的、成熟和美满、自信和从容的诗人沈浩波。也许从广义上说，我觉得所有的诗人都是知识分子。在我看来，过于注重口语，实际上是放弃了某种诗歌的难度。而沈浩波显然跨越了这道危险的沟堑，他通向了坦途，给我们端上了一盘以 15 年的时间来烹制的诗歌大餐，盛装着他越来越成熟和复杂的诗歌作品，以及，时光蒸馏之下，那持续的语言内爆和对外放射社会批判力量的勇气。

在这本诗集中，我觉得首先要关注的，就是他自己的序言“当代诗歌中的四种虚荣心”。他说：“我在这里所说的四种虚荣心，指的是当代中国诗歌中普遍存在的，渴望用某种姿态进入诗歌史的虚荣心。并且，中国当代诗人因不同的格格不入的虚荣心，构成了倾轧、分野，进而演变成不同的、故步自封的宗派。最有代表性的应该是以下四种：政治虚荣心、先锋虚荣心、文化虚荣心和技术虚荣心。”好了，他对这四种虚荣心的分析和评判，就是他的这本诗集躲避的东西。也就是说，沈浩波认为，他自己没有上述四种虚荣心，他以这本诗集来坚定地表达了对当代四种诗歌虚荣心的抵抗和蔑视。

这样的姿态依旧是强有力的，也给我们昭示了一种方向和可能性，同时，也可以让我们以挑剔性的眼光来看待他这本诗集，是不是避开了上述四种虚荣心呢？他接着说：“我不认为有这些虚荣心是坏事，也不认为完全没有这些虚荣心的写作就是更纯粹的写作。相反,正因为拥有这样的虚荣心和由此带来的诗歌史野心,才使得一些诗人的写作,具备了强烈的文化意志和个人辨识度,使他们不仅仅成为一般意义上的好诗人,更成为特定历史阶段的重要诗人。我本人亦是如此。但虚荣心和野心带来的诗学偏执,很容易变成对诗歌的伤害。诗人们囿于自身的固执、狭隘和偏见,将虚荣心膨胀为写作的唯一真理,凡'非我族类'皆视为歧途,使得原本只是附着在诗歌上的虚荣心变成了执念。这种强烈的外在执念,压倒诗歌本身,形成负面吞噬,令有才华的诗人在写作上无法寸进,甚至不断倒退。"

在上述的表达中,以往战斗性非常强的沈浩波摆出了高姿态,也说明他的站位和视野已经大不相同,这和他在出版行业的历练,多年在诗坛浸淫的体会,不断超越自我的写作经验有关。因此,以这样的眼光来看待这本诗集,我分明觉得格外惊喜,觉得沈浩波有足够的理由和足够的力量来支撑起他在序言里做出的那些指向性批判,从而建立起了他自己的诗歌美学,呈现出了他自己的诗歌样态。

这本诗集按照题材和时间,分为五辑。第一辑显然和他的个人情感有关,题目是"请让我紧紧地抱你"。在这如同一首通俗歌曲的歌名的小辑里,收录的作品表达了他对生活经验的自我清理和对情感的反讽性表达。第二辑是"少女赋",收录了他对少女,对爱情的打量。沈浩波的爱情诗歌非常独特,在没有正式发行的诗集《心藏大恶》中有着别样的表达。这一组诗却是纯净的,平和的,甚至是优美的。沈浩波对被浪漫主义恶心化了的抒情和优美一直保持着距离,但是他依旧躲不开对生命美好的礼赞。第三辑是"我们那儿的生死问题",是对故乡和迅速崩解的乡土中国社会的打量，乃至挽歌一样的留影性书写，悲伤的情感被他压抑成了沉默的愤怒。诗人的社会性承担，在这里表现得十分有力。这是不少诗人缺乏的。第四辑是“诗人在他的时代”，收录了他对今天的诗人及其精神状态的描述。这个方面，可以参考他在序言里对诗人的分析。第五辑是长诗“蝴蝶”，也就是他对自身成长的化蛹为蝶的、再生和凤凰涅槃式的总结。可以说，这首诗歌，就是他自己的凤凰涅槃。五个部分的诗歌，共同构成了沈浩波的跨越了时间的壕沟的五个阶段和侧面、五个面孔和面向，五根手指，指给了我们他自己的多种可能性。

这本诗集还有两个附录《编选手记：这本诗集对于我的意义》和《沈浩波诗歌创作活动年表》，其启示性和重要性，与序言一样，都是我们研究、打量沈浩波的很好的材料。其实，这本诗集最大的特点，就是它是沈浩波的阶段性的总结，是他自己的一次庄稼地里的收割，而且，这本沉甸甸的有着独特的创造性、历时性和阶段性的诗集，因为它和诗人自我、和时代之痛之痒、和语言本身的缠斗、和对当代诗歌问题的回答有关，让我们感觉到沈浩波的诗歌写作真的是无法让人忽视，长势喜人，并且浑然大气。

要是用最简便的方式来形容沈浩波，我觉得他是一个当代的“杜甫加白居易”式的诗人。为什么这么说？因为他的诗篇，有着白居易的明白晓畅，亲切动人，通俗易懂，同时，他还有着杜甫的那种哀民生之多艰的社会责任感和批判能力，有着杜甫的切入现实问题的尖锐表达的能力。杜甫加白居易！多么好的形容，我现在就是这么看沈浩波了。

一代人果然有自己的活法

——评祁又一长篇小说《探宝记》

《探宝记》是祁又一的第一部长篇小说，在他手里放了好几年，改了好多遍，我也曾看过电子文本，每一稿都不一样，这部小说简直都成了祁又一的魔障了，假如再不出版，他就会完全无法写下一部小说。眼下，终于由北京燕山出版社很漂亮地推出了。这可真好，因为，祁又一又可以接着写新长篇了。

祁又一是80后年轻小说家群中最有才华的人之一。因为他除了写小说，还搞音乐，搞戏剧和电影，他能把这些艺术形式都打通，这很让人羡慕。再加上他是“新概念”作文大赛一等奖获得者，和他经历相似的，也就是韩寒张悦然他们。这一拨人或者说80后作家群到底怎么样，现在已经水落石出了。祁又一属于那裸露在河床上的石头，没有被埋没，20岁出头了，他被很多探宝的人看见了。

我这几个月参加了祁又一搞的话剧首演，电影播映，以及新书发布会的派对，感觉这家伙在一种艺术的多种形式探索中，顽强地坚守着属于他自己的东西。就像我们这帮子60后羡慕韩寒搞赛车一样，真的是一代人有一代人的玩法，一代人有一代人的活法，当然，最终，一代人也有一代人的死法。呵呵。

但是每一代人，也有每一代人相似和不变的东西。比如，谁都有青春期，乃至青春早期的爱情体验和故事。《探宝记》写的就是年轻人的爱情故事。小说从现在回忆到往昔，从今天延伸到七年之前，书写了“我”和我“前媳妇”的感情经历。那刻骨铭心的、吊儿郎当的、有意无意的、真切生动的、欲擒故纵的感情和细节，让我们时常想起来自己的生活片段。祁又一现在还是写经验的作家，这很好，因为他已经30岁了，已经有很多的人生体会。但最重要的，我觉得还是强烈的感情体验。中年人的感情世界是斑驳灰暗的，但祁又一不一样，他笔下的形象，故事，细节，就是有着一种鲜亮的纯度。不知道哪个地方，读着读着，就让我想起来当初读王朔和村上春树时候的那种感动。

我想，他的下一部小说一定和这一部一样好。

写经验，和写想象不一样。经验世界的东西，是大家都可以看到的。而想象世界的东西，每个人看见的不一样。祁又一在经验世界里还要走一阵子，我觉得他会成为他那个年纪相当好的小说家。在今天，做到执着和耐心，似乎不容易，祁又一一遍遍地改《探宝记》，就是体现出他对自己记忆里的经验的着迷。

《探宝记》，探的是什么宝贝？看了这书，你就知道了。人是时光流逝过程中逐渐和亲人与朋友告别的灵长类动物，我也惊异于祁又一那种早来的沧桑感。但他的这部小说里分明有着纯真和简单，热烈和想不通，死结和纠缠的情感疙瘩。这些都是小说中美好的东西，也是可以体验到作者体温的东西，因此，祁又一让我们看到了他是怎么探宝的。

我看着这几年，祁又一的小说越写越好，非常兴奋。我五六年前当《青年文学》主编的时候，就发表了一些祁又一的中短篇小说，那个时候他才 20 岁出头，不像现在扎小辫，而是剃光头，总是显得很随意和有些拒斥着这个可怕的世界的样子，斜睨着看世界。

现在，祁又一站在我们的面前，他以这本书，告别了他自己的 20 至 30 岁的整个十年，然后进入到他的青春晚期。我想，在他的青春晚期的书写中，一定会带给我们更多的惊喜，就像这本《探宝记》一样，呈现出时光里发亮的、执拗的标志物，那些破碎如钻石的晶莹剔透的情感之钻。

我梦见黄金在天上舞蹈

——邱华栋三十年诗选(1985—2015)《光谱》后记

这本诗集的编选方法是这样的:我把我这30年(1985—2015)写下的七八百首诗的电子文本,都发给了我多年的诗友周瑟瑟,请他帮助我选出不超过300首。

他约莫花了一个月的功夫,细心地挑选、甄别,以他的眼光,选出了这本诗集的初稿。2015年初春,他发回给我。我在他挑选的基础上,只做减法,不做加法,又删掉了几十首诗,就成了现在的这个样子了。目前,我数了一下,大概还有220多首诗的样子,基本上覆盖了我这30年的诗歌写作。

请瑟瑟帮助我编选,有两个意思,一个是他作为持续性写作的当代优秀诗人,有着自己的别样眼光,能够对我的作品有一个很好的判断。再一个,是我在1988年到武汉大学念书的时候,就认识了他。那个时候,他还在中南民族大学念书,我们都是校园诗人,于是就交往了起来,他对我的作品非常熟悉。

这两个原因,促使这本诗集摆脱了我的个人喜好,而以他者的眼光,做了一个判断、甄别和选择,是非常有意思的事,也是我们多年友谊的见证和一个纪念。不过,无法在封面上体现"周瑟瑟选编",是出版社的要求,他们希望这本书还是要突出作者本人,于是就只好如此了。就像我和周瑟瑟联合编选的《中国诗歌排行榜》，封面只能打上我主编，其实，大部分工作都是周瑟瑟做的。

我是从十四五岁的时候开始写诗的。除去唐诗宋词对我的早期影响，现代汉语诗对我最早发生影响的，应该是“新边塞诗群”的昌耀、杨牧、周涛、章德益、张子选们。

我当时还在新疆上学，能够读到的《绿风》诗刊，是我的最爱。这家诗刊出版了一册“西部诗人十六家”。是我翻烂了的书。我正好上高中，每天面对遥远的天山雪峰的身影，读着西部诗人的作品，感觉他们距离我很近，比唐诗宋词近，我就开始写一些新的西部边塞诗。不过，这本集子没有收录我早期学艺阶段的那些诗。因为现在读起来，有些虚假的浪漫和豪情。

接着，我读到了“朦胧诗群”诗人们的作品，对北岛、杨炼、顾城、舒婷们非常喜欢。上了大学之后，我广泛阅读了现代汉语白话诗人们的作品，对胡适、卞之琳、冯至、闻一多、郭沫若、朱湘、李金发、徐志摩、戴望舒、穆旦、王独清、艾青等诗人都有研读，因为大学开的课程，就有关于他们的研究。

在大学里，我开始接触到更多的翻译诗，读来读去，最喜欢的诗歌流派，还是“超现实主义”诗歌。

“超现实主义”诗歌从法国发端，后来在世界各国都有杰出诗人出现。这一流派或者说有点儿这个流派风格痕迹、受到这一流派影响的诗人很多，数不胜数。几乎每个诗人，我都喜欢。不再列举那些群星灿烂的名字了，太多了。

我还广泛搜集了各类的翻译诗集。翻译过来的诗当然也是诗，“诗是不能被翻译的东西”这句话，我觉得是错误的。假如你有诗心，读翻译过来的诗，你甚至还可以还原到原诗的原本表达中。

这是我自己的体会。

与此同时,我大学毕业之后当编辑,自然对与我共时空的当代汉语诗歌的写作,随时都在关注。这一点,在我的写作中也能看到各种的影响和呼应。我觉得今天的确是一个能够写出好诗的年代,因为参照系非常丰富,从古到今,从中到外,那些开放的诗歌体系,你都是可以学习的,也都是可以激发出自己的状态的,所以,诗人不要埋怨别人,写不出来好诗,就怪你自己。

我这 30 年的诗歌写作,从未停止过。只是后来我主要写小说了,诗歌很少发表和出版了。早年,我出版过两三本薄薄的诗集,《从火到水》、《花朵与岩石》等,收录了早年的诗歌。还有后来出版的《光之变》,以及我自己印了两册诗集《情为何》、《石油史》,流布的范围都不大。

但我为什么还在写诗呢?

首先在于,写诗、读诗能够保持对语言的敏感。人在牙牙学语的时候,就感觉到了语言的魔力。诗就是这样,我开始接触文学就是从诗歌开始的,因为,诗歌是语言中的黄金。诗的特殊性在于浓缩。浓缩到了无法稀释的就是诗。

我收藏了 2 000 多部汉语诗集和翻译诗集,装满了三个书柜。我总是在早晨起床后和晚上睡觉前读诗,以保持我对语言的警觉。我希望我的小说有诗歌语言的精微、锋利、雄浑和穿透力。诗歌和小说的关系是这样的:伟大的诗篇和伟大的小说,只要都是足够好,最终会在一个高点上相遇。

对于我来说,写作诗歌是我保持语言鲜活度的唯一手段。1992 年之后,我大学毕业来到北京工作,开始感到日常生活和现实生活对我的诗歌表达的巨大压力,我找不到更好的方式来写诗,就写得少了。但是,我到今天也从未间断写诗,只是写作量少了。最少的一年,也写了两首。后来我对小说的写作投入的精力更多,把握更大些。

所以,出版这本带有30年诗歌写作纪念性的诗集,对于我很有意义,那就是,检视一下自己的诗歌创作的历程和道路,收获和缺失,以及,更重要的是我的生命的自我成长的来路。因为我的大部分诗篇,都带有自身生活的影子。有些过于私人的诗,尽管写得不错,我也没有收录进来,因为,有时候,有的诗就是写给自己一个人看的。

这本诗集的编选,最终还是以时间作为杠杆。一共分为三辑,每一辑的时间代表一个时段。第一辑收录的,是新千年,也就是2001年以来进入21世纪后,这15年写下的诗,第二辑则收录了20世纪90年代十年间写的诗。第三辑,收录了1985年到1990年那几年的作品。总的时间是回溯,但每一辑的诗,又沿着时间顺流的方式,按顺序排列。大部分诗都表明了写作的年月日。个别的到月,没有具体的日期。我觉得,标明创作时间也很重要,因为诗就是个人和时代、时间与环境的不断的协商和邀约。

这本诗集还收了周瑟瑟的序言、李少君和霍俊明的几篇评论。少君是我们珞珈诗社的前任社长,我的师兄,他对我也是非常熟悉。霍俊明是多年前,唯一给我当时出版的诗集写了评论的批评家,我自然再一次收录了他这篇对我的诗歌作品的分析文章,收录在这里的时候,他做了一点修改,并写下了重读这本诗集的新的文章,一并收录在这里。

正如这本诗集叫做《光谱》,我希望在这本诗集中展现出我诗歌写作的丰富和复杂,变化如光谱那样,形成了色调的扇面转移和反差。

“我梦见黄金在天上舞蹈”,这句诗来自曼德尔斯坦姆,是多么好的一句诗,我拿来作为我这本诗集的后记的题目,表达我写诗时的那种追求自我超越和探寻语言黄金的高蹈心情。

《贾奈达之城》后记

有一段时间，我居住在北京东北郊区一个空气清新的地方。被青藤覆盖的红色砖房的原主人的丈夫是一个德国人。他很喜欢搜集中国各式古旧家具。在这套房子里，全是这些玩意儿。于是，很长时间里，我就和这些旧家具生活在一起。这些家具大多是清代的，很少一些还是明式家具，其中，有四扇高大的屏风高高地挂在我的客厅里，打开来，可以和餐厅隔开，颜色是深褐色的，非常凝重，上面还雕刻有不少花鸟人物。

我经常坐在沙发上，打开这屏风，凝视着上面雕刻的那些已经穿越了历史云雾的很多人物画像，感到了一些神秘和沧桑。于是，终于2000年的有一天，屏风带给了我具体的灵感，我决定写作“中国屏风”系列小说了，这本《贾奈达之城》是这个系列的一部。在对都市生活的多年关注和写作之后，我把目光投向了遥远的历史，投向了100多年来的中国近现代史，以及在中国的一些外国人的活动，和他们对剧烈变化中的中国的记录。从更加宏大的历史维度上看，中国加入全球化的进程，其实已经开始了100多年了。

这本小说，取材于真实的历史人物，书中的女主人公戴安娜·西普顿是实有其人的。1946年到1948年，她和丈夫、英国驻印度政府派往新疆喀什噶尔的最后一任总领事艾瑞克·西普顿，一起翻越了中亚极其高海拔的群山，抵达了中国新疆，在那里生活了两年时间。他们夫妇还是登山家，攀登过喀什噶尔附近，和帕米尔高原上很多高峻的山峰。在新疆，她度过了她一生中十分值得留恋的岁月，对新疆，尤其是中国少数民族，比如柯尔克孜族和维吾尔族，都充满了欣赏和感情。她后来把这段生活写成了回忆录《古老的土地》，1950年在伦敦出版。1997年，新疆人民出版社出版的一套《西域探险考察大系》中，收录了这本书的中译本，叫做《外交官夫人的回忆》，和另外一个外交官夫人凯瑟琳·马嘎特尼的回忆录两本合一出版了。戴安娜也是偶然和中国古老的土地发生联系的一个西方女性，所以，她的感受是很有意思的。

在这本小说中，我放大了两个部分的世界和内容：外部的世界和戴安娜内心的世界。这都是戴安娜·西普顿的回忆录里几乎没有的。当时，外部世界相当混乱和激荡：印度在甘地的带领下，正在进行着印度的独立自治运动，英国和苏联在中亚紧张对峙，而中国大陆也处在国民党和共产党最后的决战当中。所以，在这个时刻，一个外交官夫人的内心深处有着什么样的感情，是我着重要探询和挖掘的。

我用想象虚构了这个令人尊敬的英国妇女的生活和世界。我想和当下的阅读趣味适当拉开距离，独辟蹊径，去寻找和创造一个遥远复杂的世界。在我的这部小说中，中亚的高山是广阔的背景，印度人、英国人和柯尔克孜族人是活跃在那片土地上的精灵。我想我的这一次书写，对于我自己、对很多读者来说，都是一次很新鲜的体验。

我出生在新疆，幼年和少年时代，随着父亲几乎走遍了新疆，所以，当我读到戴安娜关于新疆的回忆录的时候，很多我自己的记忆又复活了。新疆阳光的气味、空气的感觉、大地的风貌都重新涌现,而这些感觉,戴安娜——一个我陌生的英国女性笔下有不少感性的描绘。这促使我开始寻找她的回忆录文字背后的东西,最终,我写出了这本小说。

《单筒望远镜》后记

这是我的系列长篇小说“中国屏风”之一部。这个系列小说都是可以独自成篇的，主人公所处的历史时期都不一样，但是，联系它们之间的纽带是小说的主人公都是外国人，他们像是镶嵌画一样地出现在了在中国近现代史的画卷上。

《单筒望远镜》的写作因由要追溯到很久以前了。1992 年，我从武汉大学毕业之后来到北京工作。一开始，我在北京市经济委员会下属的一个单位工作，这使我经常在市政府所在的正义路和东交民巷附近出没。我在中学课本上就知道了 1900 年的北京发生了义和团事件，地点就在我经常出没的东交民巷附近。后来，我按照民国时期出版的一份地图，按图索骥地寻找过去那些外国使馆的具体位置，发现岁月的沧桑巨变，已经使历史上的建筑完全地更换了面貌和主人，几乎都找不到当年的踪迹了。

一晃十多年过去了，我自己也经历了这个城市旧貌换新颜的巨大的拆迁改造过程，旧北京进一步地消失了。前几年的一天，我参加了北京一家电脑公司召开的一个建筑文化讨论活动。这家叫水晶石的电脑公司在建筑学家张永和——他当时是清华大学建筑系教授，如今已经到美国麻省理工学院建筑系当系主任了——的协助下，把北京城的旧城门现状拍的照片，和用电脑复原的过去城门原貌进行了巧妙的叠加，并且进行了有趣的对比。那天在现场，来了很多的建筑学家和文化评论家，大家以讨论和观摩的方式，表达了对已经消失并且永远都不会再来的北京旧城的缅怀。期间，还放映了一部很短的三维动画片，在那个片子里，展现的是北京巍峨的城墙和城门楼子，一队清朝的士兵正在一个骑马将军的带领下出城巡查，一只老鹰飞过城墙所卫护的城市，它看见了灰色基调的美丽的老北京城……我忽然觉得十分感动，都要流泪了，为已经消失的东西——为这个伟大城市的那些消失的城墙和城门，以及她的人民的生活方式。

这以后，我又看到了张先得画的一系列关于北京城门的水彩画，以及他编著的，河北教育出版社 2003 年 5 月出版的《明清城垣和城门》，这成为我想象 1900 年北京的图像资料。我又从李敬泽那里借得了英国人普特南·威尔所著的《庚子使馆被围记》和《瓦德西拳乱笔记》，成为我写作本书的重要参考资料。顺便说一句，1999 年我写完了长篇小说《正午的供词》，我的打印机坏了，因此，曾经在完稿的第一时间里经过他的慷慨允许，用他家的打印机打了出来，所以，对他对我多年的关切和友情，表示深深的感谢。

小说内容如下：

1899 年春天，在法国南部地区学习医学的 21 岁的法国女子阿苏尔坐上了轮船，前往中国。她来到中国的原因是她的考古学家父亲若姆神秘地死亡了，而且在中国给她留下了一笔房产、地产和其他遗产，需要她来继承与处理。

她的叔叔维昂庸教士是一个法国天主教的传教士，很早就来到中国。此前，阿苏尔和哥哥诺布勒的父亲去世之后，叔叔就把尚在幼年的阿苏尔和诺布勒带到了中国。同时，叔叔还收养了一个中国孤儿林玉成。林玉成、诺布勒和阿苏尔三个人是一起长大的。他们三个在小时候结下了深厚的友谊。13 岁的时候,因为和林玉成偷偷品尝了禁果,阿苏尔被叔叔送回法国继续接受法国教育,离开了中国。而稍后,林玉成却和一个云游的道人走了。

阿苏尔这次来到中国,发现中国已经发生了巨大的变化,中国似乎已经是山雨欲来风满楼了。她来北京,首先就感到了政治运动之中的血腥,在紫禁城的午门外的刑场上,刚刚杀了主张与西方议和的几个大臣。深受康有为、梁启超变法理论影响的光绪皇帝,由于 1898 年戊戌变法的失败,已经被慈禧太后囚禁了。父亲神秘地死亡的原因是日本浪人偷窃他从西域获得的珍贵文物,杀人灭口。处理完父亲的遗留问题,刺杀日本浪人没有成功。后来,她听说现在林玉成和哥哥诺布勒都在山东,于是,她决定前往山东寻找哥哥。

她哥哥诺布勒也是天主教的传教士,一直在山东传教。她抵达山东,找到了哥哥诺布勒,诺布勒告诉她,林玉成在她走了之后,很快就突然离开了叔叔的教堂,听说到山东参加了神秘的会社梅花拳和义和拳组织,成为教会的敌人。

阿苏尔对林玉成的这个转变很吃惊。这时,哥哥的教区发生了当地义和拳拳民和教民,因为盖玉皇大帝庙和盖教堂,发生了拉锯冲突,她作为旁观者,看到了哥哥诺布勒处理教民和义和拳拳民之间的冲突时的残酷与蛮横,此外,还发生了信教的教民抛弃生身父母的案件,以及教会强行霸占农民的土地,这些事件影响了阿苏尔对教会的看法。虽然哥哥给她讲上帝的信念和感召收服异教徒的事业,但是她还是从中国教民和非教民的冲突中,发现了造成这种局面,教会也是有责任的,教会横征暴敛,而教民也很复杂,有土匪、秘密会社成员和赤贫的农民，她产生了和哥哥不一样的看法。

在此之前的1897年，山东曹州教案爆发，传教士、教民和义和拳的人开始尖锐对立，巡抚毓贤组织义和团，开始对抗教会组织和教民。于是，1899年义和团运动全面爆发了。义和团的人追杀传教士和教民。诺布勒被迫带着妹妹阿苏尔从山东省通过直隶向北京撤退，但是在保定附近，被义和团的人给残忍杀害了。阿苏尔十分悲愤，当义和团的人也要杀她的时候，她被一个迅速抵达的神秘的义和团的“大师傅”给救了。

这个大师傅把面罩取下来的时候，她发现他就是林玉成。她现在对林玉成很仇恨，觉得哥哥的死与林玉成有直接的关系。当其他的拳民，尤其是暗中暗恋林玉成的贺红菱要杀阿苏尔的时候，林玉成坚决不让，而是护送她来到了北京。贺红菱十分生气，到天津参加和参与组织了妇女反教组织红灯照。

到达北京之后，义和团的人设拳场练拳比武，局势微妙，开始围攻洋人和使馆区。1900年这年初夏，慈禧太后下令让义和团进京“扶清灭洋”。不久，义和团和清朝的甘军，先后杀了德国公使与日本使馆的一个书记官，义和团开始围攻北京东交民巷的使馆和西什库大教堂。这个时候阿苏尔的处境已经很危险，于是她进入了法国使馆。而林玉成恰恰是围攻西什库教堂的义和团的主要将领。贺红菱带领的红灯照也在围攻西什库教堂，他们并肩作战，但是林玉成牵挂的却是阿苏尔。林玉成和她就互相用单筒望远镜进行瞭望，彼此十分担心对方。现在，她的心情特别复杂，她的父亲和哥哥先后惨死在中国，她对这个过去古老辉煌过的国度很失望，继而她对林玉成也产生了憎恨与怀疑，此刻他正在外面指挥对教堂的围攻，他们是敌人。她从感情上期望远离他，因为贺红菱也喜欢林玉成。但是她和林玉成是青梅竹马,她又有些无法割舍他。55天的围攻使馆以八国联军进入北京结束。慈禧太后仓皇逃窜,李鸿章和袁世凯大权在握,开始和西方议和。这下,该论到八国联军、传教士和教民报复了。红灯照的妇女被剿杀,贺红菱也被强迫成为慰安妇,后来自杀了。

林玉成发现,他和义和团团民实际上完全被利用了,不过是上层政治斗争的牺牲品。他在阿苏尔的劝说和救助下,被阿苏尔秘密地藏在了寓所里。而八国联军和清朝的大内捕快也在追捕林玉成,情况十分紧急。在北京城陷入一片混乱的情景下,两个完全失去了亲人的恋人彼此渐渐地化解了矛盾,继续了他们的爱情。在林玉成的藏身处,他们彼此深深地陷于对对方的依恋中。那个单筒望远镜也是他们瞭望外界局势的工具和见证他们之间激情的工具。

后来,林玉成被叛徒王四德出卖并且被处死。阿苏尔紧紧地握住了那个单筒望远镜,感到撕心裂肺,但是她无法拯救林玉成的命运。几天之后,他在北京被日本侵略军砍头处死。在法场上,林玉成视死如归。远处,她用单筒望远镜看到了这一切,镜头由清晰变得被泪水模糊了。林玉成死了,他不知道,这个时候阿苏尔已经怀上了他们的孩子。1900年秋天,阿苏尔把父亲留下来的所有的遗产捐献给了法国博物馆和教会,然后再次坐船离开了古老的中国。在她的想象中,那扇见证她的中国童年与爱情记忆的中国屏风和宅院,在一片大火中燃烧了,慢慢化作了灰烬。

这部小说在结构上分为三个部分,由三种文体构成,分别是书简、话剧剧本和回忆录。小说叙述的时间在这三种文体内是延续向前的。之所以采取这样的文体和结构，是因为我深受最近一百年来西方现代主义、后现代主义和眼下的无国界作家的影响，已经无法用十分传统的手法来写作了。因此，我会在结构上变化每一部作品，使之具有某种新鲜的东西，也使我自己保持写作的热情和兴趣。我认为，当代作家应该熟练地掌握一百年来现代小说发展过程中出现的各种技巧和结构方式，一百年来，人类小说的发展过程中出现的各种技巧和技术，应该成为我们年轻作家的基本技能。这在如今的欧美青年作家笔下已经成为通识，但是，在我们的作家那里还不是很自觉。

我还参阅了多种重要的由海内外学者所写的关于义和团事件的学术资料，比如费正清教授主持的《剑桥中国晚清史》中的有关部分，美国学者柯文的《历史三调：作为事件、经历和神话的义和团》，周锡瑞的《义和团运动的起源》，法国作家绿蒂的《北京的陷落》，以及中国作家王树增的《1901 年》等相关著作。至于其他 20 多种学术著作，就不一一列举了。

小说初稿完成之后，在《十月》杂志 2005 年 10 月号刊登了大部分章节，最近将由北京十月文艺出版社出版，出版之前，经由我的校友孙荣欣女士仔细地校勘了一遍，帮我改正了不少错漏，使它成了现在的这个样子，在此向《十月》杂志和孙荣欣女士表示感谢。

现在，对于我来说，每一次的长篇小说写作，都意味着新的出发和新的困难。我不再视写作为一种享受了，而是一种艰难的挑战。每一次，不管成功与否，我自己认真的足迹是留在这里了。

《骑飞鱼的人》后记

这本书是我的系列长篇小说“中国屏风”之一部，这个系列小说彼此独立，把它们联系起来的唯一一点是，小说的主人公都是在不同时期来到中国的西方人，他们像镶嵌进中国历史的巨大屏风中的画面人物那样，经历了中国近代和现代史的风云变幻。

《骑飞鱼的人》完全取材于一个真实人物的经历。他叫 A.F. LindLey，可以翻译成林德利，他曾经参加了英国海军，1859 年来到香港，辞掉了海军的职务之后，来到了上海，后来又于 1860 年进入到太平天国控制区。他认识了当时太平军的重要军事领袖忠王李秀成，得到了忠王的委任，成为太平军的一个战友和志愿军成员，他和自己的未婚妻、几个朋友一起参加了忠王组织和领导的多次战斗，而且相继失去了他们。

1864 年上半年，在太平天国运动即将覆灭的前夕，他离开了中国，回到了英国。回国之后，他写了同情太平天国运动、并向欧洲读者介绍太平天国运动的《太平天国革命亲历记》一书，1866 年由伦敦一家出版社出版，翻译成中文大概有 50 万字。这本书于 1962 年在王维周和王元化父子翻译下由中华书局上海编辑部出版，1986 年再版，1997 年 12 月由上海人民出版社再出新版。我就是根据这个版本，取材了其中林德利记述的自己的主要经历，加工创作了这部小说。

《太平天国革命亲历记》在20世纪60年代初期出版的时候，夏衍曾经建议别人根据这本书撰写一个电影剧本，把这个人物故事拍摄成电影。而冯雪峰也曾经告诉当时年轻的译者王元化，说自己想根据本书和忠王作战的实际线路进行踏勘，写作一本长篇小说。而今，我终于把这个工作完成了。

根据研究太平天国运动的著名历史学家罗尔纲的考证，这本书的作者林德利是参加了忠王的很多作战的，因为有忠王给他颁发的委任状的影印件为证。不过，由于写作这本亲历记，是为了向普通的英国读者介绍太平天国运动，作者描写自己的经历，运用了虚构的手法，把一些自己没有经历过的事情进行了惊险小说般的夸大，目的就是为了吸引更多的英国读者，要英国读者理解太平天国运动。里面一些和历史事实有出入的地方，罗尔纲都进行了考证和说明。

我在写这本小说的时候，参阅了简又文的多卷本的关于太平天国运动的著作，以及罗尔纲的多卷本关于太平天国的历史研究。他们是研究太平天国运动最为重要的历史学家。我还参阅了中华书局1976年版的《洪秀全选集》，1914年出版、2006年上海社科出版社新版的《清朝全史》(作者是日本人稻叶君山)，美国费正清教授主持的《剑桥中国晚清史》中关于太平天国部分的内容，以及史景迁的大作《"天国之子"和他的世俗王朝》，还有唐德刚教授的部分著作。这些书对于我这本小说的完成，都起到了作用。

书中的四幅飞鱼的插图，是我从2001年山东画报出版社出版的、马昌仪所著的《古本山海经图说》中临摹的，在此表示感谢。我最后还请孙荣欣女士帮助我校勘了一遍，特别向她致谢。

但是，我写的仍旧是一部小说，一部历史上实有其人的虚构的新历史小说。一些地方通过我的想象，加了很多情节和元素进去，使这本书构成了我有趣的写作经验。其实，一切历史小说都是当代小说，正如尤瑟纳尔在《历史小说中的语调与语言》里面说的那样，恢复历史现场的话语，是小说家想象力才能展现的最佳场所。

希望读者也顺利地进入这个场所。

在那些激情四射的夜晚

——《白昼的喘息》自序

这本小说写于1995年的秋天，当时我26岁，在一家报社工作，没有住房，就租住在朝阳区八里庄的一幢居民楼里。和我同租一套两居室的另外一个小伙子，他在一家外企工作，他住的那间屋子比我的大一点，因此，可以容纳下他和他的女朋友一起生活，并搞出各种响动。我的屋子非常狭小，除了一张桌子、一张床，就是我和我的书了。我的书很多，我记得，那年我在南城的蒲黄榆租了一套一居室，是一个法官的房子，但是他很害怕让邻居发现他出租了这套房子，所以半年之后租期没满，就希望我搬走。我搬家到八里庄，刚好赶上四川的诗人、媒体人朋友周劲松来看我，他长得又瘦又小，帮我一麻袋一麻袋地往五楼上背书，当时累惨了，估计他在心里一定会说，看你这家伙，在北京混得这个惨！当时他那被背书累得惨白的脸色，到现在我还记得呢。在八里庄的屋子，我的书没有地方放，只好挨着墙码放，成了一堵书墙，经常会倒下来，砸到我身上，让我从噩梦中惊醒。于是，我就把它们再次垒起来，某一天书再次砸在睡梦中的我身上，我只好继续地垒起来，我就像西西弗斯推动巨石上山那样，一次次把倒了的书垒起来，我是那么不屈不挠和坚强笃定。

那个时候，从租住的五楼下来，我会常常溜达到不远处的老鲁迅文学院旁边的胡同里，吃卤煮火烧。有一家小铺子的卤煮火烧特别好吃。楼下还有一条臭水沟，流动着乌黑的脏水，散发着熏人的气味。附近还有一个民间的文学院"爱文文学院"，创办人是一个编辑各类当代文学大辞典的甘肃人，他叫舒凌。因为文学院就在附近，我就偶尔溜达到他那里去蹭饭，吃过他的太太张晴包的饺子。张晴后来写了一部长篇小说《漂在北京》，记述了京漂的艰难生活。舒凌是一个文学发烧友，他用编辑各类文学大辞典赚的钱，不仅办了爱文文学院，还办了一个纯粹的民间文学奖"爱文文学奖"，我记得，这个奖先后颁给过王蒙、张承志、西川等作家诗人，我还去参加过颁奖仪式，给王蒙写了授奖辞的草稿。后来，几年后的有一天，据说经济状况变糟的舒凌就消失了，抛家舍妻，不见了。直到现在，包括我在内的很多人，都不知道他到哪里去了。

我在舒凌的爱文文学院的院子里，还第一次见到了作家刘震云。那时候他常常骑个自行车，带着他的女儿妞子从外面回家去，就路过那里。当时他还在《农民日报》上班，要天天骑车去报社，躲在办公室里拔掉电话线，写他那两百万字的四卷本长篇小说《故乡面和花朵》。后来他买了自己的第一辆汽车，是富康牌的，有一天我们一帮子在南阳驻北京办事处吃河南面条，他坚持一定要送我回去。于是，多年之后，等我有了自己的车子，我也养成了经常开车送朋友回家的好习惯，就是从他那里学到的。我们也一起去过舒凌的文学院，吃饭、聊天、谈文学。晚上回到五楼的房子里，我就一边喝红酒，一边激情四溢地写这部小说。

现在想起来，在写这本小说的 1995 年，我是多么的焦虑和充满了激情。我用了一个多月的时间，借助 30 瓶葡萄酒的力量，一口气完成了它。我喝酒写作,是为了找到一种语言流动和喷泻的洪流,用酒精刺激大脑,语言会非常活跃并顺畅地流泻出来。我甚至还尝试了某种达达主义的自动写作,随便在酒后进行语言涂鸦。只是后来定稿修改的时候,我把一些醉酒状态下的胡言乱语,删删改改,变成了有逻辑的句子。因此,眼前的这部小说,还是十分清晰的。在这部小说的结构上,我采取了双线结构,一条线是几个主要的艺术家的活动,另外的一条线,是每章写一个单独的流浪艺术家,这样就由点及面了。也就是说,奇数章节都是叙述单个艺术家的情况的,而偶数章节则按照小说主线发展,就像是用一根铁丝串起了一串糖葫芦。这是向我从大学时代起就非常心仪的秘鲁作家马里奥·巴尔加斯·略萨学习的小说结构技巧。

而且,我那个时候因为在报社工作,每天接触新闻,特别迷恋信息的作用。我一度认为对于小说来讲,信息是比想象力更为重要的东西,因为当时各种媒体蓬勃发展,我每天接受的信息量都很巨大,信息对我们的轰炸使我觉得想象力似乎越来越萎缩。我就想,也许未来的小说发展路径,就是将故事、想象力和数据信息结合起来,形成一种新的写作方式,会出现一种新的文学——信息化的文学。这种文学也可以看作是百科全书式的小说在全媒体信息时代里的一个变种。

但是,后来我不这样看了,因为,任何传递信息的工具,比如书籍、电视、报纸和网络都仅仅是工具,而文学则是精神性的,是借助语言的美呈现的,文学想象力是任何借助工具传达的信息所无法替代的。只要我们还在使用语言,文学的想象力和精神的指向都是第一性的,是非常重要的,也是无法用信息替代的。大多数的时候,信息就是垃圾。现在,网络越来越发达,可是垃圾信息也是多得不可胜数，和文学一点关系也没有。除非你有选择地使用一些信息，充塞在你的作品里，使信息为你的作品服务的时候把它的价值体现出来。

我记得，我在写这部小说的时候，试图找到一种类似打击乐和摇滚乐的节奏，那时我一到夜晚就陷身于一种莫名的不安之中，那是被激情和灵感以及酒精抓住的不安，使我在台灯边的黑暗里走得很远，而没有任何人看见。白天的时候，我跑新闻，去采访包括流浪艺术家在内的很多人，晚上我就写这部小说。我记得，在20世纪的90年代的中期，北京就已经有了相当多的“京漂”，这些京漂构成了城市的边缘人群，形成了一个民间空间。而我则把目光聚焦到了那些流浪艺术家的身上，这部小说就是描绘和献给他们的。我记得我在一些饭局上，先后见到了栗宪庭、方力钧、王广义、张洹、高氏兄弟、宋冬、任戬、王晋、刘小东、喻红、汪建伟、赵半狄、简宁、俞心焦、中岛、侯马、严力等很多艺术家和诗人，我还去过张洹的工作室，看到了他画的邓小平画像。我不知道现在以香灰做材料做艺术品的张洹，还记得他的小画室吗？他们带给了我信息和灵感，使我的这部小说具有了独特的时间感和当下性。

现在回想起来，那种追求艺术的梦想和激情的痕迹依稀尚存，但在今天已经物是人非了。最近十多年，在资本的强力推动下，那些流浪和定居北京的艺术家群体发生了很大的分化，有的成了亿万富翁，有的远走海外，有的销声匿迹、默默无闻，甚至已经离开了人世。只有我这本书，成为一个特定时期的“北京时间”里的特殊人群的留影和纪念。

我写这部小说的时候，曾参考了《中国青年报》资深记者、我的学哥沙琳采写的有关流浪艺术家的报告文学，以及法国文学博士、教授张容女士关于法国荒诞派戏剧的研究专著，我转述了一些法国荒诞派戏剧的剧情，作为小说主人公演出的剧目，在这里向他们两位特别致谢。另外，小说刚刚完成后，在《花城》主编田瑛和责编文能的帮助下，以“白昼的消息”为题刊登了主要章节。后来，这本小说在1991年1月由作家出版社出版了单行本，书名是《城市战车》。2003年9月，新世界出版社以“白昼的躁动”为题，再版了这本小说。

时光荏苒，此次再度出版这部小说的修订版，我感觉到，写作有时候就是为了给某个时间段留影，我在书写着与我的生命共时空的文字，与北京的变化共时空的文字。的确，在渐渐发黄变旧的照片、文字和记忆中，我依旧可以看到青涩而年轻的26岁的我，在北京的白昼中喘息着奔跑，在北京的夜晚里书写得激情四溢。

以搭积木的方式写小说

——《正午的供词》修订版自序

这部小说完成于1999年，当时我30岁。男人似乎对自己整数的年龄都很在意，像我，觉得30岁的时候，一定要写一个相对复杂的长篇作品，来给自己的30岁做一个纪念。于是，我就写了这部小说。我记得，写这部小说的初衷，是想给我经历的北京生活做一个文学的刻度盘。我注意到，文学史上很多伟大作家，都在和他们生活的城市较劲，比如詹姆斯·乔伊斯，他一直在和都柏林较劲，查尔斯·狄更斯呢，则一直在和伦敦在较劲，还有的大作家在和巴黎、纽约、柏林、莫斯科较劲。那么，也许，我可以和北京较较劲？于是，我就写下了很多和北京有关、以北京为背景的小说，比如“北京时间”的这个系列长篇小说。

其实，这种想法多少显得有些狂妄和无知。北京那么伟大，你想和她较劲，人家根本不愿意搭理你，你肯定会在城市的面前粉身碎骨，你这不是螳臂当车、自不量力吗？因此，这么多年下来，我虽然写了很多和北京生活有关的作品，可和北京较劲，我却从来都没有占上风，即使没有粉身碎骨，也基本上是遍体鳞伤了。

2000年9月，第一次由中国青年出版社出版这本书的时候，我记得有一天早晨我买了一份小报，一看内容，当真是吓了一跳。那条新闻的大标题是:“张艺谋被预言杀妻后自杀　邱华栋小说新作影射影视界”,哎呀,可把我吓坏了。后来,我发现,张艺谋并没有来找我的麻烦,我也就不怎么担心了。而出版这本书的朋友还说,让他们去炒作,你这本书还可以多卖几本呢。的确,这部小说出版以后,由于小说的题材和故事情节涉及影视界,就引起了很多报纸的关注,关注的焦点就是,我是不是用这本书“影射”了张艺谋。一时间,这条新闻上了很多报纸的娱乐版面,还有十多家各地的晚报连载了这部小说,从而使这本小说成了我的“代表作”。但对于写小说的人来说,老实讲,“影射”别人是十分老土的方法,除非你真的恨一个人。再说了,因为网络、报纸“酷评”的存在,谁都可以直抒胸臆,所以我根本没有必要去用小说影射一个人,那太费力了。当时媒体大炒“影射说”,只是为了吸引读者、去抓新闻的一个手段,是完全不必当真的,反映了社会的浮躁。我一开始十分紧张,后来我觉得,没有必要再理会这件事,于是种种说法也就慢慢销声匿迹了。因此,借着出版修订版的机会,我再作一篇自序来说明。

其实,对很多作家来讲,他的作品都是他的广义的自传。我写这部小说的初衷,只是想借一个电影导演的生活和作品的发展变化,折射出变革的时代在一个艺术家身上的投影,绝对没有想去影射一个人比如张艺谋的意思。后来,也就是在2010年,我有一次见到张艺谋,还向他表示歉意,说,我当年写了这么一本小说,别人说我影射你了,不知道你生气了没有?他说,你还写了这样一个小说?我从来都没有听说过啊,无所谓的。你看,人家根本就不知道你有这本小说。当年报纸的炒作,人家根本就没有理会呀。我也就释然了。毕竟,我这本小说写的就是电影导演和演员的故事,是比较容易去联想起一些人的。

实际上,这本小说的外壳是一本侦探和犯罪小说,它以一起凶杀案为线索,展开叙述。小说一开始,两个主人公就死了,这两个死者一个是红遍国内外的大导演,还有一个则是由导演一手造就的电影女明星。小说的叙述者对这两个死者的生平进行了不断深入的研究与发现,对死者一生中的不同时期的见证人进行了采访,从而揭开了这一起凶杀案的背后秘密:电影导演潘岳为什么会亲手杀死他一手捧红的电影明星夏百灵?小说由此进入了对死去的人的心灵探究,以及对活着的人的描写,由一起凶杀案,引发了对当下社会现实和人性复杂性的思考。通过主人公——电影导演和电影明星20多年的成长,从个体心灵成长的角度,我描绘了20多年来社会的变化在人的内心中的投影。我在小说中塑造的人物众多,有名有姓的就有七八十个,建立了一个丰富的文学人物画廊。

当初,媒体的炒作,对我的这本书的文学价值是一个伤害。就是因为"影射说"的存在,我较少看到有评论家对我这本别具匠心的小说发表好的研究文章。因为,这是一部实验小说,我构思长达三年,写作用了两年,出版不太顺利,也用了一年的时间。小说的每一章、每一种文体,我都十分用心,并巧妙结构。我当初写这本书,也是想检验一下我学到的西方现代派文学技巧的能力。因为,现在一个作家写一部小说,你要是没有给这部小说找到合适的形式,那你一开始就失败了。我也看到一些当代作家基本丧失了对形式的敏感和探求,非常担心,而形式对今天的长篇小说来说,特别重要。这就相当于你怎么去盖一座房子。

写这部小说,在形式上我做了很多努力,也许可以用很多标签来贴上去,比如:积木小说、新犯罪小说、后现代小说、材料小说、拼贴小说、新新闻主义小说、结构主义小说、信息小说等等。具体到每一个章节，我将报告、文件、日记、散文、书信、访谈、诗歌、剧本、回忆录、札记、评论、消息等各种文体，来按照章节和内容的不同分别结构，使得本书驳杂、丰富，成为一本文体上十分芜杂的作品。

2001 年 9 月，江苏文艺出版社又出版了这本小说新版，我做了一些修订。同一年里，这本小说还被评选为“1978 至 2000 年当代长篇小说 50 强”，由时代文艺出版社整体推出。有一个叫邓建国的人还买下了这部小说的影视改编权，让我写了一稿电影剧本，又让邹静之写了一稿剧本，最终不知道什么原因，没有投拍成功，版权又回到了我手里。

所以，借助这次修订本的出版，我全面修订了旧版本的很多错误，也包括首版中被改动的、我的每一个章节的标题、一些章节中本来没有但被加上的标点符号等，最重要的是，过去出版的几个版本，叙述人都是“我”，我现在统一改回了“笔者”，这一点是我原稿里就存在的、我特意要保持的称呼。现在，我都一一恢复了原貌，读者可以完整地看到我的这部小说的原貌了。

花儿的芬芳与人的丰富

——《花儿与黎明》修订版自序

我记得,在2000年的时候,北京掀起了第一波网络媒体兴起的浪潮,当时我认识的很多媒体朋友都去了网站工作,比如,黄集伟去了博库网,我的大学同学刘晖甚至从新华社湖北分社辞职,来到了北京的千龙网工作。《中国青年报》的徐虹也在王朔和叶大鹰他们参与的"文化中国"网站担任客串栏目主持,把我和丁天等一些青年作家叫去,做了一些访谈节目。一时间,似乎网络媒介要全面打败传统纸质媒体了,甚至连电视台这样强势的媒体,都有些摇摇欲坠了。当时,我听说,有很多国外的风险资金都投入到网络媒体中,网站的钱特别多。像我,也在那一年里把自己过去写的几百万字作品,都卖给了一个刚刚创办的网站,换了十几万的现钱,提前还了房贷。我一看,觉得网络势头很好,就把我的长篇小说《正午的供词》的首发权都交给了黄集伟所在的博库网,是博库网发表了那部小说,按照当时较高的稿费给我付了酬。那本小说因此就没有在杂志上发表。小说《正午的供词》的纸书出版,也是由张大龙和钱宁他们搞的一个网站,与中国青年出版社合作出版的。

可是,仅仅一年过去,这些网站就哗啦啦倒闭了。有的后来依托政府和其他资金的支撑存活下来,比如千龙网,但也是凤毛麟角了。

转眼之间，这又过了十多年，新一波网络大潮涌过来，这一次网络媒体算是大获全胜，真正站稳脚跟，彻底改变了传媒的基本样态了，大家都看到了，纸媒算是听到了自己的丧钟。

其实，这些都是题外话，但却是我当年写这本小说的一个背景。我写这本小说，是想写出在一个特定的年份，比如2000年，千禧年，发生在北京一对年轻的夫妇之间和他们周围的人的生活变化。这些人大多是在网站和传媒工作的年轻人，大多活动在北京东三环商务区，是承受今天的都市生活巨变的新兴中产阶层人。我尽量地写出当时的社会风俗，这样的构想是为了给同代人留一个影，希望今后有回忆的可能性。因为，我的朋友们经历了第一波网络热潮的发烧和退却，而他们的个人生活也在潮起潮落中有了很大的变化，甚至是分崩离析。他们每个人都在寻找着自己生活的理想之境，并且努力地企图抵达，但是一番折腾之后，他们都还不敢肯定自己是否得到了自己想要的东西。因此，人人都在继续寻找着。我通过对几对年轻夫妻在2000年这一年中生活的巨大变化，描绘了当代城市情感生活的世俗画卷：

刚刚辞职去网站工作的马达和他的妻子周槿经营多年的婚姻生活接近解体，两个人分居了。她去深圳出差时和追求者王强见面了，王强对周槿是一往情深，周槿在王强的外力作用下，向马达提出了离婚。法院第一次没有判决他们离婚，分居的周槿和王强紧密约会。而马达在网站认识了大学刚刚毕业的女孩米雪，两个人渐渐走在了一起。但是，马达发现米雪在父母的安排下，选择的道路和周槿一样，于是对米雪也冷淡了。他和老朋友高伟一起寻求生活的刺激，喝酒、吃摇头丸、泡妞、驾车远游，但是都排遣不了内心的焦虑。

外商穆里施追求周槿,周槿在王强和穆里施之间选择了穆里施,王强对周槿产生了杀机。高伟突然被绑架,他的已经怀孕的妻子翁红月舍身救夫。不久之后,因为高伟转移家庭财产,被翁红月雇人打成植物人。马达和周槿办完了离婚手续,突然又萌发了激情,但是被已经与马达和好的米雪看见,米雪离开了马达。马达所在的网站也忽然倒闭,他万念俱灰,进行了一次向西的远游,在新疆南疆的克里雅河的上游遇见了传说中的香女,闻到了可以使他重新焕发生活的信心的奇异香气……

这部小说还夹杂着一些魔幻情节和花卉知识,以及一年的重要新闻,既是关于当下城市情感生活的一个逼真描绘,又是一个时代的备忘和缩影,是我对某种知识和趣味小说的一种探索。爱情和婚姻的纷扰和困惑是我这本小说的主题。花卉知识是这本书的“插花”部分。一些魔幻的情节是现实派生出来的产物。城市仍旧是我的人物活动的背景,甚至扩大到了京沪穗三个一线城市。肉体的狂迷和精神的颤抖,是这部小说的动作与声音。最后,对黎明的渴望,是小说中人物的梦想。

这本小说写于2001年,是年我32岁。2002年10月,由作家出版社以《花儿花》为名出版。在出版之前,先以《花心》做标题,在《小说月报》原创版上刊发了部分章节,大约是五分之三的样子。可能我更喜欢《花心》这个名字,因为“花心”可以有多重的象征——象征女性生殖器,象征人的情感的变动不居,象征我小说中热爱花卉的人的生活等。2004年我做了一次修订,由原版的50节,扩充为64节,使小说更加丰富了。这次出版就是那次的修订本。

作为“北京时间”系列小说之一部,它是和当下的北京生活共时空进行的作品,往后面就接上了我的长篇小说《教授》了。《教授》首次出版于 2008 年,我现在改名为《教授的黄昏》,是因为"北京时间"系列小说的书名都是五个字,而且,都和一天中的某个时段有关。读者可以找来看看。

从一条街上出发

我的文学生涯开始于少年时期。1984 年春，我买了一些文学杂志，有新疆昌吉州文联办的《博格达》，还有《人民文学》、《青年文学》、《文学青年》、《青春》等，当时，我贪婪地闻着杂志的那种油墨的香气，感觉到那年的春天正在迅速地到来。而杂志上油墨的味道是那样好闻，那可是文学的味道啊，使我的内心激动无比。从此我就开始学习写小说了。对于新疆昌吉市，我有很多回忆，后来写了系列短篇小说《街上的血》。那是一本有 18 个青春蛮荒和死亡故事的短篇小说。小说的题记是："在一个天山脚下的小城市里，一些人生活着。少年的他们在大地上留下的痕迹如同野草，就像是没有人看见草的生长，命运的苍茫和青春的荒芜，使意义匮乏和消失。惟有记忆使生命进入永恒。"

我记得，在 20 世纪 80 年代那十年间，中国诗坛的前沿阵地上涌现了一支浩浩荡荡、数量达上千万的中国诗歌少年先锋队。这些诗歌少先队员，凭借着对诗歌无比虔诚的热爱，以中学校园为展示才华的平台，写作诗歌、发表作品、创办报刊、组织诗会、自印诗集、组办社团，在校园内外掀起了一场中国自有新诗以来最辉煌、最壮观、最精彩、最隆重、声势浩大、轰轰烈烈的中学生校园诗歌运动。这场罕见的 80 年代中学生校园诗歌运动既是空前的，又是绝后的。如今参加这个诗歌运动的人，大都成为中国社会很多方面的中坚人物。

在中学的时候，十来岁，刚开始进入青春期，每个人的青春期因为生理、心理的变化，非常敏感，所以写作对我来讲，首先是一种爱好和兴趣，一种倾诉的手段，当时我写了很多跟新疆有关的小说，比如我的一个动物小说，讲一匹汗血马的故事，另外一个，写的是一只银雕如何跟大自然搏斗。十来岁还写不了太深的东西。小说都发表在《语文报》、《中学生文学》、《少年文艺》、《儿童文学》杂志上。还写过武侠小说，那会儿把金庸的武侠小说看完了，模仿着写了一个武侠小说，十来万字，算是一个长篇，在中学的时候，就完成了。后来再看他的小说，就完全看不下去了。我还写过几百首诗，参加了当时的校园诗歌写作大潮。那会儿我每天写五六首，老师在上面讲课，我在下面写诗，搞得数学成绩很差。后来，我想可能有些人的思维，像我就是形象思维、想象力发达。

青春期写作是一种历练，刚开始的激情，朋友们很多人刚开始写作，都会经历这个阶段，一开始，是自发的状态，想写点表达内心的激情和对周围社会环境的看法。后来，我中学毕业的时候出了一本小说集，有十来万字，四川少年儿童出版社出版，武汉大学特招了我。进了大学以后，我发现，大学的学生文学活动很多，有一个珞珈诗社和一个浪涛石文学社。武汉大学有一个有名的樱花诗会，有一条很漂亮的樱花大道，每年三四月份，开的全是樱花，我们就在樱花树下开诗歌朗诵会。我们组织了很多诗会，把武汉各个高校的校园诗人们弄到一起朗诵诗，然后评奖。我当时觉得课本非常老旧，没办法看，然后，我们就尽量读翻译过来的作品，到图书馆按照作家姓名的第一个字母，比如 ABCD，把大师们的东西读下来，比如这星期读海明威的短篇，七八十篇短篇全看完，然后回宿舍模仿海明威，写一篇短篇。下一星期读博尔赫斯，读完以后写一个短篇小说出来。后来，经过了两三年的历练，每个人都写了一大堆废稿子放在那儿，写作的基本技能就是这么模仿出来的，我慢慢地找到了一种文学的形式感，从一开始自发的状态，就变成比较自觉的状态。

在大学学习期间，我写了很多诗歌，还写过一部长篇小说——写的是大学时代的生活，因为80年代末、90年代初的大学生活，跟现在不太一样，现在更活跃一些，生活的内容也更丰富和复杂一些，这个小说叫《前面有什么》，我模仿了秘鲁作家巴尔加斯·略萨的结构现实主义。有五条线并行下去，广泛地展现社会的各个层面，我觉得，一个作家应该反映更广阔的时代和生活，而我当时正在经历大学的生活，所以，写了一篇长篇，然后把这个稿子寄给一个出版社，然后稿子就消失了，因为你也没有名气，也没有人搭理你。

2003年，出版社搬家，一个编辑忽然发现一堆黄色的稿纸，署名是我，就给我打电话，说，我这儿发现你一个长篇小说手稿！我一下子想起来了我真写过这么一个长篇，大三的时候写完后就寄给了出版社，出版社往那儿一扔，不搭理我了，结果现在要还给我。我一个朋友在另外一个出版社工作，他拿去看了，说，你这个写得不错呀，干脆我给你出了算了，于是就出来了。等于我21岁写的长篇小说，到30岁了才出来。

我是20世纪80年代那些校园诗人中间坚持下来的一个，因为我想做一棵写作的树。当年很多写作的朋友，他们如今有的成了公务员、传媒人、商人和各类从业者，都在社会上找到了自己的位置。但是，大家仍旧不忘记火热的文学的80年代，因为，我也是从那时出发的，从此，我就走上了文学的道路。

如今，我每天都忙于文学的培训教学、文学编辑与活动、阅读和创作中，正在走向更加宽阔的地带，但是我无法忘记我最开始的出发点：在新疆的那个小城市，1984 年春天，一个少年拿着一本本的文学杂志，将自己的鼻子深深地埋进了散发油墨味道的杂志里，去贪婪地闻那文学的充满了想象力的香甜的味道。

小说的前途

一个朋友问我，现在的小说，到底是一个什么样的情况？是不是太边缘化了？似乎纯粹的文学，越来越虚弱无力了？小说凭借纸张来传播，这种纸媒的命运是不是越来越不妙了？代之出现的，会不会是小说传播的全面电子化？

关于小说传播的电子化网络化问题，这肯定是一个趋势。不过，我觉得纸媒介，比如书籍，将和电子与网络文本长期共存下去。

而关于当代小说的状态，我的回答是，现在中国当代文学整体上来说，回到了它应该在的地方。当代文学不仅没有虚弱无力，相反呈现了接近真正繁荣的时期。今天的当代文学，呈现了非常丰富的多元景观，各种各样的美学圈相交、相切甚至是相离，这都是文学本来就应该具有的面貌。

我们的一些作家，通过自己这 30 年的写作探索，已经和西方几个大的语种的文学，比如法语、西班牙语、英语、德语、意大利语文学的水平拉近了距离，我们当代一些优秀的中年作家即使是在全世界范围来看的话，其创作的水平，也丝毫不亚于同年龄的其他国家的作家。

由于出版的商业化，今天一些著作畅销的作家，发行量 10 万册以上的文学作品，每年都有，而读者也并没有减少，所以，何谈文学的虚弱？

现在的作家也很分化和多元，有作协系统的专业作家，也有自由撰稿人，有为影视剧写作的人，也有靠写随笔、策划案、专栏为生的作家，大家都在一个环境下生存。但是，这只是文学的外部景观。真正的文学首先都是指向心灵的，是一个时代的心灵景象的描绘。一个杰出的作家，在他所处的时代里，时代和大众对他的接受总是要慢一些。商业化也不见得会伤害一个作家。我还了解到，狄更斯当年写小说，为了赚钱，可以同时写三四部作品给不同的报纸连载，他的作品不是照样成了经典？有时候，是读者造就作家的。

我觉得，从鲁迅到莫言这不到一百年的现代汉语文学的发展，这些优秀的作家，写作的背景都是农村和农业社会，而未来能够成为汉语文学的增长点的，毫无疑问是以城市为背景的文学。下一个可以代表中国文学发展阶段和水平的，必将是以城市为背景的，写出了现代中国人的精神处境的作家，就像是英语作家如索尔·贝娄或者约翰·厄普代克那样的作家，或者像拉什迪这样的无国界作家。

我们年轻的作家有望获得更大的成功。今天复杂的社会生活包围着我们，而且，中国的社会呈现出一种前农业社会、农业社会、工业社会和后工业社会并置的局面，也给作家提供了丰富的写作资源。所以，作家还是大有可为的。

在现在这个多媒体的时代里，小说的传播手段可以更多。今后的作家将尝试更多的文学传播的手段，比如杂志刊登、出版纸介书籍、网络发表、报纸连载、改编影视、电子出版，甚至可以制作衍生成游戏软件，这样，一部文学作品的流通范围就会更大了，所以，对小说来讲，今天多媒体的互动和撒播，是一个非常有利的生存条件。

小说会死吗？答案是否定的，因为，还在使用着语言，而文学就是语言的艺术。语言讲述各个国家和民族各种各样的原型故事，保持一个民族的特性、心灵世界、生活景观和想象力，如果语言不死，小说的末日或许就不会到来。

我写《长生》的缘起

在中国作协重点文学创作项目资助的帮助下，我忙里偷闲，今年终于出版了长篇小说《长生》。写这部小说的机缘，要追溯到我上大学的时候。那时在大学图书馆里读书，我偶然接触到丘处机的诗，就很喜欢，就开始给他的诗做一些笺注。这使我对丘处机这个道人产生了浓厚的兴趣。十多年前，我又读到了李志常道人撰写的《长春真人西游记》，里面详细记载了丘处机不远万里，前往现今阿富汗的兴都库什山下，和成吉思汗见面讲道的过程。这本书促使我萌发了一个想法，想依据它写一本小说。

我后来一直没有动笔，可能是我还没有找到语感和切入的角度吧。但我时常会翻阅这本书，到了耳熟能详的地步。这些年，我的足迹也走过了丘处机当年走过的地方：山东栖霞、昆嵛山、北京白云观、陕西终南山、新疆伊犁、阿尔泰山，以及他当年走过的河北、内蒙古和新疆的其他一些地方。在近800年前，丘处机穿越阿尔泰山，还来到过我的出生地新疆昌吉市，那个时候，蒙古语称呼那里是昌八剌。

在北京生活了多年，我也常去白云观，也去过延庆县寻找过他当年的足迹。前年，在山东的昆嵛山上，我仔细地寻找过丘处机的行迹。昆嵛山是一座非常有灵气的大山，我在山中的雨雾中仿佛看见了全真七子修炼的身影，简直有些流连忘返。昆嵛山上的神清观如今已经重建了，仙气弥漫，当年全真教几位开创者修炼的地方，如今都还在，仿佛昨天他们才离开一样。我当时就觉得，要尽快根据他的弟子李志常的回忆录，写一本关于丘处机西行的历史小说。回到了家里，我就开始认真地做笔记了。

丘处机所处的时代，是中华民族文化大融合的时代。辽、宋、西夏、金、元，还有西辽、吐蕃、大理这些地方政权互相替代、融合与交战，形成了一派多民族文化融合交流的局面。那样一个风云际会的时代，自然会有传奇产生。丘处机以 70 岁高龄，不远万里前往阿富汗，给新崛起的人间霸主、可汗成吉思汗讲道，这就构成了传奇。从各个方面来说，这一历史事件都是具有积极的意义的，也是我这个小说家能够展开丰富想象的素材。

对于历史小说，我有些自己的想法。比如，我觉得一切历史小说，都是当代小说。因此，历史小说一定要进入到历史人物的内心里，从而描画出历史的当代声音的肖像。在这方面，我最喜欢的作家是法国女作家尤瑟纳尔。她所写的《哈德良回忆录》、《熔炼》对我影响很深。此外，我觉得英国作家托尔金的《魔戒》是另外一路的历史小说，他把神话和欧洲人的历史以想象出一个全新谱系的方式来重构，其瑰丽和繁复的想象是我特别震惊的。我不大喜欢当代中国的一些历史小说，我觉得，那些小说无论是语言还是结构与写法，都过于陈旧和传统，大都在人物和历史事件的外面打转，没有进入到历史的复杂情景和人物的复杂内心，也无法逼近历史的真实，主要是依赖了习惯旧的审美趣味的大众在传播，在小说层面上，我觉得没有创造出历史小说的新境界。

等到我自己开始写这部小说的时候，我发现这对于我来说，也是一个很大的难题。由于丘处机是历史人物和道教宗师，我的书写必须要依据基本的历史事实来展开，这样我写小说的时候，想象力就无法展开，就会拘泥于历史的事实。好在这样的写作也是有趣的。于是，最后就写成了现在这个样子。

可以说，《长生》这部小说是一部行走的书，是关于大地和心灵的书，也是关于一个时代的印象。出版之后，得到了一些同道的鼓励，这使我对我一直在准备的关于汉唐之间西域的历史小说三卷本的写作，有了一点信心。

自然，我这本书还参考了一些重要的历史著作，比如法国历史学家格拉塞的《草原帝国》、《成吉思汗》，以及《多桑蒙古史》，方毫的《中西交通史》，许地山的《道教史》等著作。这些著作成为我展开叙述的支撑。这些年，我在写完了一部当下现实题材的小说之后，就会写一部历史小说。这样的交替写作，使我获得了审美上的休息和题材反差的快乐，也获得了某种我还在继续成长的喜悦。多年以后回头一看，我想我的写作一定是丰富和有趣的，芜杂和好玩的，这就好了。

蓝色岁月的蓝色回忆

——《蓝色笔记本》后记

花了一段时间整理这本散文集，一边整理，一边生出一些感慨：岁月不是一把杀猪刀，岁月，是一坛好酒！蓝色岁月里有的都是蓝色记忆。

收录在这本散文集里的文章，前后创作的时间跨度是20年，从20世纪90年代的中期到现在，大部分都写于20世纪的最后几年。因为那个阶段里我时间充分，在报纸编辑副刊，因此，也为其他报刊撰写文章，就写下了不少散文。而最近一些年，写的书评和游记比较多，也和工作状态有关。

这些散文都具有一些私人生活和对外部观察的特征。起先，以《私人笔记本》为名，出版过一个小册子，收录了几十篇短文，现在，十多年过去了，我决定以《蓝色笔记本》为名，再度收集了我这些散文，算是给自己的岁月留下一坛封存起来的美酒。这些年去了一些酒厂参观，看到那些好酒生产厂家，在封存酒的时候，有藏到山洞里的，有藏在地底下的，有放在河边悬崖下的库房里的，总之，好酒的酿造和缓慢的自我滋长，是需要时间的，也需要微生物和细菌的作用。

那么，我将这本《蓝色笔记本》放在这里，也是为了给未来的我，留下一坛酒，等我老了，再打开这个笔记本，我会生出多少感慨？

对于散文，我觉得只要是随手写下一种心情、心态的感悟，就很好了。因此，这本散文集，收录了120篇文章，每一篇文章看上去，都像是一帧帧的照片，定格了我在那一时间刻度上的所思所感。有的现在看来甚至是可笑的，我也保留在这里，因为，这就是岁月的见证。

感谢百花洲文艺出版社的朋友，促使我编辑整理了这本对于我有着特殊纪念意义的散文集，要知道我的创作主业是小说，不是散文。但我的散文自有它的特点，那就是，以一种语调推动诗意的表达，将个人生活观感，纳入到对大千世界的反映中。

岁月不是一把杀猪刀，岁月是一坛好酒。

想象历史的甜蜜

——《十一种想象》后记

2014年底，我完成了一部历史小说集《十一种想象》，收录了我写的11篇历史小说。有三个中篇，八个短篇。写了20多年了，还在写，写作于我就是一种巨大的兴趣和创造的感觉。因此，我计划写一部当代题材的短篇集，一部历史小说集，一部科幻小说集，这样，过去、现在、未来都有了。当代题材的集子叫做《十三种情态》，科幻小说集叫做《十二种宇宙》，不知道明年能不能写完。

我平时喜欢读闲书，乱翻书。其中就读了不少历史书。二三十岁的时候，心态比较浮躁，写了不少当下都市题材的小说。后来，随着年龄的增长，心慢慢静下来了，读书也更加杂乱。在阅读历史著作的时候，我时常会萌发写些新历史小说的念头。

这本书可以说就是这样一种心态下的产物。因为我不喜欢重复自己，或者说，每次写个小说，总要稍微有些变化，或者题材，或者结构，或者叙述语调等。可以说，我的左手写了不少当代题材的小说，右手，就又写了一些历史小说。

十多年下来，我写的历史小说，有几部长篇小说，主要是"中国屏风"系列四部，以近代历史上来到中国的外国人为主角。现在这一本则是11篇中短篇小说。其中，有三部中篇小说：《长生》、《安克赫森阿蒙》、《楼兰三叠》，其余八篇是短篇小说。

从题材上看，中外都有，不同历史时期都有，都是依据一些史实所展开的一点想象。

收在这里的《长生》原是中篇，我后来扩充成一个 15 万字的长篇小说，也出过一次。但我很喜欢原来的中篇版。小说写的是 13 世纪初期，丘处机道长应正在成为人间新霸主的成吉思汗的召请，不远万里，前往如今的阿富汗兴都库什山下与成吉思汗见面的故事。我在上大学的时候，读了丘处机的一些诗作，非常喜欢，就对这个人物发生了兴趣。何况他又是中国道教的著名人物。因此，才有了《长生》的中篇版和长篇版。

我在想，假如今后有时间，我还想再把《长生》的小长篇扩展成大一点的长篇，类似吴承恩的《西游记》那样，虚构出丘处机带着 18 个弟子，一路上与妖魔鬼怪斗法的故事，这样是不是更有趣呢？我想以一个附录《降妖记》的方式，再找机会修订。

《安克赫森阿蒙》是一篇关于埃及法老图坦卡蒙的小说。图坦卡蒙的死因到现在都没有定论，十分神秘。我某年出国，在异乡的宾馆里看电视的时候，看到了一部纪录片，讲的就是考古学家对图坦卡蒙的金字塔进行发掘的情况，后来我又读了几本关于埃及法老的书，有一天兴之所至，就写了这篇小说。

《楼兰三叠》写的是关于楼兰的故事。小说分成三个部分，其中，第一个部分是楼兰毁灭的想象，第二个部分，是斯文·赫定发现楼兰的情况，第三个部分是我本人去年去楼兰的所见所闻。等于说，这篇小说由历史到现实，由远及近，由想象到今天的这么一个时间的过渡，上下穿越了 1 000 多年。

还有几个短篇小说，如《一个西班牙水手在新西班牙的纪闻》、

《李渔与花豹》、《鱼玄机》这三篇,是2000年之前就写了的,这一次收入在这里,我又做了详细的修订和改写。这几篇小说的主人公分别是16世纪的西班牙水手、明末清初的大文人李渔、唐代中期的著名女诗人鱼玄机等等。

后面几篇是我新近写的。《瘸子帖木儿死前看到的中国》,讲述了瘸子帖木儿险些对明朝中国发动战争的故事。据历史学家说,假如帖木儿不是碰巧死了的话,明朝将面临最大的一场危机。

《玄奘给唐太宗讲的四个故事》取材于《大唐西域记》,我挑选了几个对唐太宗应该有触动的故事,由玄奘亲口讲给了唐太宗听。

我一直很喜欢《韩熙载夜宴图》这幅画,最终,导致了《三幅关于韩熙载的画》的写作。我想象了历史上失传的、关于韩熙载的另外两幅画的情况,以及韩熙载和李煜之间的关系。

《色诺芬的动员演说》取材自色诺芬本人的著作《长征记》,色诺芬是古希腊很有名的作家,他的多部作品被翻译成了中文。我一直对希腊罗马时期的历史著作有兴趣,这篇小说不过是随手一写。因为,我曾经做过一个梦,梦见我在一座古城里醒来,而一个古代的人在我的耳边说:“这是亚历山大大帝所征服和建造的城市,它是亚历山大城!”众所周知,亚历山大很年轻就去世了,死之前他已经建立了很多亚历山大城,他的远征路线一直到了印度。我不知道我今后会不会写一部关于亚历山大大帝的长篇小说。我觉得是可能的,因为,我对他的生平特别有兴趣。

《利玛窦的一封信》则是我有一天去北京市委党校,看到利玛窦的墓地之后,产生了写一篇小说的想法,取材于他的《中国札记》和史景迁的研究著作《利玛窦的记忆之宫》。读了这篇小说,你一定会对利玛窦有一个基本的了解。

一切历史小说也都是当代小说，正如克罗齐说过，“一切历史都是当代史”。我在写这些小说的时候，有意地、尽量去寻找一种历史的声音感和现场感，去绘制一些历史人物的声音和行动的肖像。这可能是我自己的历史小说的观念吧。这 11 篇小说，于我是一种题材的拓展和大脑的转换，假如能给读者带来一点对历史人物的兴趣和会心的微笑，我觉得就很好了。

短篇小说：一寸短，一寸险

——短篇小说集《十三种情态》后记

练武术的人都知道一句话："一寸长，一寸强；一寸短，一寸险。"说的是长有长的特点、好处，短有短的优势和长处。

短篇小说，因其短，因此是很"险"的。险，可以是惊险、险峻、险恶、天险、险峰、险棋、险要、险胜等等。可见，短篇小说，虽然篇幅有限，但是却可以做到出奇制胜，做到以短胜长，以险胜出。

我写短篇小说，也有快 30 年了。最早的一个短篇小说《永远的记忆》写于 1984 年，那年我十四五岁，写的是一种感觉和心理状态，很短，现在看来应该算小小说，也就 2 000 多字。

很快，我进入到大学之后，写了关于少年记忆的系列短篇《我在那年夏天的事》，算起来，大概有 50 篇。这个系列的短篇小说不长，每篇大都在六七千字，一般都有一个符号和象征物作为小说的核心，比如《风车之乡》里面一定有个风车，《雪灾之年》里一定有一场大雪加一次飞碟爆炸，《塔》里面也一定会有一座象征很多东西的塔存在。这些小说表达的，也都是关于青春期成长和窥探世界的那种惶惑、烦恼和神秘感。

每次写短篇小说，我都把结尾想好了，因此，短篇小说的写作，对于我很像是百米冲刺——向着预先设定好的结尾狂奔。因此，语调，语速，故事和人物的纠葛都需要紧密、简单和迅速。

大学毕业后来到北京，我感受到城市的巨大张力在我的精神世界里的投射，于是，大概花了七八年，我写了《时装人》系列小说，一共有50篇。这些短篇的篇幅也不长，每篇都有一个诗歌意象在里面，比如《重现的河马》里面有河马，《刺杀金枪鱼》里面有金枪鱼，《时装人》里面有时装人和大猩猩，而《蜘蛛人》里出现了城市蜘蛛人。这些短篇都有诗意的追寻和城市异化带来的那种变形，小说故事本身不是写实的，而是写意的，写感觉、象征和异化的，并带有成长后期的那种苍茫感和对城市环境的符号化抽象。

2000年之后，我写了《社区人》系列短篇，分为《来自生活的威胁》与《可供消费的人生》两个集子出版，一共60篇。这个系列的短篇小说，每篇篇幅增加到了8 000字左右，大部分是写实的，都有完整的故事和相对多面的人物，少了很多意象、象征、符号、诗意，多了写实、人物、故事、场景等，我是向回走了一点，写实的能力增加了。

到2010年，这个系列我就不再写了。60篇小说里，现在看来有些不错的短篇，比如《里面全是玻璃的河》、《月亮的朋友》、《离同居》、《寻爱的一天》、《笑场》、《玛格丽特的气味》等，写出了新的都市人的生活侧面和精神投射。

我写短篇有一个习惯，就是喜欢图谱式的多重、多角度、多次地进行某个主题或者对象的书写。

2010年到现在，又过去了几年，我在写两个短篇集：《十一种想象》和《十三种情态》。《十一种想象》是历史小说系列，一共11篇，我取材于各个国家的历史和人物故事，出现的历史人物有成吉思汗、丘处机、韩熙载、玄奘、鱼玄机、李渔、利玛窦、埃及法老图坦卡蒙和他的王后安赫克森阿蒙等等。面对历史展开想象，是我的新尝试。

《十三种情态》是13篇与当代情感、婚姻、家庭、外遇、恋爱有关的短篇小说。这些小说的题目都只有两个字：《降落》、《龙袍》、《云柜》、《墨脱》、《入迷》、《禅修》等，每个短篇的篇幅在15 000字左右。

我终于将短篇小说从最早的一两千字，写到了如今的15 000字。这个过程，我经历了30年。我也在思考为什么我经历了这么久，才把小说写到了15 000字。我觉得，对于我来说，如何写短篇小说，一直有一个“多”和“少”的问题。

比如，雷蒙德·卡佛的短篇小说，是“少”的胜利。我觉得他的简约和“少”是将一条鱼变成了鱼骨头端了上来，让你在阅读的时候，通过个人的生活体验和想象力，去恢复鱼骨头身上的肉——去自行还原其省略的部分，去自己增添他的作品的“多”。这对读者是一个很大的挑战，因此，显得非常风格化。

但雷蒙德·卡佛不是我很喜欢的短篇小说家，因为“少”使他显得拘谨和才气不足。我还是喜欢骨头和肉分配均匀的短篇小说，比如约翰·厄普代克和约翰·契弗，以及玛格丽特·阿特伍德、莫言、艾丽斯·芒罗（我不喜欢她的名字被翻译成“门罗”）的短篇小说，他们是我最喜欢的、将“多”和“少”处理得非常好的短篇小说家。

所以，写短篇小说，就应该在其篇幅短的地方做长文章，在多和少之间多加体悟，可能是写好短篇小说的关键。

我写这个系列短篇，起先是题目先涌出来，然后一点点的，内容出现了，是小说的题目召唤来的。整个系列，题目都是两个字，除了上面提到的，还有《心霾》、《溺水》、《十渡》、《大叔》、《蒸锅》、《开盘》、《闭关》等。小说的题目是进入小说的钥匙，没有题目的召唤，故事，人物，场景，甚至是叙事的语调，都不会出现。

我是持续打量和书写都市的小说家，我还要在这一场地里继续耕耘，持续前进，我也非常钟爱我这本小说集。需要说明的是，其中有 11 篇是最近写的，《开盘》和《闭关》是我的长篇小说《教授》里的章节，我取出来经过了修改加工，把它变成了短篇小说，放在这里了。

10 000 多字的短篇，时间的跨度，人物的命运跌宕，都有很大的空间感。假如来概括这篇小说的风貌，我想说，小说写的是日常生活中比较私人的隐秘生活，大部分和情感有关，不好为人道，但却影响着人自身的精神。这样的短篇小说，有着一种肉感，比较丰盈。看多了简约派的骨感，我实在是想追求一点肉感，这与我的体形也比较般配。俗话说，有什么样的体形，就写什么样的小说，那么，我就写了一些胖胖的、肉感的短篇小说。